Diogenes Taschenbuch 21955

Wolf Wondratschek

Menschen
Orte
Fäuste

Reportagen und Stories
Mit Fotos von
Roswitha Hecke

Diogenes

Die Erstausgabe erschien 1987 im Diogenes Verlag
Umschlagfoto von Roswitha Hecke

Veröffentlicht als Diogenes Taschenbuch, 1990
Alle Rechte vorbehalten
Copyright © 1987
Diogenes Verlag AG Zürich
80/90/36/1
ISBN 3 257 21955 5

Herr im Himmel, ein Schiff, das ausläuft, ist immer noch ein wundervoller Anblick.

Jane Bowles

Inhalt

Miami Beach

Das waren Bilder aus Miami Beach, aufgenommen im Winter 1977, wenige Tage vor Weihnachten – zur Hochsaison also. Aber – wie bitte? Hochsaison in Miami Beach – und solche Tatsachen?

Und die Himbeer-Blondinen, die Astro-Cadillacs, die Tropen-Elite, die Dollar-Aristokratie, die Bosse, ihre Gorillas, die Hintermänner, die Jenseitsfrauen, die ganze genuß-süchtige Meute im Schlepptau einer solchen Show – wo ist alles geblieben? Sind das alles nur geschickte Gangsterfilm-Illusionen, die ich als Kind für Realität nahm? Und der Glitzer-Glamour – nur ein Beleuchtungseffekt? Immerhin, auch ohne einen in der Krone zu haben, das Meer ist noch da, und die Sonne scheint noch; und Di Lido, De Lano, Versailles, Atlantis, Eden Roc oder Fontainebleau – die Namen der Hotels entlang der Collins-Avenue, sie klingen noch immer wie früher, als Miami Beach seine Glanzzeiten hatte, ein Lustpark, eine Privat-Metropole, eine amerikanische Vision war. Heute glaubt hier kein Mensch mehr an den Weihnachtsmann oder an eine Saison. Sie müßten die Gesichter der Männer sehen, die nun in den Strandhotels völlig auf dem Trockenen sitzen, dann wüßten sie, daß Miami Beach überhaupt nur noch deshalb weiter existiert, weil den Herren das Geld ausgegangen ist, um es endlich wieder beseitigen zu lassen.

Miami Beach hat heute eine mehr als zehnjährige Geschichte, die aus lauter lausigen Nachsaisons besteht, aus roten Zahlen und der Einsicht, daß der Größenwahn auch in Amerika, gepaart mit guten Dollars und schlechtem Geschmack, zerfällt – und, welch eine Erkenntnis, daß man Kultur nicht aufkaufen kann.

Miami Beach liegt da wie ein kostspieliges Freilicht-Studio von Paramount oder Metro-Goldwyn-Meyer. Und vielleicht werden sie Billy Wilder überreden können, hier endlich seine erste Tragödie abzudrehen. Leere Boulevards. Leere Straßen. Leere Strände. Halbleere Hotels. Es wirkt wie eine große Gipstorte, eine zivilisatorische Travestie auf den Traum von der Insel-Einsamkeit, traurig, supertraurig sogar, so traurig, daß man sich allenfalls mit ein paar tropischen Drinks vollaufen läßt, in irgendeiner leeren Cocktail-Bar, die so leer ist, daß man das Gefühl nicht los wird, man habe einen Katastrophenalarm überhört – und die restlichen Hotelgäste seien bereits evakuiert. Und der Barmixer dazu. Miami Beach ist ausgestorben. Aber nein, natürlich nicht. Da tauchen ein paar Menschen auf. Und da noch einige. Und dort auch. Menschen, die im Durchschnitt an die siebzig Jahre alt sind, ihr Leben hinter sich haben, die Aufregung von Las Vegas, dem anderen monströsen Altersheim, nicht gut vertragen (oder sogar moralisch verabscheuen), und auf den Tod warten. Ältere Ehepaare, die es sich leisten können, nachdem alle Gangsterfilme historisch geworden sind, die Bosse tot, die Hintermänner beseitigt, die Blondinen unter der Haube in irgendeiner mittelamerikanischen Kleinstadt, hierher nach Miami Beach zu fliegen. New Yorker Papas und Muttis, die der Kälte für einen Monat entgehen wollen und auch endlich keine Angst mehr haben müssen vor Raubüberfällen. Die Kälte – *lieber Herr Doktor, ich kann nicht mehr* – ist tödlich; und tödlich die Angst, in der Kälte zu sterben. Also kommen Papa und Mutti im Urlauber-Einheits-Kostüm und ihren Koffern hierher, in Billigangeboten organisiert und dann alleingelassen in der Winter-Langeweile. Raus aus den Schneestürmen, die über Cincinnatti, Chicago oder Boston oder New York hereinbrechen. Nicht wahr, hier könnten wir uns gleich ganz zur Ruhe setzen, denken sie sich. So schön ist es hier.

Ihnen ist es recht, diese schäbige Gemütlichkeit in einer dahinsiechenden Stadt, die einmal Legende war und heute Mühe hat, um auch nur den Abglanz dieser Glanzzeit zu vermitteln – denn alles ist trostlos. Es wirkt nicht einmal mehr, was ja sonst immer wirkt: das leichte, erfrischende Zusammenspiel von Meer und Sonne – und dann, gegen Abend, rein ins Abendkleid und in den Mona-Lisa-Diningroom... Was einmal, schaut man sich die Hotelketten an, vornehmes Weiß war, ist Totenblässe. Man mußte einmal Stammgast sein, um hier zur Hochsaison wohnen zu dürfen – oder aufgrund seines Namens sofort einer werden, auch beim erstenmal. Und heute? Man kommt an, schaut sich die Mentholarchitektur der Beach-Hotels an, entscheidet sich für eines, das einem wegen seiner kitschigen Überladungen gefällt, beziehungsweise so sehr mißfällt, daß man es gerne von innen sehen möchte; und innen prustet ein kleiner Amor seine hauchdünne Fontäne in ein Bronzebecken, die Sitzekken – aber da sitzen nur die arbeitslosen Livrierten herum – haben das Flair einer Maria-Theresia-Sitzgarnitur – und das Barock der Schlingpflanzen auf dem Weg zum Strand, und die Moderne der Rezeption, das Biedermeier der Aufzüge... der öffnet sich gerade und heraus kommt ein spastisch gelähmter Herr in Shorts, vielleicht sechzig, wahrscheinlich reich, der im Tempo einer Schildkröte zum Swimmingpool geht – denn dort sitzen drei weitere ältere Herren und spielen Karten, alle drei in Golf-Gala, eine absolut obligatorische Uniform dieses Lebensstils, der weder einen Stil hat noch sehr lebendig ist.

Alles ist Erinnerung. Miami Beach stirbt ruhmlos wie eine alte Hure. Die Explosionen vergangener Hochsaisons, die

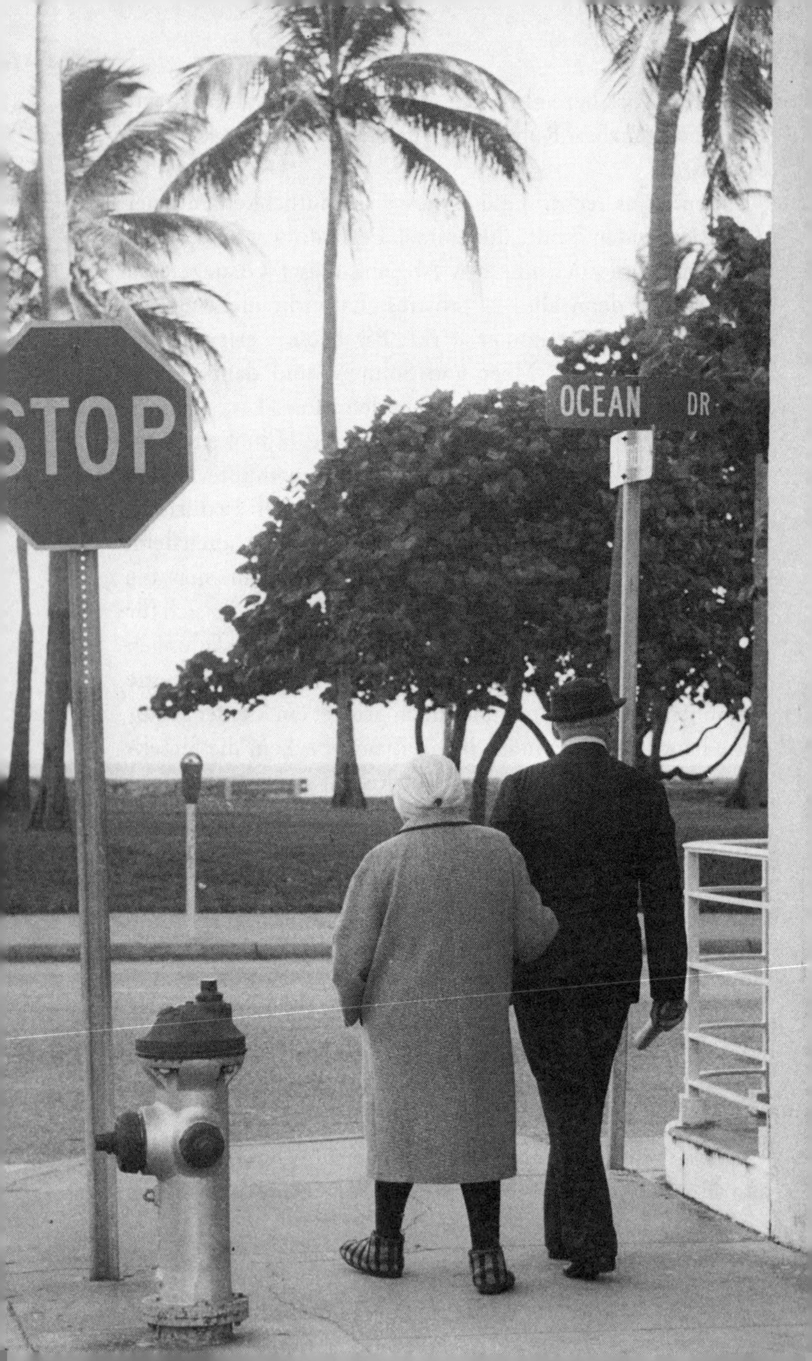
STOP
OCEAN DR

exklusive Überdrehtheit, die Hierarchie des mondänen Inko-
gnito? Some like it hot? Marilyn Monroe auf der Ukulele?
Vorbei. So tot wie die berühmten Cosa Nostra-Männer, die
hierherkamen, um sich für eine Weile – meistens jedoch für
immer – aus dem Verkehr zu ziehen und dabei alle Macht
einbüßten und starben. Nur für sie war Miami Beach schon
damals, in den dreißiger, vierziger Jahren, ein Altersheim, wo
sie ihre letzten Zigarren schmauchten und pokerten und das
Paradies genossen, denn sie wußten ja – religiös wie Italiener
nun halt mal sind – daß ihnen die Hölle blüht.

Das ist fast genau so lange her wie die Urbanisierung dieses
Florida-Küstentraums, der einmal ein stickiger, gefährlicher
Mangrovensumpf war und als Spekulationsobjekt der Super-
klasse (in Spitzengeschwindigkeit) herausbetoniert wurde –
zu einem Trauma. Das war 1915. Miami Beach war geboren,
aber schon erstarrt.

Und heute, nur ein junges Menschenalter später, ist Miami
eine Geisterstadt. Die alte Hure hat sich endgültig langge-
streckt, abgetakelt, vulgär, geschmacklos bis aufs Skelett.
Aus dem endlosen und feinsandigen Strand hat man ebenfalls
ein Gerippe gemacht. Jedes Hotel hat Buhnen ins Meer
gebaut, um sich vom Strand des Konkurrenzhotels abzu-
schirmen. Und daraus ergeben sich lauter kleine Bade-
Parzellen. Das Resultat? Na ja, wenn ich Ihnen sage, daß mir
dazu nur ein tropfender Wasserhahn einfällt, werden Sie mich
für übergeschnappt halten.

Miami Beach, die einstige ›fun-and-sun‹-Favoritin Amerikas, kann nur noch eines zu ihrer Errettung herausposaunen,
etwas, das man sonst natürlich absolut abstreiten würde, gäbe
es überhaupt noch eine Möglichkeit: die Fanfarenstöße
›Hoch lebe das Alter‹.

Das Alter kommt in Amerika in die Zukunft. Und in die
Schlagzeilen. (Der Slogan: gray power!). Wahrscheinlich

werden sie sich hier zu einem süßen Parteikonvent, halb Kaffeekränzchen, halb Revolution, einfinden – und Miami Beach anschließend beschlagnahmen, falls es ihnen der Präsident nicht gleich schenkt; nichts wäre logischer als das. Das wäre doch immerhin ein anständiger und moralisch einwandfreier Wiederbelebungsversuch für diese alte Leiche. Zum Teufel mit Amerika und seiner Zerrüttung, laßt uns, werden sie rufen, laßt uns dieses Miami! Wir haben genug Fortschritt erduldet und genug Gewalt und Politik und – da vor allem Frauen an der Front stehen, während die Männer längst im Grab liegen – sie haben nichts mehr, sitzen in Rente in ihren Apartments oder laufen durch die Kalkschluchten zum Meer, unter eine Palme, mitten ins zeitlose Nichts eines langweiligen Nachmittags. Und da sitzen sie, alte Menschen mit ihren Silberhaaren, ihren Silberbrillen am Silberband, den Stretchhosen – und um sie herum der Zerfall, der nun Miami Beach endlich erschwinglich gemacht hat, auch wenn es der Industrie wirklich schwerfällt, humanistischer zu denken als eine Wohlfahrtsorganisation ohne Profitgebaren. Aber was bleibt denn anderes als Notlösungen? Die Alten! Für sie ist Miami Beach, auch wenn der Stuck von den Fassaden blättert, ein Platz aus Gottes Hand, vielleicht pleite, ökonomisch gesehen, aber für ihre Gesundheit, bzw. ihre vielen Krankheiten goldrichtig. Und daß nun alle schlecht über dieses ehemalige Exklusiv-Eldorado für schwermütige Millionäre und reiche Halunken, für schöne Mädchen und reife Frauen mit dem schamlosen Hang, ihre Lebensangst loszuwerden, schreiben, ach Gott, sie können nicht wissen, wie einem zumute ist, wenn man endlich hierherkommt, weit weg von allen Schrekken New Yorks und jenem zügellosen Leben der Westküste, wo die Jugend des Landes im Drogenrausch ganz andere Regenbogenfarben durchreist als die hier in Miami Beach, das auch Norman Mailer einmal besucht hat, 1968, anläßlich eines republikanischen Parteikonvents; natürlich war auch er geschafft und nach ein paar Drinks zu folgender Beschreibung seiner Eindrücke aufgelegt: »Zehn Meilen weit nur Massenbauten, die wie große weiße Kühlschränke aussehen, sechs, acht, zwölf Stockwerke hoch, zwanzig Stockwerke hoch, geriffelt wie Zuckerstreuer, außen wie Eiswürfelbehälter, wie Moscheen und Paläste, die wie gut gepackte weiße Koffer aussehen oder wie Kofferradios, Stereoboxen, Plastikpuderdosen... Maurische Burgen wie Waffeleisen, wie Stabmixer, Gebäude wie riesige Op-Art- und Pop-Art-Bilder, wie Hochzeitstorten, wie Kitschwatte mit herunterwallender schmutziger Stukkatur, ja zehn Meilen weit... es gab alle Leuchtfarben, Regenbögen der Vulgarität, Aureolen der Geschmacklosigkeit, Opiumhöhlen für die Mittelschicht, die nach Fleisch, Schweiß und Zigarren riechen.« Miami Beach ist völlig ohne Aggressivität, es sei denn, man ist so jung, daß man selbst welche entwickelt. Und wer erschöpft ist, für den ist hier Endstation, falls die Rente ausreicht. Die unternehmungslustigeren Witwen bevorzugen Las Vegas, sie betäuben ihre Langeweile mit dem Zeitvertreib an Spieltischen, hören Frank Sinatra zu oder Dean Martin. Nein, Miami Beach ist auch gesellschaftlich keinen Pfifferling mehr wert. Hier sitzt eine Oberklassen-Bagage auf Urlaub und vermengt sich liebenswürdig und nahtlos mit der Mittelschicht derer, die hier das ganze Jahr über wohnen. Neger gibt es fast keine. Dafür schuften hier die Exilkubaner – und die bestätigen den Ruf Amerikas als freies Land, denn sie sind vor Castros politischen Gefängnissen geflohen. Na also, da haben wir's. Also doch keine Tragödie. Und so strömen sie weiter herein nach Miami Beach, je älter, desto lieber – und alle wollen ihre Ruhe haben und ein bißchen Atmosphäre genießen, die keinerlei Ausstrahlung mehr besitzt, aber ihrer ›Man-wird-doch-noch-wo-leben-

können-ohne-totgeschlagen-zu-werden-Mentalität‹ schmei-
chelt. Miami Beach ist zum Ghetto der Enttäuschten geworden, die gerade soviel besitzen, um den Rest Amerikas von
hier aus für immer zu verachten. Und darauf warten, daß alles
wieder besser wird in der Welt – dafür ist ihnen ein ruiniertes,
poröses und mit allen Mitteln ums pure Überleben kämpfen-
des Miami Beach gerade recht.

Wenn sich in einem Eldorado der Exklusivität die Chan-
cengleichheit durchgesetzt hat, kann man sicher sein, daß das
nur jene freut, die Miami Beach als Kurort betrachten, als
ruhiges Sterbe-Städtchen mit dem idealen Klima für müde
Knochen, Rheuma oder Gicht. Daß es heute so ausgestorben
ist wie der Markusplatz morgens um drei bei Regen, ist für die
Rentner der Bourgeoisie der wahre Fortschritt – und für die
wasserstoffblonden Witwen kein Grund zur Trauer. Hier ist
Jugend und Unmoral und die Hektik des süßen Lebens so
restlos verschwunden, als wohne man in einem Kleinstädt-
chen, mit einem Einschlag jener Welt, die man an der
Mittelmeerküste Europas vermutet. Ein Hauch von Vor-
nehmheit, auch wenn ihnen die Winde der Vulgarität ins
gepuderte Antlitz wehen. Die Luxusschlitten sind verschrot-
tet. Die Luxushotels vom Einsturz bedroht. Oder von der
Pleite. Al Capone ist tot. Mayer Lansky auch. Insofern ist die
Geschichte der Beach folgerichtig. Nur daß die tote Hure mit
immer neuen Pastellfarben übertüncht wird. Wer – außer den
Geschäftsleuten – wollte hier noch etwas zum Leben erwek-
ken, wo man sich der Zufriedenheit hingibt, daß eben gar
nichts Aufregendes mehr passiert. Aber Geschäftsleute wären keine Geschäftsleute, wenn sie mitansehen würden, was
hier gespielt wird. Und deshalb gibt es für sie nur eine
Chance: das Glücksspiel wieder einführen, in jede Lobby
Automaten, Spieltische, Croupiers, das ganze atemlose
Drumunddran; also doch wieder jene ausgewogene Mi-

schung aus Poker und Black-Jack, aus Roulette und den Schocks von Verlust und Gewinn. Das brächte wieder Schwung, vielleicht soviel davon, daß den jetzigen Stammeinwohnern die Puste ausginge – denn, obwohl es keine Aggressivität hier in Miami Beach gibt, es gibt etwas viel Schlimmeres, die Apathie der Alten stößt auf die Interesselosigkeit der Geschäftsleute, die ja wissen, daß mit einem solchen Publikum weder Geld zu machen ist noch Reklame. Die Verachtung geht soweit, daß man sich heute mit der Reparatur eines (mahagoni-getäfelten) Aufzugs so viel Zeit läßt wie man früher brauchte, um auf die vorhandenen zwölf Stockwerke weitere sechs draufzuhauen. Und so hat man seine Schwierigkeiten, sich die Glanzzeiten von Miami Beach in Erinnerung zu rufen, wenn man den Gästen in der Hotelhalle zusieht, die nur manchmal sich noch bewegen und vielleicht den Kopf ein wenig drehen, als sei das lebenswichtig, damit ihnen nicht der Nacken einfriert vor lauter Air-Condition. Oder die Großmütter auf den Veranden der kleineren, schäbigen Apartmenthotels, die eingenickt sind und von nichts mehr gestört werden, bis man sich abends gemeinsam mit all den anderen Gästen vor die TV-Apparate setzt, wie Patienten in einem mittleren Kreiskrankenhaus.

»Ach Gott«, sagt Mrs. Marion, sie ist für den Mona-Lisa-Diningroom im Eden-Roc-Hotel zuständig, eine drahtige, eisblonde Lesbierin, die vor zehn Jahren als Bunny-Muttchen im Playboy-Club gearbeitet hat, ja, hier in Miami Beach, bevor Hefner es aufgab, seinen Häschen zuzumuten, mit leeren Stühlen zu flirten oder mit den Musikern, die für das Tapetenmuster musizierten, »ach Gott, was soll ich Ihnen sagen, es ist traurig. Was hier mal los war! Das kann man sich gar nicht mehr vorstellen!«

Sie hat recht. Unvorstellbar. Trinken wir einen. Zum Teufel mit all den Winterdilettanten. Adieu Miami Beach.

Norman Mailer muß hier ebenfalls getrunken haben, denn schließlich hatte er die Vision, daß sich die Mangrovensümpfe dieses Stück Küste wieder zurückerobern werden; er hörte schon das Schmatzen des Chlorophylls unter dem Asphalt der ausgestorbenen Boulevards. Man braucht schon etwas Einbildungskraft, wenn sich Gott abgewendet hat und die alten Paradiese zerfallen wie Gipsfiguren, die innen so hohl sind wie die Hände eines Bettlers. Und betteln gehn, das müssen sie heute alle, die Geschäftsleute, damit ihnen vielleicht einer glaubt, daß hier noch was zu retten ist. Wie sagte es Mister Ehrlich, Vizepräsident der Planungsabteilung für Eastern Air Lines: »Wer tut schon ein Casino in ein Hotel, das einstürzt?«

Die Dachstube
der toten Elefantenohren

Verehrte Versicherungsbank – wie Sie aus Ihren Akten ersehen können, bin ich – unter der Mieternummer 4589 – wohnhaft in einem der Mietshäuser, die Sie in dieser Stadt, wie ich ja nun weiß, in rauhen Mengen besitzen. Diese letzte Behauptung folgere ich aus der Art, wie Ihr Schadensexperte den Satz »Ja, glauben Sie denn, daß das hier das einzige Haus ist, was wir zu betreuen haben?!« aussprach; es klang, muß ich sagen, hart und arrogant, aber doch auch wieder hilflos. Nun muß sich mein Verständnis für seine Hilflosigkeit, angesichts meiner katastrophalen Wohnsituation im Moment, in Grenzen halten. Meine kleine Behausung – ein ausgebauter Dachstuhl, wenn Sie hochkommen: links, fünfter Stock – war kaum mehr recht bewohnbar nach den schweren und andauernden Regenfällen im Frühsommer. Sie erinnern sich vielleicht? Unseren Briefwechsel diesbezüglich scheinen Sie freilich vergessen zu haben, was ich der Tatsache entnehme, daß er noch immer zu keinem Resultat geführt hat, trotz des Besuchs Ihres Spezialisten, einem freundlichen Mann übrigens, der eine Entlastung verdient hätte, so wie er nach Luft schnappte und anschließend um ein Glas Wasser bat, nach all den vielen Treppen hier herauf unters Dach.

Ich beklagte mich, daß dieses Dach undicht sei und daß es hereinregne an mehreren Stellen. Der Regen tröpfelte zuerst nur durch die großen, nikotingelben Flecken, um schließlich herunterzuplatschen; er riß die Tapeten von der Decke, das Holz des Dachstuhls wurde sichtbar, und zwischen den

Balken rieselte das Stroh herunter. Genau das Richtige für mich, wie ein mit mir befreundeter Zyniker bemerkte.

Da meine Wohnung – deren angenehme Seiten ich sehr zu schätzen weiß, denn wie sonst soll ich mir erklären, daß ich noch immer hier wohne, obwohl ich doch längst, in Gedanken, Träumen und Gesprächen, über alle Berge bin –, da meine Wohnung also lediglich aus diesem einen Dachraum besteht, ist bei einer Überschwemmung die Unbewohnbarkeit doch wohl ein Argument, oder? Daß Sie anderer Ansicht sind, habe ich schriftlich. Ich lag also in meinem Bett, diese Ecke blieb verschont, und schaute mich um und, ich gebe es zu, mußte mich einiger romantischer Assoziationen erwehren, die einem Mann meines Gewerbes das Hirn verkleben wie alte Spinnweben, zumal nach der schieren Trostlosigkeit des andauernden Regens, des grauen, wolkenverhangenen Himmels und dem symphonischen Stakkato all der vielen Millionen Tropfen, die draußen auf die Ziegel hämmern.

Meine Gemütsverfassung ist anfällig für den Kitsch des plötzlichen Elends, kein Dach über dem Kopf zu haben, und das bei beinharter Miete! Aber diese schleichende Nässe, die klamme Feuchtigkeit, die fortwährende, tagelange Dunkelheit, das allmähliche Verwuchern der Phantasie machte mir zu schaffen.

Aber, wie gesagt, ich widerstand den Melancholien und existentialistischen Trugbildern vom Leben berühmter Dichter und zog ins nächstbeste Hotel – woraus man die grenzenlose Naivität meines Rechtsempfindens ersehen mag. Dort wollte ich ein heißes Bad nehmen und dann telefonisch und natürlich schriftlich, unter Angabe der Mieternummer, den Fall regeln.

Hätte ich Erfolg gehabt, wäre dieses Schreiben überflüssig. Denn zuerst erhielt ich nur den ablehnenden Bescheid, was die Hotelkosten anging. Dann teilte mir Ihre Computerhandschrift mit, der Fall sei aktenkundig. Ich solle mich gedulden. Dann, zugegeben, passierte etwas Praktisches. Zwei Dachdecker tauchten auf, kletterten aufs Dach, um sich die Sache zu besehen, und kamen schnell zu dem Urteil: »Das ganze Dach ist Scheiße!«

Das hätte ich nicht besser formulieren können. Sie wissen, der Regen im Frühsommer hörte gar nicht auf. Der Regen nahm wochenlang kein Ende. Dann erschien Ihr Schadensexperte. Seinen Regenschirm ließ er auf dem Flur stehen, um die Wohnung, wie er sagte, nicht unnötig naß zu machen.

Ich zeigte ihm das Desaster. Hier die Flecken, die wie tote Elefantenohren herabhängenden Tapeten, die Töpfe auf dem Fußboden, in die es hineinplätscherte. Ich ließ ihn die Feuchtigkeit fühlen. Und wiederholte dann »Das ganze Dach ist Scheiße!«, die Diagnose der Dachdecker. »Ich weiß, ich weiß«, antwortete Ihr Mann und ging zum Fenster. »Einen Blick haben Sie!« Er war auch begeistert von dem interessanten Grundriß dieses Raums (»Sollte man gar nicht denken!«). Er fühlte sich an seine Studentenzeit erinnert, was meinen Stolz kränkte; nichts kann ich ja weniger ausstehen als solche Buden, sie waren mir immer ein Greuel.

Und dann tischte er die Tatsachen auf. Ich erfuhr, daß man das Dach »an sich« schon längst habe reparieren wollen. Wie notwendig das sei, sehe man ja. Aber dann sei das Haus unter Denkmalschutz gestellt worden, mit der Auflage, es möglichst rasch mit einem Neuanstrich zu versehen. Stolz auf diese Auszeichnung, zögerte man den Neuanstrich hinaus, und die Erneuerung des Daches auch, denn beides sollte – am besten – gleichzeitig gemacht werden. »Im Verbund mit anderen Mietshäusern, die meine Firma betreut!«

Ich bestand auf einer Renovierung, zumal es im Spätsommer doch wieder ein paar schöne Tage gab. Die Wände waren in zwei Tagen wieder weiß, die Tapeten wieder gekleistert und alles machte einen wohltuend nüchternen und vitalen Eindruck. Ihrer Aufforderung, die rückständige Miete zu zahlen, bin ich ebenfalls nachgekommen. Nur, während ich dies schreibe, hat es wieder heftig zu regnen begonnen. Und schon bilden sich auf dem gerade noch strahlenden Weiß wieder die ersten nikotinbraunen Flecken – an genau denselben Stellen. Und noch bevor ich diesen Brief zur Post getragen haben werde, tropft es wie im Frühsommer auf alles und jedes, die Schallplatten, Bücher, Briefe. Angesichts der Rechtslage werde ich auf einen Umzug ins nächstbeste Hotel verzichten müssen. Ich werde die Kochtöpfe aufstellen und ins Bett kriechen. Und die Miete werde ich weiterhin pünktlich auf Ihr Konto überweisen. Meine Ohnmacht scheint fast vollkommen.

Hochachtungsvoll
Ihre Nummer 4589

Im Wendekreis des Solarplexus

Ich darf gar nicht daran denken, was ich mir schon alles verscherzt habe, als ich die Frage, was ich gerne geworden wäre, mit »Boxweltmeister« beantwortete. Und in einem gerade gegen mich anhängigen Verfahren wegen Körperverletzung – eine nichtige, lächerliche Angelegenheit, die sich nachts in einer Bar abspielte – wird aus der Tatsache, daß ich ja bekanntlich des Boxens kundig bin, auf eine besondere Brutalität meines Vorgehens geschlossen.

Daß ich Schriftsteller bin, macht die Sache nicht besser. Zwar hat man, was diesen Berufsstand angeht, im allgemeinen einige Nachsicht – Schriftsteller mögen unheilbare Trinker, bedrohliche Einzelgänger oder mitleiderregende Größenwahnsinnige sein. Aber daß sie ihrer Leidenschaft für das Boxen frönen, ist eine Zumutung, und eigentlich nicht der Rede wert.

Reden wir davon. Lassen wir unsere Geschichte am 23. April 1916 beginnen, und zwar in Barcelona. Es war Sonntag, und es war heiß, und die Zuschauer füllten die Stierkampfarena bis auf den letzten Platz. Aber sie warteten nicht auf Stiere, Matadore und den Tod am Nachmittag.

Alle warteten auf Jack Johnson, den herausragenden Fighter seiner Zeit. Sein Gegner hieß Arthur Cravan – und war offensichtlich nicht ganz bei Trost. Er gab sich als Neffe von Oscar Wilde aus, sei nicht allein nur ein Boxer, sondern auch Dichter, »der Dichter mit den kürzesten Haaren der Welt«, Herausgeber einer Zeitschrift für Dichtkunst, Taxifahrer und Gelegenheitsdieb.

Den Journalisten gefiel der Mann, und den Frauen, die sich

nichts aus Boxkämpfen machten, gefiel er auch. Man muß Cravan zugute halten, daß er wirklich nicht aussah wie ein Dichter. Sein Körper war austrainiert. Er war schön und stark.

An jenem Nachmittag aber mußte er die Verrücktheit, gegen einen Boxer von der Klasse eines Jack Johnson anzutreten, bitter büßen. Der Kampf war nach einer Minute zu Ende. Cravan wurde ausgeknockt. Eine präzise Lektion: Der Surrealist hatte die Realität eines Kinnhakens kennengelernt, er wurde dorthin geschickt, wo nach Meinung der Mehrheit Typen wie er eben hingehören – ins Reich der Träume.

Der durchschnittliche Boxfan nennt so etwas Schiebung. Und so dachten auch die Katalanen, sie schlugen alles kurz und klein. Sie wollten ihr Geld zurück, um ihm einen Denkzettel zu verpassen. Aber Cravan war so rasch, wie er aufgetaucht war, auch wieder verschwunden.

Beide, der Boxer und der Dichter, hatten eine Gemeinsamkeit: Sie waren pleite und brauchten Geld. Johnson irrte seit langem schon ziellos durch die Welt – Cravan wußte nicht, wie er seine Überfahrt nach Amerika bezahlen sollte. Und im Schnittpunkt dieser Interessen gerieten sie sich vor die Fäuste, wobei Cravan, ganz Gelegenheitsdieb, finanziell gesehen den besseren Schnitt machte. Er hatte sich nämlich bereits vor dem Fight die Kampfbörse auszahlen lassen und saß, als ihn Polizisten und Zuschauer suchten, sicher in der Kajüte des Überseedampfers – eingelullt von der Wirkung der Schläge gegen seinen Kopf, und schon auch eingelullt vom leichten Schlagen der Wellen draußen gegen die Bordwand.

Jack Johnson begegnen wir in der Lebensgeschichte eines andern Schriftstellers noch einmal. Und wieder ist es dabei der Schriftsteller, der die komische Figur abgibt. Der Mann heißt Jack London. Der Schauplatz ist Sidney. Das Datum der 26. Dezember 1908.

Noch ist Jack Johnson nicht Weltmeister, aber an diesem Tag will er es werden – und er wird es. Mit einem Sieg über Tommy Burns, den weißen Champion. Das schwarze Amerika boxt sich zwar in diesem Moment seiner Zukunft entgegen – denn es werden ja vor allem die Neger sein, die sich in diesem Sport hervortun, – aber kein vernünftiger Mensch wollte sich damals schon mit solchen Prophezeiungen trösten. Jack London am allerwenigsten.

Er war einer der berühmtesten Schriftsteller seiner Zeit und befand sich in diesen Jahren mit seiner Yacht »Snark« auf einer Reise um die Welt. Krank geworden, nahm er in Sidney eine Wohnung und machte eine Kur, die fünf Monate dauerte. »Ich bin hilflos wie ein Kind.« Vor Schmerzen konnte er weder schreiben noch lesen. Er mußte die Yacht verkaufen. Und er haßte sein Schicksal. Das einzige, was er zustande brachte, war ein Bericht über eben jenen Weltmeisterschaftskampf zwischen Burns und Johnson.

Aber dafür machte er alle Reserven locker, denn auch er war davon überzeugt, daß der Titel aller Titel, die Krone im Schwergewichtsboxen, das Privileg der weißen Rasse sein und bleiben müsse.

Mir wird übel, wenn ich mir vorstelle, wie dieser von Wassersucht, Erschöpfung und Verfolgungswahn geschwächte Bärentöter in Sidney am Ring sitzt und, nach dem Ende des Kampfes, in ein rassistisches Kriegsgeheul ausbricht. Man weiß von ihm, daß er lieber eine halbgerauchte Zigarette von einem Aussätzigen annahm, als daß er ihn beleidigt hätte. Warum, zum Teufel, war er dann nicht fähig, den eindeutig besseren Boxer zu würdigen, ungeachtet seiner Hautfarbe? Warum schrieb er nicht nur eine Reportage, sondern startete auch noch eine Kampagne, die dann fast ein Jahrzehnt Haß und Überheblichkeit schürte?

Arthur Cravan

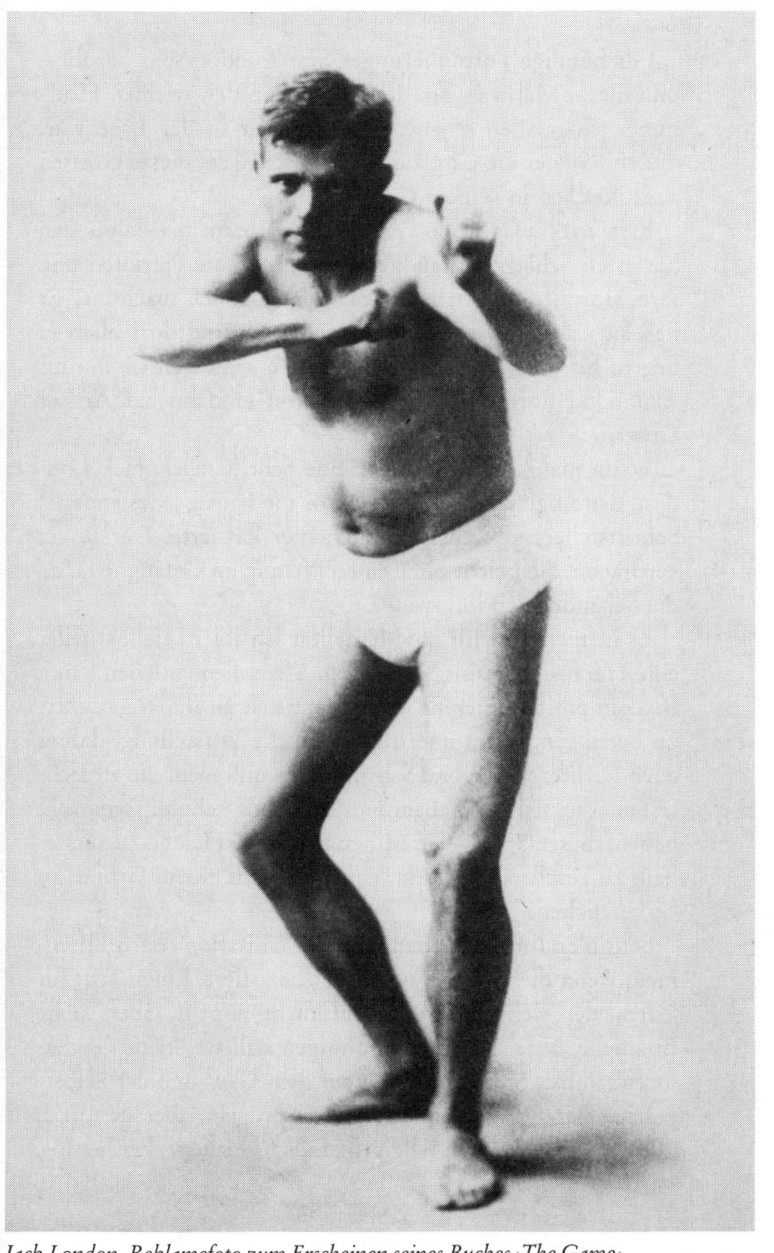

Jack London, Reklamefoto zum Erscheinen seines Buches ›The Game‹

Für bündige Formulierungen war London sehr begabt – und dieses Mal war ihm der Slogan von der »weißen Hoffnung« eingefallen – jenem Fighter, der in der Lage war, diesem Nigger die Goldzähne auszuschlagen, dieses Grinsen auszulöschen in seinem Gesicht.

Erst 1915 war es soweit. Johnson hatte bis dahin den härtesten Schlägern standgehalten, gegen die Patrioten und ihre Morddrohungen aber war er schließlich machtlos. Er ließ sich absichtlich zu Boden schlagen, und dort blieb er liegen, bis sie ihn auszählten. Danach schickten sie ihn ins Exil. Und dort, ein Jahr später, traf er dann auf Arthur Cravan.

Wenn man so will, hat der eine Schriftsteller, Jack London, den unglückseligen Boxer vor die Fäuste jenes anderen Schriftstellers getrieben. Der Dichter kassierte. Der Boxer verbrachte die Nacht ohne einen Pfennig im Gefängnis. Und die Schande trieb ihn weiter.

Es ist nicht nur für die Mentalität sensibler Intellektueller eine Herausforderung, daß einem Menschen einfallen kann, Boxkämpfe faszinierend zu finden, sich an ihnen gar aktiv zu beteiligen. Ganz unerträglich ist die Vorstellung, daß es auch Dichter waren und Schriftsteller, und nicht die schlechtesten, die sich der absurden Kühnheit schuldig gemacht haben, diesen Sport, sein Milieu und seine Helden zu verstehen, zu beschreiben – und manchmal, mit gutem Grund, zu verherrlichen.

Sensiblen Intellektuellen scheint Zivilisation erst vollkommen, wenn dieser Sport nicht mehr existiert. Einen Tritt für jeden, der sich im Wohlstand nicht anpaßt, aber keine Boxhiebe, bitte. Nicht diese blutigen Ballette, keine Gladiatorenkämpfe. Sie hinterlassen auf dem Gewissen der Selbstzufriedenen einen Schandfleck. Die prügeln, aber sie tun es mit den Fingerspitzen. Die gehen über Leichen, aber lautlos.

Die treiben die Verlorenen in die Wüste, und weinen ihnen dann heuchlerisch hinterher, mit Sozialprogrammen.

Ihre Tränen aber löschen keinen Durst. Bei Boxkämpfen befällt sie Unwohlsein, von dem sie sich erst wieder erholen, wenn sie zurückkehren in den Schlagabtausch um ihre eigenen Interessen. Daß es jemand noch nötig haben soll, mit seinen zwei Fäusten sich durchzuboxen, muß jedem schleierhaft vorkommen, der über die Strategie seiner Ellbogen Kenntnisse besitzt.

Aus der Sportberichterstattung ist der Boxsport bereits ohnehin so gut wie gestrichen. Für die Freunde von Fußball, Golf und Tennis ist er eine fürchterliche Entgleisung, eine Erinnerung an Instinkte, die sie für überwunden ansehen – es sei denn, wir begegnen ihnen in den Alpträumen menschlicher Selbstzerstörung, im Niemandsland zwischen Sex und Liebe.

Sich gegenseitig den Schädel einschlagen, absichtlich und mit der fürchterlichsten Anstrengung? Ist der Kopf denn nicht unser Allerheiligstes? Und Kunst nicht das Gegenteil jener maßlos rohen Barbarei?

Ja, Ali. Na schön, Ali. Aber Ali ist alle. Ein verwirrter, alter Mann in der Mitte seines Lebens. Aber für Schmeling, komisch, würden selbst Hausfrauen noch heute den kleinen Finger opfern.

Doch da sind, unübersehbar und gezeichnet wie Karikaturen, die anderen: Verlierer, Verprügelte, Tote. Und wo sie sind, bleiben Schriftsteller nicht aus. Sie lieben die Geschundenen und Erledigten – vielleicht aus dem einen Grund nur, weil sie die besseren Geschichten abgeben. Schriftsteller sind Schakale. Sie atmen die Luft, an der andere ersticken, wie Wohlgeruch. Was alle schwächt, macht die Story stark. Sie nehmen den Glanz noch von jenen, die ins Dunkel stürzen. Alles ist ihnen recht. Was nicht heißen soll, daß sie keine

Moral hätten. Es ist nur eine andere, schwerer verständliche Moral. Sie haben alle ihre Prinzipien, auch wenn sich diese erschöpfen beim Schachspiel der Ästhetik. Wo Sieger feiern, sind sie Partygäste. Wenn sie fallen, beginnt ihr Job. Und doch ist der Schriftsteller der einzige Bruder des Boxers, der Verbündete seiner Einsamkeit.

Wenn vernünftigere Menschen als Dichter und Schriftsteller von der Brutalität des Boxens und von ihrer tödlichen Gefahr reden, bemerke ich immer sehr rasch, wie scheinheilig ihr Interesse an allem Schönen, Sanften und Lebendigen ist. Ich habe diesem mittelmäßigen Mitleid immer intensiv mißtraut – wie auch diese Menschen mir und meinesgleichen mißtrauen, der unberechenbaren Wildheit unseres Willens, unserer unglücklichen Selbstliebe, unseren monumentalen Angstzuständen, unseren kleinen Siegen auf den Ladentischen von Buchhandlungen. Dort ist etwas wie Boxen kein Thema – obwohl es doch eines ist.

»So treiben also zwei große Boxer in einem großen Kampf unterirdische Ströme der Erschöpfung hinab, bezwingen Berggipfel der Agonie, starren auf das Licht ihres eigenen Todes im Auge des Mannes, mit dem sie kämpfen, und wenn sie wider alles Locken der süßen, die Sinne umnebelnden Katakomben des Absinkens ins Vergessen wieder von der Matte aufstehen, gelangen sie auf den Kreuzweg der qualvollsten Wahl, die es für ein Karma gibt – nur daß wir sie so nicht sehen, da sie nicht in erster Linie Männer des Wortes sind.« Also spricht Norman Mailer, der sachkundigste, begeisterungsfähigste und wortgewaltigste Schriftsteller unter allen, die diesen Boxsport lieben. Natürlich hat auch er geboxt: mit befreundeten Kollegen, mit hassenswerten Kritikern, mit Filmstars und echten Champions. Mailer, der immer so tut, als plane er mit jedem neuen Buch einen Banküberfall auf den

Nobelpreis, schreibt nicht aus Mitleid mit den Besiegten – er neigt das Haupt vor der Größe, mißt den eigenen Mut am Herzschlag des Dinosauriers.

Wie alle Schriftsteller und Dichter neigt auch er zu Übertreibungen, und deshalb kommen ihm die Übertreibungen des Boxsports so gar nicht übertrieben vor. Gibt es, fragt er zurück, etwas Normaleres, als daß sich zwei Männer, austrainiert und mit dem unbedingten Willen zum Sieg, unter Beachtung gültiger Regeln, miteinander messen? Und jeder kämpft ja nicht nur gegen den Mann vor ihm – er kämpft, wie du und ich auch, allein gegen sich selbst, gegen die eigene Müdigkeit, Mutlosigkeit, gegen die Verzweiflung und die Bitterkeit einer drohenden Niederlage. Erfahrungen, die letzten Endes ein Mysterium sind.

Es ist gut, daß etwas von der Kraft der Phantasie hinüberstrahlt auf die Kraft gut gezielter Haken, und daß die Würde des Kämpfers auch dem Schriftsteller etwas von jenem Glanz zurückgibt, der ihm abhanden kam. Der Wortgewaltige teilt das Schweigen des Freundes »mit jener Eigenschaft der größten Puncher: Schläge hinnehmen können, stehn...« (Gottfried Benn).

»Ich habe geboxt, und noch bis vor kurzem habe ich überall, wo ich gelebt habe, jeden Morgen ein wenig am Punchingball trainiert«, schreibt Georges Simenon.

Bertolt Brecht läßt in »Mahagonny« einen Chor singen: »Erstens, vergeßt nicht, kommt das Fressen. Zweitens kommt der Liebesakt. Drittens das Boxen nicht vergessen.« Der japanische Schriftsteller Yukio Mishima beginnt mit dem Boxtraining, um sich auf seinen Selbstmord vorzubereiten. »Um es kurz zu machen, mir fehlten einfach die nötigen Muskeln für einen dramatischen Tod.« Jahre später machte er dann, sehr dramatisch, Harakiri.

Georges Simenon, 1970

Bert Brecht und Paul Samson-Körner, 1928

Norman Mailer und José Torres beim Sparring

Ernest Hemingway in Kenia, 1953

LORD BYRON SPARRING WITH JOHN JACKSON   *A. Forbes Sieveking, Esq., F.S.A.*
From a Photograph of a Print

Jean Cocteau und ›Panama‹ Al Brown

Nelson Algren, der bedeutende, aber vergessene amerikanische Schriftsteller, hat zwar selbst nie ernsthaft geboxt, aber einige der besten Kurzgeschichten und einen großen Roman (»Calhoun«) über das Boxen geschrieben. Auf die Innenseite seines Oberarms hatte er sich ein Paar Boxhandschuhe tätowieren lassen – Symbol der Barmherzigkeit mit dem kleinen, namenlosen Helden auf der Schattenseite des Lebens. Als Jack London seinen im Boxer-Milieu spielenden Roman »The Game« veröffentlicht hatte, wehrte er sich. »Die Realität wird angezweifelt. Ich glaube kaum, daß der Kritiker in diesen Dingen soviel Erfahrung hat wie ich. Ich glaube kaum, daß er weiß, was es heißt, niedergeschlagen zu werden oder einen anderen niederzuschlagen. Ich habe diese Erfahrung gemacht.«

Charles Bukowski teilt diese Erfahrung. Ihn hat es nie gereizt, selbst in den Ring zu steigen, dafür hat ihn das Leben zu Boden geprügelt. Und so beließ er es bei einem Stapel Gedichte und einigen Wagenladungen mit Geschichten darüber. Und immer läuft es bei ihm auf die gleiche ehrliche Antwort hinaus: »Ich war schon immer ein schlechter Sieger.« Der schlechteste Verlierer war Ernest Hemingway. Das Boxen gehörte für ihn zum gleichen Kult wie der Stierkampf, die Löwenjagd, und die Jagd auf schöne Frauen. Er gab nicht nur dem Dichter Ezra Pound Boxunterricht, sondern auch seiner vierten Frau Mary und sogar Marlene Dietrich, die später, wie er stolz bemerkte, Jean Gabin in einen Schneehaufen boxte. Und da er bekanntlich viel trank und dabei wegen seines majestätischen Großmauls häufig mit anderen Gästen in Schwierigkeiten geriet, entwickelte er eine bestimmte Technik des Bar-Kampfes.

»In der guten alten Zeit konnte ich einen Kerl leicht mit der Linken an seiner linken Schulter berühren und dann mit der Rechten auf diese Distanz zuschlagen. Jetzt habe ich herausgefunden, daß meine Rechte leicht danebengehen kann, weil ich nicht mehr so gut sehe. Deshalb lande ich jetzt zuerst die Rechte innen an seinen Ellbogen, um seine Linke abzuschneiden, und lasse dann zwei linke Haken folgen, einmal oben, einmal unten. Natürlich trete ich ihm zuerst auf die Füße, um sicher zu sein, daß er da ist.«

Hemingway, das Groupie der Gewalt, hat auch literarisch in den Kategorien des Kampfes gedacht. Ein besonders deutliches Beispiel findet sich in einem Brief an William Faulkner. »Warum wollen Sie in Ihrem ersten Kampf gegen Dostojewski antreten? Schlagen Sie Turgenjew. Dann nehmen Sie sich de Maupassant vor (zäher Bursche, aber immer noch für drei Runden gefährlich): Dann versuchen Sie, Stendhal zu erwischen.«

Ob Faulkner die Ärmel hochgekrempelt hat, um sich wenigstens halbtot zu lachen?

»Laß dich nie mit Besiegten ein.«

Diesen törichten Satz hat Hemingway erst spät geschrieben, und in dem Buch »Der alte Mann und das Meer« herzzerreißend und weise revidiert, am Ende seines Lebens, als er seiner überlebensgroßen Niederlage gegenüberstand: dem Verschwinden seiner schriftstellerischen Begabung.

Seit seiner Zeit als junger Zeitungsreporter beim »City Star« in Kansas hat Hemingway die Fäuste geschwungen. Und er war nicht nur damit zufrieden, körperlich fit zu sein für Frauen, Löwen und den Schreibtisch, sehr viel vom Boxen zu verstehen und unter den besten Boxern seiner Zeit Freunde zu haben.

Hemingway schrieb wie gute Boxer boxen: ohne überflüssige Schnörkel, knapp, hart, präzise, konzentriert, die kurzen Sätze gezielt wie eine herausgestochene Linke. Es gibt in der Literatur keinen zweiten, der sein Verständnis für das Boxen stilistisch so genau umgesetzt hat wie er.

Ist seine Sprache, sein Stil eine ziemlich genaue Analogie zum Wesen des körperlichen Dialogs, den zwei Kämpfer austragen – so ist das Leben von Jack London eine ebensolche Analogie, keine stilistische zwar, dafür eine existenzielle.

Boxen heißt: Gosse, Ghetto, Kampf. Und bei allem Triumph, den ein Boxer auf sich konzentrieren kann, glänzt Gold, glänzt Geld einfach am hellsten und schönsten. Und Jack London, der aus der Armut kam, nahm genau diesen Kampf ums Gold auf, mit seiner Schreibmaschine – und damit ist nicht das romantische Gold gemeint, das er (und seine Helden in den Erzählungen) in Alaska geschürft haben. »Geld will ich, oder vielmehr die Dinge, die man für Geld kaufen kann.« Dafür schuftete er wie ein kommender Weltmeister. Täglich, pünktlich, ohne die geringste Ablenkung. London hatte es verdammt eilig. »Ich bemühe mich, eine Geschichte so klar zu erzählen, daß jemand, der es eilig hat, sie lesen kann.« Und er wurde gelesen, viel, sehr viel gelesen. Und das Geld häufte sich an. Und London machte seine Träume wahr: Pferde, eine Ranch, eine Yacht. »Ich glaube nicht, daß ich viel schreiben würde, wenn ich es nicht müßte.« Er schrieb zeitweise so viel, daß ihm die Themen ausgingen. Er suchte verzweifelt (wie groß herausgekommene Boxer verzweifelt nach neuen Gegnern suchen) nach Stoffen für Geschichten für Magazine. Der junge, spätere Nobelpreisträger Sinclair Lewis schickte ihm welche, für 7,50 Dollar das Stück. Unter anderem stammen die Ideen für »The Game« und »Der Boxer im Frack« von Lewis.

Jack London hatte es geschafft, und verlor jedes lebendige, wahrhaftige Verhältnis zu seinem Beruf. Wie ein Boxer, der über allen Erfolg nur lustlos geworden ist, plagte sich London über die Runden – zu immer neuen Büchern, neuen Erfolgen, neuen Gagen. Täglich hieb er seine tausend Worte (in genau anderthalb Stunden) aufs Papier – und kassierte. »Der einzige Grund, weshalb ich weiterschreibe, ist das Muß. Müßte ich nicht, ich schriebe keine Zeile mehr.« Eines Tages beging London Selbstmord.

Wie Hemingway, der sich umbrachte; wie Yukio Mishima, der sich umbrachte; wie Arthur Cravan, der sich umbrachte.

Mit Jean Cocteau kommt ein Hauch Syphilis und ein Duft Opium in eine Geschichte, die sonst von Schweiß nur so trieft. Daß er im Boxmilieu überhaupt eine Rolle gespielt hat, erzählt uns der spanische Maler Eduardo Arroyo in einem Buch, dessen Titel den Namen jenes Boxers trägt, dessen Lebensgeschichte es erzählt: Panama Al Brown. Cocteau hat den Ex-Weltmeister im Bantamgewicht in den dreißiger Jahren in einem Pariser Nachtlokal gesehen, wo er die Band dirigierte und seilsprang. Tief war der Mann gesunken, der einmal so viel Geld verdient hatte, daß er es sich leisten konnte, seine Hemden zum Bügeln nach London zu schik-ken. Der süchtige, vom Opium angefressene Cocteau, der als Künstler fragwürdig, als Genie aber eine Sensation war, Cocteau, der unsterbliche Schwächling, dieser Cocteau war wie vom Blitz getroffen, als er den schwarzen Prinzen sah. Und er handelte, was seiner selbstgefälligen Trägheit mehr gefiel als sich nur eben einen Abend lang verzaubern zu lassen von der Melancholie dieses über einem Abgrund strampeln-den Tänzers. Panama Al Brown wurde sein Schützling. Mit dem Geld der Mode- und Parfümschöpferin Coco Chanel schickte er Brown aufs Land zum Training. Cocteau wollte aus ihm wieder einen Weltmeister machen.

Er rief die Zeitungsleute zu sich und diktierte ihnen den Beginn seiner Unternehmung. Panama Al Brown wird den Titel zurückerobern ... unter meinen Fittichen.

Beide, der Boxer und wieder die seltsam komisch schillernde Figur des Dichters, bildeten ein unerschöpfliches Gesprächsthema jener Jahre. Und tatsächlich, Brown kam wieder in Form. Und unten in der ersten Reihe saß Cocteau und strahlte aus trüben Augen hinauf in eine Welt, die er zwar erfaßte, der er aber fremder blieb als jeder andere Schriftsteller, der sich je auf sie einließ.

Als Brown seinen Weltmeister-Titel zurück hatte, rief Cocteau erneut die Journalisten zu sich und diktierte ihnen den Abgesang. Er forderte Brown auf, am wunderbaren zweiten Höhepunkt seines abenteuerlichen Lebens Schluß zu machen, die Boxhandschuhe an den Nagel zu hängen. Verständlich. Nur: Panama Al Brown, inzwischen selbst opiumsüchtig, von Champagner abhängig, von Syphilis gekennzeichnet, ein Spieler, Musiker, dazu schwul und schwarz – was sollte er tun? Gut, er mußte aufhören, und er gehorcht seinem Mephisto d'amour. Aber danach? Was sollte aus ihm denn werden? Das verdiente neue Geld war längst wieder auf den Kopf gehauen, und der Zauberer ließ seinen Stab fallen. Für ihn hatte sich – Panama Al Brown war noch schweißüberströmt vom erneuten Kampf um den Titel – der Vorhang gesenkt. »Meine Rolle als Dichter hört da auf, wo die Wirklichkeit beginnt.«

Panama Al Brown starb in New York, unbekannt wieder und einsam. Jean Cocteau hingegen betritt die Akademie der Unsterblichen.

Kommen wir zum Schluß unserer Geschichte, und kehren wir zum Anfang zurück. Im Jahr 1885 erscheint in England, in einer Monatszeitschrift des wissenschaftlichen Sozialismus, der Abdruck eines Romans von George Bernard Shaw: »Cashel Byron's Beruf«. Der Name des Helden ist eine Anspielung auf Lord Byron, der ein großer Boxfan war – und wegen seiner Neigung zur Fettleibigkeit sogar selbst geboxt hat. Und demnach ist klar, was für einen Beruf dieser Cashel Byron ausübt: den des Boxers. Der erste Boxer der Roman-literatur. Natürlich war Bernard Shaw alles andere als ein Sportsmann, und was er über das Boxen wissen mußte, holte er sich aus alten Folianten in der Bibliothek des Britischen Museums.

Aber er war Schriftsteller und deshalb interessierte ihn nur eines: die gute Story. Und die spielte ihm nun eben, sei's drum, einen Faustkämpfer in die Hände. Und er machte daraus einen Unterhaltungsroman, der die Leser der Zeit verblüffte.

Später beklagte Shaw, daß er sich in die Niederungen des Happy-End begeben hätte, denn Cashel Byron heiratete eine steinreiche, junge, selbstbewußte Aristokratin – aber wie konnte sie nur? Einen Boxer?

Bis das alles stattfinden darf, erfahren wir, welchen gesell-schaftlichen Rang ein Boxer im alten England hatte – obwohl doch England als Geburtsland dieses Sports gilt. Aber damals war das Boxen eine ungesetzliche Berufsart, von der sowohl das Bürgertum wie die Aristokratie annahm: »daß sie allmäh-lich ungebräuchlich werden würde.«

Auf die tapfere, verliebte Miss Lydia ergießt sich also eine Suada von Erklärungen, die den Boxsport aus damaliger Sicht erläutert. »Ein Preisboxer ist gemeiniglich ein Mensch von natürlich wildartiger Veranlagung, der sich unter den Leuten seiner Umgebung einen gewissen Ruf als Raufbold erworben hat und infolge immerwährender Streitigkeiten über einige Geschicklichkeit im Boxen verfügt.« Das Boxen verlangt, wie die zahlreichen Mitbewerber um Miss Lydias Gunst auftischen, »die Widerstandsfähigkeit eines Stieres und die Grausamkeit eines Schlächters.« Als das bei Miss Lydia offenbar immer noch nicht die gewünschte Wirkung tut, malen sie ihr die Zukunft eines Boxers aus. Er endet »mit untergrabener Gesundheit, entstelltem Gesicht, naturgemäßer Brutalität und anrüchigem Ruf«. Hatte sie noch nicht begriffen? »Hat er sich Geld erspart, so macht er eine Sportkneipe auf, wo er Spirituosen der schlimmsten Sorte an seine früheren Rivalen und deren Genossen verkauft und sich selbst allenfalls den Tod oder den Bankrott antrinkt.« Aber Miss Lydia läßt sich nicht erschrecken. Schon als Kind war sie von ihrem Vater gewarnt worden: »Hüte dich vor Malern, Poeten, Musikern und Künstlern aller Art.« Und als junges, fast erwachsenes Mädchen hatte sie in ihr Schlafkissen gestöhnt: »Wenn man nur ein einziges Mal einen gebildeten Mann finden könnte, der niemals ein Buch gelesen hätte.«

Sie fand ihn. Und er war Boxer.

Malcolm Lowry in Mexiko

»Ach, ein Pferd haben und singend davongaloppieren, weit fort, vielleicht zu jemandem, den man liebte, mitten hinein in alle Schlichtheit und Ruhe der Welt; war das nicht die Chance, die das Leben selbst dem Mensch bot? Natürlich nicht.«
Nein, natürlich nicht.

Am 1. November 1936 verläßt ein auffallend ungleiches Paar die *Pennsylvania* und geht in Acapulco an Land. Sie eine attraktive, ihrem Mann bereits leichtfertig untreue Frau, er ein noch unbekannter, englischer Schriftsteller, gerade 27 Jahre alt, dem Suff verfallen und vom Vater entmündigt.

Seine Ehe mit Jan Gabrial steht vor dem Sturz. Die Reise nach Mexiko ist als letzter Versuch einer Aussöhnung gedacht. Nur, wie sie herbeiführen? Beiden ist klar, Lowry muß auf Entzug, muß das Saufen sein lassen – oder auf ein erträgliches Maß reduzieren.

Man muß sich das vorstellen. Da fährt einer also ausgerechnet nach Mexiko, um auszunüchtern. Ins heilige Land des Tequila, des Mescal, der Pulque. Hier in Mexiko wird rund um die Uhr Alkohol zu Spottpreisen ausgeschenkt, daran hat noch keine Inflation etwas ändern können. Noch heute, vierzig Jahre später, kostet eine Literflasche Mescal weniger als eine Mark.

Kaum von Bord, geht Lowry in eine Hafenkneipe. Nichts in der Welt ist schrecklicher als eine leere Flasche; es sei denn ein leeres Glas.

Der letzte Aussöhnungsversuch wird – zuerst einmal – einfach vergessen. Nach ein paar Tagen, die er nicht nüchtern erlebt haben kann, nehmen sie den Autobus nach Mexiko-City und fahren dann weiter nach Guernavaca.

Aus dieser Zeit gibt es ein Familienfoto. Es zeigt zwei Gegner.

Sie mieten ein kleines Häuschen – drei Zimmer mit Garten, Veranda und Swimmingpool – in der calle de Humboldt No. 15. Die gleiche Adresse wird Lowry später umtaufen in calle Nicaragua cincuenta dos, dort läßt er den Konsul Geoffrey Firmin wohnen – und dorthin wird seine Frau Yvonne am 1. November 1939, von Bord der *Pennsylvania* kommend, zurückkehren.

Dieser Tag wird in *Under the Vulcano* ein ganzes langes Leben dauern. Und am Ende dieses Tages werden beide tot sein.

Dolente, dolore.

Die Calle de Humboldt No. 15 wird Lowrys ständige Adresse für die zwei kurzen Jahre, die er insgesamt nur in Mexiko zubringen wird. Er wird in Guernavaca und danach in Oaxaca und wieder Mexiko-City in die Hölle fahren, hilflos, einsam und stolz. Verfallen dem Suff. Von den wenigen Freunden als ein hoffnungsloser Fall aufgegeben. Nur Lowry selbst weiß, daß er sich, wenn er nur will, »triumphal zusammenreißen« kann.

Vorerst, gerade angekommen, sieht er dafür allerdings noch keinen Grund.

Eine Amerikanerin, die sich damals ebenfalls in Guernavaca aufhielt, erinnert sich an diesen britischen Trinker, wie er schon im Morgengrauen vor einer der Cantinas saß, betrunken noch und doch nur auf den nächsten Schluck wartend – ein Melville des Mescal, kleine Verse schreibend, um als Schriftsteller »in Form zu bleiben«. Er will seine Vorbilder ehren: Joseph Conrad, Melville und den unbekannten Norweger Nordhal Grieg.

Seine Ankunft in Guernavaca ist eine Reise nicht nur bis ans Ende der Welt – er wird diese Welt verlassen und als Schreib-Genie und »voll austrainierter Trinker« endlich zurückerobern. Er wird diese kleine Stadt zu einem Schauplatz der Weltliteratur machen und sie ehrfürchtig bei ihrem alten, zapotekischen Namen rufen: Quauhnahuac.

»Quauhnahuac besitzt achtzehn Kirchen und siebenundfünfzig Cantinas« – womit Lowry, was die Cantinas angeht, ein und für allemal beim Thema bleiben wird. Nicht nur als der Künstler zu Füßen der Vulkane, des Popocatepetl und seiner schlafenden Geliebten Ixtaccihuatl. Kaum angekommen, als erste Ortsbesichtigung sozusagen, benötigt Lowry was zum Schlucken.

Und Jan Gabrial?

Sie versucht, verzweifelt zuerst und dann über die nicht einzudämmende Sucht ihres Mannes zu Tode ernüchtert, ihn zum Schreiben zu bewegen. Erfolgreich – denn er beginnt und beendet in wenigen Wochen eine Kurzgeschichte mit dem Titel *Under the Vulcano*. Kaum kann Lowry geahnt haben, was sich daraus entwickeln würde, daß er von nun an nahezu sein ganzes weiteres Leben damit zubringen wird, mehr als zehn Jahre, zehn verdammte Jahre.

Er wird in Hollywood eine andere Frau finden und sie heiraten und mit ihr in die kanadische Einsamkeit verschwinden. In immer neuen Überarbeitungsversuchen wird er seinen großen Roman vorwärtswälzen.

Und vollenden. Geschafft. Oder doch nicht?

Sein Agent Harold Matson bemüht sich 1941 um einen Verleger. Aussichtslos.

Lieber Malcolm, schreibt er am 5. September, folgende Verlage haben das Buch abgelehnt:

Farrer & Rinehart
Harcourt, Brace
Houghton Mifflin
Alfred Knopf
J. B. Lippincott
Little, Brown
Random House
Scribner's
Simon & Schuster
Duell, Sloan & Pearce
Dial Press
Story Press

Zurück ins Jahr 1936. Eine erste Fassung der Geschichte wird Lowry in irgendeiner Cantina verlieren. Der Verlust ist gering. Lowry hat alles bereits vor Augen. Die Themen fügen sich. Die eigene unglückliche Liebesbeziehung, seine Schuld und die Laster und die Bitterkeit über ein früh vertanes Leben. Alles spielt sich ab im Schatten der Vulkane. Wie sich das einfügt in die Weltgeschichte: Erinnerungen an die glücklose Liebe zwischen Kaiser Maximilian und seiner Carlotta, die hier in Guernavaca so unglücklich waren und einander betrogen wie er und Jan. Maximilians fatale, tödliche Liebe zu Mexiko, das ihn nicht wollte und köpfte.

Und vor allem das Land, die Landschaften, die Himmel und darunter diese Erde. Mexiko. »Die nimmerschlafende, ewige Trauer des großen Mexiko.« Die Hochebenen der Sierras. Die zerklüfteten Talschneisen. Die Barrancas... »etwas in der wilden Kraft dieser Landschaft, die einmal ein Schlachtfeld gewesen war, schien ihn anzurufen, ein aus dieser Kraft geborener Geist, dessen Schrei, vom Winde erfaßt und zurückgeworfen, seinem ganzen Wesen vertraut schien.« Und Jan Gabrial?

Sie bleibt – wie Lowry dem Suff – ihrer Untreue treu. Vergeblich auf ernstzunehmende Zeichen einer Aussöhnung hoffend, betrügt sie den impotenten und ruinierten Mann mit jungen Burschen aus dem Volk, Taxifahrern, Minenarbeitern, Herumtreibern – wobei sie nicht einmal den Versuch macht, ihre Affären geheimzuhalten.

Das andere, große Thema: Liebesentzug, Untreue, Eifersucht. *No se puede vivir sin amar.* Ohne Liebe kein Leben. Je kälter Jans Gleichgültigkeit, umso phantastischer Lowrys Schweigen. Sein Gesprächspartner wird diese kleine Kurzgeschichte, er beginnt sie als den einzigen Partner zu akzeptieren – und bereitet sich auf die Einsamkeit vor. Mit Jan sprechen? Lowry versinkt in apathische Unfähigkeit, seiner Liebe einen sozialen Ausdruck zu verleihen. Betäubt die Qualen mit Mescal, Tequila, Pulque – und *un poco borracho* mit Humor. Die Freunde, die anreisen, packt das Entsetzen.

Er versichert ihnen, seit sechs Monaten trocken zu sein – und will sogar einem Begrüßungstrunk ausweichen. Dann, nach dem ersten Tropfen, gibt es kein Halten mehr. Es folgt das Inferno. Von Charly's Bar taumelt er allein los, zwei Tage, zwei Nächte lang. Als er wieder auftaucht, reist Jan gerade ab, nach Veracruz. In Begleitung eines gemeinsamen Freundes, der zum Vorbild für den Filmregisseur Laruelle wird.

Wieder Eifersucht, über deren Ausmaß er damals alle im unklaren ließ. Erst mit dem Roman wird deutlich, wie sehr er gelitten haben muß – wobei seine Begabung groß genug ist, nicht nur das eigene Leid zu erkennen, sondern vor allem Yvonnes Sehnsucht nach Liebe, ihre Kraft und demütige Fähigkeit, bis zuletzt zu hoffen. Wie bei Jan, die ihn aufgibt. Wie bei Margerie, die kommt und bleibt. »Liebling, warum bin ich gegangen?« wird sie nach ihrer Ankunft an jenem ersten Novembertag sagen. »Warum hast du mich gehen lassen?« Diesem gemeinsamen Freund (Laruelle) allerdings möchte er auch nach vielen, vielen Jahren noch »am liebsten in seinen Sombrero scheißen«. Und stellt ihn sich anschließend nackt vor und schreibt:

»In diesem Augenblick wurde sein ganzes Wesen von der ungeheuerlichen Tatsache getroffen, daß dieser häßliche, gurkenförmige Anhang aus blaugeädertem Fleisch unterhalb dieses dampfenden, schamlosen Bauches sich im Leib seiner Frau vergnügt hatte.«

So wird es gewesen sein.

Nach Jans Abreise nach Veracruz ist Lowry nicht mehr nüchtern. Jetzt lebt er, wie die Freunde wissen, das Buch, das er zu schreiben gerade erst begonnen hatte. Sie schleppen ihn zu einem Arzt. Der verordnet Diät. Eine Dosis Brandy, dazu Strychnin, einzunehmen mit einem gelegentlichen Bier. Er hält sich an das Rezept. Drei Tage. Dann reicht ihm die Kur. Er kehrt zurück zum Üblichen – Tequila, Mescal vor allem.

Als die Freunde abreisen, ist er endlich allein. Darauf war er vorbereitet. Er versucht zu schreiben.

Unmöglich. Er kann nicht schreiben, nicht essen, nicht schlafen. Was bleibt ihm also noch?

Er liegt betrunken in den Straßen Guernavacas und trinkt sich bei Tagesanbruch in der nächsten Cantina erst mal wieder nüchtern. Verzweifelt beginnt er S-O-S-Briefe zu schreiben. Und nebenbei, um in Form zu bleiben, Verse.

»Er tat ihm von Herzen leid, der arme, einsame Mensch, der alles verloren hatte, der hier Nacht für Nacht zitternd gesessen und getrunken hatte, den seine Frau im Stich gelassen hatte...«

Sie kommt zurück, aber auspacken wird sie ihre Koffer nicht mehr.

Es ist jetzt Anfang Dezember 1937 – vor dreizehn Monaten waren beide in Acapulco, in der Hoffnung auf Versöhnung, an Land gegangen.

Die endgültige Abschiedsszene findet im Hotel Canada in Mexiko-City statt – und dauert nur einen knappen Dialog lang.

»Laß das Trinken.«

»Jetzt gleich?«

»Ja!«

»Nein.«

Er trägt ihr die Koffer zum Autobus. Jan fährt ab. Sie haben sich nie mehr wiedergesehen.

»Meine geistige Isoliertheit in dieser Stadt und die Schwermut, in die ich versunken bin, sind nicht zu schildern.« Und ob. Lowry wird die nächsten zehn Jahre nichts anderes tun. Aber jetzt, verlassen, allein gelassen, versinkt er, trinkt und reist zurück. Über Guernavaca nach Oaxaca. Dort trinkt er weiter, sinkt tiefer und wird schon Tage nach seiner Ankunft als Spion verdächtigt und ins Gefängnis gesteckt.

Erst einmal allerdings steigt er im Hotel Francia ab, das in Oaxaca noch existiert. Ich versuche, vierzig Jahre danach, mich bis zum Jahr 37 durchzufragen. Ein englischer Schriftsteller? Es gibt keine Bücher, in denen man die Eintragungen nachlesen könnte. Ein Trinker? Davon gab und gibt es zuviele.

Ich suche die Covadonga-Bar. Ein Mexikaner erinnert sich an die Existenz dieser Bar und deutet auf eine der Ecken des *zocalo,* wo ich ein Bekleidungsgeschäft sehe.

Ich gehe zum Hotel Francia zurück und lasse mir irgendein Zimmer zeigen und schaue mich um. Hier hat er einen Geier im Waschbecken erblickt. Hier begannen seine Sauftouren. Hier wäre er am liebsten verreckt. Im Morgengrauen ist

Lowry dann, vom Tod, auch von ihm noch verachtet, durch das menschenleere Oaxaca geirrt, die Stufen zur Kirche der Schwarzen Madonna hinauf, in den leeren Dom. Hier hat er auf den Knien gebetet. Die Kirche ist der Jungfrau der Einsamen geweiht. »Keiner geht dahin, nur solche, die niemanden haben.« In jener inzwischen verschwundenen Covadonga-Bar trifft Lowry den Indio Juan Fernandez Marquez. Dieser Eindruck ist so nachhaltig, daß er ihn in *Under the Vulcano* sowohl unter dem Namen Dr. Virgil auftreten läßt als auch als Juan Cerillo. Fernandez ist als Bote bei einer Bank beschäftigt, reitet einen Maulesel, trägt eine Waffe. Viele Jahre später – Lowry kommt nach Oaxaca zurück, um letzte Details zu überprüfen und seiner neuen Frau jenen Ort zu zeigen, wo er am unglücklichsten war – kommt Fernandez bei einer Schießerei in einer Bar in Villahermosa ums Leben. Er wollte – verdammtes Klischee – nur einen Streit schlichten.

Einmal hat Lowry den Freund auf einem Ritt von Cuicuitlan nach Nochixtlan, via Parian, begleitet.

Parian – das wird Lowry nicht mehr vergessen. Dort spielt sich das Finale des Buchs ab. Auf dem Weg dorthin wird Yvonne von einem Pferd zu Tode getrampelt (»Ach, ein Pferd haben...«). Firmin, der Konsul, wird vor der Farolito-Bar von mexikanischen Faschisten erschossen, versehentlich.

Ausländer sein, betrunken sein und eine Sonnenbrille tragen (»und dann noch mein finsteres Spanisch«) – das genügt, um im Gefängnis zu landen. Er sitzt über Weihnachten, Neujahr und während der ersten Januarwoche in der Zelle, auf Entzug, zusammengesperrt mit Mördern. Er deliriert – und sah und roch sie alle: »Flaschen, Flaschen, Flaschen und Gläser, Gläser, Gläser mit Bier, Dubonnet, Falstaff, Rye, Johnny Walker, Vieux Whiskey blanc Canadien; die Aperitifs, die Magenbitter, die Halben, die Doppelten, die Flaschen, die Flaschen, die schönen Flaschen mit Tequila und die Millionen Kürbisflaschen mit herrlichem Mescal...«

Auf der Suche nach dem Gefängnis des Jahres 38/39 stoße ich heute auf das Luxushotel »El Presidente«. Die gleichen Mauern. Damals ein Gefängnis. Davor in allen Ehren ein Kloster. Heute Ruhestands-Eldorado für Amerikaner, denen Florida dann doch zu nahe an der Lunte liegt, und Miami zu fest im Fadenkreuz der Mafia. Wo diese Gespenster mit ihren Kindern und Familien im Sonnenschein unter bunten Schirmen ruhen, hat Lowry die Wände angeschrien. Sie wollten ihn kastrieren – »was leider, wie ich feststellen muß, nicht geklappt hat«.

Oaxaca, Stadt des ewigen Frühlings, konstante Temperaturen in den 25 Grad C., alle Tage des Jahres. Ein kleines Städtchen am Fuß jener Gebirgskette, die auf ihrem Plateau hinausgreift in die Himmel. Monte Alban und Mitla, die gewaltigen Gräberstädte der Tolteken und Azteken. Für Lowry ein Alptraum. Im *Francia* rupfen sie zwei Pfauen. Im Waschbecken Geier. Tränen. Briefe. Und jede Menge Fusel.

Das Trinken kann er nicht lassen, will aber Oaxaca – und Mexiko selbst – sofort verlassen. Lowry ist britischer Staatsbürger. Der Weltkrieg steht bevor. Spanische Faschisten aktivieren schon seit Jahren im Lande. (Lowry selbst war lange im Zweifel, ob er sich nicht doch hätte engagieren müssen.) Es ist Zeit.

Privat ist er kurz vor dem Zusammenbruch. In seinem Kopf arbeitet das Romanprojekt. Mitte Januar wird er aus dem Knast geschmissen.

»Mexikaner das schönste Volk, ihr Land das reizvollste der Erde. Das Schlimme ist nur, daß die mexikanische Regierung anscheinend noch immer in den Händen des Satans ist. Alle

Mexikaner wissen es, fürchten es, tun schließlich nichts dagegen – trotz aller Revolutionen.«

Er reist nach Acapulco in der Hoffnung auf ein Ausreisevisum. Er wartet. Dann plant er – wieder einmal – seinen Lieblings-Selbstmord. Schwimmt hinaus, weit hinaus ins offene Meer, daß er hoffen kann, den Rückweg nicht mehr zu schaffen. Er will untergehn wie sein toter englischer Kollege Percey Bysshe Shelley eines Tages im Genfer See. Der ließ sich lesend auf Grund trudeln, von wo ihn dann die starken Arme des Lord Byron heraufholten. Im Gegensatz zu Shelley war Lowry ein ausdauernder, athletischer Schwimmer – und so schaffte er es allein. So ernst war's ja nicht gemeint. Nur der Stil hätte ihm schon imponiert. Übrigens kopiert er den Genfer See noch einmal in einem Swimmingpool in Haiti. Diesmal stimmt sogar das Buch, das er gerade liest. Ein paar schwarze Boys allerdings fischen ihn heraus.

Schließlich wird Malcolm Lowry als »unerwünschter Ausländer« abgeschoben. Sein Aufenthalt in Mexiko ist zu Ende. Er hat überlebt. Und das ist sein Thema.

Ohne Liebe kein Leben...

Mit Margerie wird er in die selbstgebaute Holzhütte in Dollarton (in Britisch-Kolumbien) einziehen, der Wildnis einer einsamen Küste ausgesetzt, jedoch endlich eingeschlossen in jene Schlichtheit und Ruhe – und auch einer gegenseitig lebenslangen Liebe –, die es ihm ermöglichen, all diesem vorausgegangenen, niemals endenden Leiden einen Sinn zu geben – in der Vollendung von *Under the Vulcano.*

Das Haus No. 15 in der calle de Humboldt wird heute von einem älteren Herrn, einem französischen Chemiefabrikanten, als Wochenendhaus genutzt.

Als ich von der Straße her durch das Gittertor in den Garten trete, sitzt er vor der Veranda. Ich betrachte den kleinen Swimmingpool, in dem Jan Gabrial, und natürlich Yvonne, gebadet haben.

»Könnte eine Seele dort baden und rein werden?«

Der Pool ist ohne Wasser.

Ich stelle mich vor und bitte den jetzigen Besitzer, die Innenräume sehen zu dürfen. Obwohl ihm der Name Lowry nicht die Bohne sagt, läßt er mich freundlich eintreten.

Einen kurzen Augenblick lang bin ich wütend, daß dieser Herr hier überhaupt keine Ahnung hat, wer hier... Aber dann, die Sonne war untergegangen, ging ich hinaus zum Tor, trat hinaus und ging die calle de Humboldt hinunter und war zufrieden. Zufrieden auch, daß sich hier keiner an etwas erinnerte. Zufrieden, daß ich hier am Schauplatz von Lowrys mexikanischem Leben und Leiden keinen Fanatiker getroffen habe, der sich der Aufgabe widmet, die Geister wachzuhalten. Womöglich sogar mit der hiesigen Stadtverwaltung darüber im Streit liegt, ob man nicht eine Marmortafel an diesem Haus anbringen soll – und wer bezahlt. Nein... vorbei, vorbei. *Las Manos de Orlac con Peter Lorre*, vorbei, abgesetzt... das Farolito geschlossen, leer, vorbei.

Und die heimkehrenden Kaktuspflanzer? Und der Wald, über dessen Baumwipfel die Wachtürme des Gefängnisses ragten? Casino de la Selva, das Hotel am Stadtrand? Das existiert noch, längst eingemeindet und aufgemöbelt. Ein Zimmer nicht unter 300 Mark. Der Wald abgeholzt. Jetzt verdecken vierstöckige Häuser die Aussicht. Aus den Kaktuspflanzern sind Industriearbeiter geworden.

Das Farolito – im Buch ist es eine Bar in Parian – liegt nur etwa zweihundert Schritte von der calle de Humboldt entfernt, in Guernavaca. Hier hatte er seine Zeit verbracht, saß da, soff und schrieb diesen langen, letzten Brief für Yvonne: »... komm zurück, komm zurück. Ich werde nicht mehr trinken, alles was Du willst. Ich sterbe ohne Dich. Um Jesu Christi willen, Yvonne, komm wieder zu mir, höre mich, es ist ein Schrei, komm wieder zu mir, Yvonne, wenn auch nur für einen Tag.«

Dieser Tag hatte keinen Sonnenaufgang. Aber Yvonne kam. Am 1. November 1939. Und sie träumte für ihn von einem Leben, das Lowry wachrüttelte.

Ich tue, was er in Paris vor dem Haus von Heinrich Heine getan hat: *fire a salvo*, bleibe stehen, schweige, schweige bis tief in mein Herz hinunter – was sonst? Wenn man aufblickte, sah man die Schneemütze des Popocatepetl und die seiner noch immer schlafenden Geliebten Ixtaccihuatl daneben, »dieses Inbild der vollkommenen Ehe«. Sie lagen klar und schön am Horizont. Hoch über ihnen ein paar weiße, vom Wind getriebene Wolken und der noch nicht ganz volle Mond. Gegenüber ragte der Cortez-Palast auf. Dahinter die terrassenförmigen Vorgebirge der Sierra Madre Oriental.

Am Tag, als ich in Oaxaca in der Kirche »für die, die niemanden haben«, eine geweihte Kerze in Lowrys Andenken entzündete, war gerade eine Trauung im Gange. Ein junges Paar besiegelte ein Leben in gemeinsamer Liebe über den Tod hinaus.

Dann, Lowry, läuteten die Glocken. Beim Hinausgehen, da schlossen die Liebenden lächelnd die Augen. Gesegnete Reiskörner prasselten von überallher auf sie herunter. In diesem Augenblick hatten sogar die Einsamen Gesellschaft, und die Bettler vergaßen minutenlang zu betteln. Die Blinden selbst reckten die Hälse.

Am Drehort: John Huston

Natürlich war ich, als nachts der Anruf aus Mexiko kam, der glücklichste Mensch der Welt. Es war stockfinster draußen, aber auf meinen Schreibtisch fiel von fern her ein fetter, wärmender Lichtstrahl. Mir war, als sei ich erhört worden. Ein Engel schrieb meinen Namen auf ein Flugticket.

Der Engel am anderen Ende der Leitung war ein Deutscher, den ich vor Jahren einmal flüchtig in New York kennengelernt hatte. Inzwischen war er unter die Filmproduzenten geraten, denn er lud mich nach Mexiko ein, wo John Huston gerade einen neuen Film dreht. »Unter dem Vulkan« nach dem Roman des englischen Schriftstellers Malcolm Lowry, für den ich eine zwar schwer erklärbare, aber doch eindeutige Bewunderung hege.

Mir war schwindlig vor Genugtuung. Ich hatte die letzten sieben Monate in beiläufiger Einsamkeit damit zugebracht, einen Zyklus sogenannter »Lowry-Lieder« zu schreiben. Eine unzeitgemäße Beschäftigung angesichts der Weltlage, zugegeben. Und ich konnte kaum hoffen, daß sich meine Erschöpfungszustände lohnen und daß viele Menschen diese Gedichte über einen zwar bedeutenden, aber in Deutschland unbekannten Schriftsteller verstehen und billigen würden.

Ich wärmte mich also an diesem Lichtstrahl. Und war in Gedanken bereits unterwegs nach Mexiko.

Mexiko ist ein Land, in dem man leicht verlorengeht, leichter als irgendwo sonst auf der Welt. Es ist die sicherste Adresse, um unterzutauchen, zu vergessen, oder vergessen zu werden. Seine Wüsten, Sierras und Dschungel haben

Menschen angelockt, die eine Zeit oder ein Leben lang anonym bleiben wollten. Und jene, die in Mexiko gelebt haben wissen, daß es keinen brutaleren Mörder gibt als die Zeit, die nicht vergeht. Einer vor allem wußte es – Malcolm Lowry.

Im Jahre 1936, als alle Intellektuellen, die auf sich hielten, nach Spanien gingen, um in den internationalen Brigaden gegen den Faschismus zu kämpfen, reiste Lowry in dieses Mexiko, schwer angeschlagen, verwundet bis ins Herz vom Unglück einer Liebesbeziehung. Hemingway, wäre er ihm begegnet, hätte ihm den Gnadenschuß verpaßt. Statt Krieg und Frieden nur Privatprobleme. Statt internationaler Solidarität das Übliche – der Vernichtungskampf eines Mannes und einer Frau, die sich einmal geliebt hatten.

Lowrys Held ist der Alkoholiker Geoffrey Firmin, ein britischer Exilkonsul, den es in eine verrottende mexikanische Kleinstadt am Fuße des erloschenen Vulkans Popocatepetl verschlagen hat. Der Roman spielt an einem einzigen Tag – dem Allerseelentag im November 1939. Noch einmal kehrt an diesem Tag die Frau, die ihn verlassen hat, zu ihm zurück. Noch einmal flackert die Hoffnung des Trinkers auf, den Absturz in das Delirium aufzuhalten. Und noch ein letztes Mal zieht der Konsul durch die Cantinas, um sein Leben im Alkohol zu ertränken. Der Rausch endet tödlich, für beide.

Ein anderer Kampf, der um die Filmrechte dieses Buches, begann 1956, noch zu Lebzeiten des Autors. Ein Jahr vor dessen Tod hatte sich ein Produzent mit dem Gedanken beschäftigt, die Filmrechte zu kaufen. Lowry erhielt für eine sechs Monate gültige Option 500 Dollar. Dann war's erst mal wieder aus.

Nach Lowrys Tod verschwand der Roman von den Bücherregalen Amerikas. Hin und wieder konnte man im

Ramsch ein Exemplar finden. Aber selten kramen die Leute von Hollywood im Ramsch.

In Frankreich geriet »Unter dem Vulkan« in den sechziger Jahren zu einem Kultbuch, das dazu führte, daß in den Pariser Bars mehr als jemals zuvor nach Tequila verlangt wurde. Die Kultisten kriegten den Hals nicht voll von jener Droge, die sich Lowry – und der Konsul Firmin – in Mexiko in die Kehle geschüttet hatten.

Besoffen vom Glück, einen Superseller zu kaufen, waren dann die Hakim-Brüder (beide Filmproduzenten) gerade nicht, aber erst mal sicherten sie sich die Rechte. Sie zahlten für eine Option und machten sich danach auf die Suche nach dem passenden Regisseur.

Natürlich gab's nur einen: den großartigen, in Mexiko lebenden Luis Buñuel. Aber der winkte ab.

Diese Geste beschreibt er in seiner Autobiographie: »Mehrmals haben mir amerikanische und europäische Produzenten angeboten, »Unter dem Vulkan« von Malcolm Lowry zu verfilmen, das zur Gänze in Guernavaca spielt. Ich habe das Buch immer wieder gelesen, um auf eine wirklich filmische Lösung zu kommen. Die äußere Handlung wirkt, wenn man nur sie beibehält, ausgesprochen banal. Alles geht im Innern der Hauptperson vor. Aber wie sollte man die Konflikte der Innenwelt in Bilder umsetzen?«

Ich selbst glaube noch heute, daß Luis Buñuel – leider liegt er in Mexico City bereits unter der Erde – der interessanteste Mann gewesen wäre, dem Vulkan Feuer zu schenken. Aus dem Drama einer Leidenschaft, aus der von Halluzinationen getrübten Einsamkeit eines Mannes, dem der Schrei nach Liebe auf den Lippen erstirbt und der in den Cantinas neben Saufen weiter nicht viel tut als Liebesbriefe schreiben, die er dann nicht abschickt – und der doch die Würde des Verlierers bewahrt.

Jules Dassin war der nächste Regisseur, dann Joseph Losey – aber auch deren Interesse erlosch, und die Hakim-Brüder mußten ihre Option verstreichen lassen. In Polen schrieb Jerzy Skolimowski, in England Ken Russel an einem Drehbuch.

Die Übersetzung des Romans ins Spanische löste dann eine wahre Springflut der Versuche aus, den Roman auf die Leinwand zu bringen. Mit den abenteuerlichsten Drehbüchern. Es sind bis heute über 50 Stück: Da steht der Konsul zwar am Tresen, aber er steht dort als Symbol der dekadenten Bourgeoisie. Ein höhnisch verurteiltes Krepieren ist alles, was man ihm noch zugesteht. Aber auch für diese Linientreue wollte sich kein Geldgeber finden.

Man weiß von Richard Burton – auch ein Heavy, was Alkohol angeht –, daß er gerne den Konsul gespielt hätte. Und es hatte große Anstrengungen des mexikanischen Produzenten Louis Branco gegeben, den Film mit ihm in der Hauptrolle (Drehbuch: Gabriel Marquez) auf die Beine zu stellen – vergebens.

Ich hatte es einfacher, meine eigene Traumbesetzung zu realisieren. Meine Yvonne ist nach dem erotischen Rohschnitt einer Faye Dunaway geschaffen, und der Konsul nach der mitleidlosen Melancholie und Verlorenheit, die Peter O'Toole in mir auslöst.

Nun verfilmt John Huston das Buch, für 3,4 Millionen Dollar, eine Summe, die er in »Die Bibel« für eine einzige Szene ausgegeben hat, als er die Tiere paarweise in die Arche Noah trieb.

Kein Wunder also, daß ich bei meiner Ankunft in Mexiko und den ersten Gesprächen mit den Mitarbeitern Hustons den Eindruck bekam: Hier hat keiner etwas zu verlieren. Allein durch die Verkäufe der Fernseh- und Videorechte wird mehr Geld hereinkommen, als der ganze Film kostet – vom

Einspielergebnis in den Kinos ganz zu schweigen. Und natürlich beruhigt es die Nerven, wenn man unter solchen Bedingungen arbeiten kann.

In der Stadt Guernavaca, wo der Film gedreht wird, wimmelt es von Journalisten aus aller Welt. Was diese ganze Bande schon auf den ersten Blick sympathisch machte: Sie alle waren reinrassige Lowry-Anhänger.

Die Filmcrew lebte standesgemäß, ebenso mein »Engel«, der deutsche Filmproduzent Schulz-Keil. Er hatte sich in der Villa eines reichen Europäers eingemietet, inklusive einer indianischen Großfamilie, die das Haus besorgte und kochte. Wie gut, konnte ich noch am Abend meiner Ankunft in Mexiko feststellen. Ich saß in einem Paradies aus Pflanzen, bunten Vögeln unter einem grollenden, von schweren Regenwolken bedeckten, wetterleuchtenden Himmel. Jetzt, in der Regenzeit, entlud sich das Universum in sintflutartigen Regenfällen über Mexiko, um das Land am nächsten Tag um so prächtiger, großartiger, rauschhafter erstrahlen zu lassen.

Filmregisseur John Huston wohnte natürlich anderswo und mehr als standesgemäß. Ihm wurde für die Dauer der Dreharbeiten die Villa eines texanischen Ölmillionärs außerhalb der Stadt zur Verfügung gestellt.

Am Drehort sind Legenden versammelt, wie man sie selten bei einem Film antrifft: Da ist der 77 Jahre alte John Huston, bereits mehr als nur eine Legende. Als er »Moby Dick« drehte, drückte ich noch die Schulbank. Ein Mann, der mit einem Meisterwerk (»Die Spur des Falken«) debütiert, ist über jeden Verdacht erhaben, er habe sich nur mit Ausdauer in der Hierarchie Hollywoods hochgedient. Seine Karriere ist ein beeindruckendes Beispiel herausfordernder Gleichgültigkeit. »Manchmal möchte ein Schauspieler mit mir über seine Rolle reden, na gut, dann rede ich mit ihm.« Ich stelle mir

vor, daß er so, wie er jetzt der Jacqueline Bisset oder dem Albert Finney Anweisungen gibt, es schon mit der Monroe getan hat und mit Bogart, mit der Taylor und Marlon Brando und Montgomery Clift, mit Clark Gable und Edward G. Robinson.

An der Kamera steht Gabriel Figueroa, der nicht nur ein guter Freund des Schriftstellers B. Traven war, sondern auch viele frühe Filme mit Buñuel gedreht hatte. Unter Huston zuvor allerdings nur einmal, auch in Mexiko: »Die Nacht des Leguan« mit Richard Burton und Ava Gardner.

Dann ist da Tom Shaw, Hustons rechte Hand – und sein Kehlkopf. Keiner kann so überzeugend bösartig eine hundertköpfige Menschenmenge zum Schweigen bringen wie er. Bei den Dreharbeiten macht er ein Gesicht, als habe er seit seiner Geburt Sodbrennen. Ein altgedienter Profi, der alles und alle kennt. Yul Brynners Friseur, Sinatras Badewanne in dessen Privatflugzeug, alle Boxchampions – und alle Papstpredigten. Shaw macht aus Sand Nägel, aus einer Kuh einen Kampfstier und aus einem der härtesten Jobs das Vergnügen, am Leben zu sein. Männer wie er sind die Matadore einer vergangenen Epoche Hollywoods. Ihn ekelt noch vor dem Handschlag mit Truman Capote. Ihm treibt es die Zornesröte bis in das Weiße seiner Augen, wenn ihm wer mit E. T. kommt. Einem Travolta zöge er die Hosen stramm.

Tom Shaw erinnert mich an jene Männer im Boxgeschäft, die nur eine Philosophie kennen: austeilen und einstecken, bis Mona Lisa das Lachen vergeht. Die hält er auf für ein Filmsternchen, deren Telefonnummer er mal gehabt hat. Diese alten Männer erledigen ihre Arbeit, als habe Film noch nie etwas mit Glamour zu tun gehabt.

Huston, dieser kranke Haudegen, ist von Mexiko besessen, er liebt dieses Land, das am Rande seines Untergangs, in

Totenstille sozusagen, vor sich hin explodiert. Als er Anfang der zwanziger Jahre ankam, war Mexiko noch Banditenland. Und es sieht, Gott sei Dank, auch heute noch so aus. Auf jedem Zug, der durchs Land fuhr, saßen damals mindestens ein halbes Hundert bis an die Zähne bewaffnete Männer, auf die Schwerstarbeit wartete bei jedem Anstieg hinauf in die Sierras. Die Lokomotive kochte, begnügte sich mit Schritttempo. Und plötzlich waren sie da, die Banditen. Wie im Kino. Huston war damals ein Schauspieler ohne Rolle, ein Schriftsteller ohne Job, ein verrückter Saufbold und Versager. Für Mexiko die richtige Mischung. Zwei Jahre diente er der mexikanischen Kavallerie, weil er nichts im Leben so gern tat wie Pferde reiten. Sollten die Filmfirmen ihn doch gern haben, er wollte vergessen, untertauchen – und eben reiten.

So wie der Schriftsteller Malcolm Lowry, der, mit nicht ganz unähnlichen Voraussetzungen, auch untertauchen, vergessen – und eben saufen wollte.

Je mehr ich in den langen, vom platschenden Regen übertönten stillen Nächten darüber nachdenke, kommt mir Huston am Ende doch als die denkbar kompromißloseste Alternative zu Buñuel vor. Mit der Verfilmung von Lowrys Roman hat Huston nur eine weitere Chance wahrgenommen, konsequent zu bleiben.

Natürlich ist John Huston die Frau des Konsuls, diese Yvonne, ziemlich schnuppe. Nicht die Liebesgeschichte ist ihm wichtig, sondern der Typ des Verlierers. Huston liebt Männer, und am allermeisten solche wie Malcolm Lowry, die Statur bewahren beim Hinabstürzen in den Orkus. Aber selbst darüber möchte er mit seinen Schauspielern nicht reden. Der Absturz eines Trinkers scheint ihm so sehr eine Selbstverständlichkeit, daß dies unter Männern kein Gesprächsthema sein kann.

Während ich ihn bei den Dreharbeiten beobachte, bemerke

ich, wie er jedes Gespräch nach der Philosophie seiner Regiekunst mit der Bemerkung abbricht, daß es schließlich wichtigere Dinge gäbe. Mit dem Pferdenarr Finney, der sich jeden Tag nach Drehschluß mit einer Flasche Whiskey in sein Hotelzimmer zurückzieht, unterhält er sich nicht etwa über die geistige Verfassung eines Mannes wie Lowry, sondern wie die Pferdewetten stehen, ob er letzten Samstag gewonnen hat und wie die Chancen fürs kommende Wochenende sind.

Huston hat mit allen Bombastereien Schluß gemacht, die dieser wunderbare Romanstoff nahelegt. Er macht keine Tragödie daraus, kein verbrämtes Delirium, kein Epitaph auf einen Trinker. Nicht die halluzinatorischen Fähigkeiten moderner Kinokunst sollen die Zuschauer in Atem halten, sondern die Radikalität einer einfachen Geschichte. Vielleicht hätte Huston auch noch die Rolle der Frau gestrichen, aber das – bei allen Schätzen der Sierra Madre – ginge dann doch zu weit.

Was von der Frauengestalt der Yvonne blieb, war Hustons Entscheidung für eine nicht so starke Schauspielerin, die schöne, liebreizend unbegabte Jaqueline Bisset. Natürlich mußte sie ihre Entscheidung, für eine geringe Gage, dafür aber unter der Regie eines Huston, ins Charakterfach hinüberzuwechseln, mit Tränen büßen, denn sie spürte sehr bald, daß ihre Rolle den Regisseur fast nicht interessierte – was heißt: es wird von ihr kaum Großaufnahmen geben. Das ist kränkend für eine bald 40jährige Frau, oder eine Herausforderung.

Aber wie soll sie einen John Huston herausfordern, wo sie doch weder eine Monroe ist noch eine Katherine Hepburn, die an der Seite von Bogart, als sie »African Queen« drehte, mit Huston das gleiche Problem hatte: sie kam sich fürchterlich überflüssig vor.

Ich war Frau Bisset vorgestellt worden, leider von einem

ungelenken jungen Mann, der als Pressechef fungierte. Mir tat das leid, und ich hoffte, ihr auch. Es war der falsche Moment, der falsche Ton, die falsche Person. So fühlten wir beide uns eher überrumpelt als einander vorgestellt. Nur Liebe auf den ersten Blick hätte es da vermocht, aus allem Falschen etwas Angenehmes zu machen. Aber, ohne Bedauern gesagt, nichts dergleichen geschah natürlich. Beide fielen wir in Sekundenschnelle in Routine zurück: sie, der nervöse, unzufriedene Star, dem Händeschütteln ein Greuel ist; ich, der nur nickte.

Wie sehr sie jeden Abend nach Ansicht der Muster erschöpft war vor Wut und Enttäuschung, wieder nicht genügend Großaufnahmen von sich gesehen zu haben, schließe ich aus der Tatsache, daß sie nachher immer gleich einen Margarita an der Bar runterkippte. Manchmal kam sie dann zu mir herüber, sie wollte wissen, wie ich sie finde und ob ich nicht auch meine, daß ohne Großaufnahmen keine Spannung da sei. Wollte sie nicht Erotik sagen?

Es war ja möglich, daß sie sich von meiner Energie etwas versprach – woher aber wußte sie etwas von meiner Energie?

Der Margarita kugelte auch mir bereits durch Kopf und Bein, als ich ihr recht gab. Und es fügte sich, daß ich nicht von Spannung, sondern von Erotik redete. Ich redete auch nicht von den Mustern, sondern von ihr, ihren Augen, und der Tatsache, daß sie schön seien, und sehr ausdrucksvoll mit einem gleißenden Lichtschimmer in ihnen, aber daß sie niemals ihren Partner Finney anschaute, ihn niemals fest und herausfordernd mit dieser Schönheit ihres Blickes konfrontierte – mein Gott, immerhin ist die Geschichte doch die, daß Yvonne ihn retten will, heimholen aus der Alkohol-Hölle seiner lustvoll-qualvollen Selbstzerstörung.

Einige Tage später wurden ein paar Großaufnahmen von Frau Bisset nachgedreht. Offenbar hatte irgendwer Huston davon überzeugen können, daß sie nötig waren. Nicht aber überzeugen konnte man ihn, aus seinem Cadillac zu steigen und sein Gespräch über den Boxkampf, der letzte Nacht im Fernsehen gelaufen war, zu unterbrechen, während sich die Kamera nun doch ganz auf das Gesicht von Frau Bisset konzentrierte.

Nach meiner Rückkehr wollten in Deutschland viele wissen, ob ich mit John Huston gesprochen habe. Und natürlich habe ich, wenn ich abends im Bett lag, mir Fragen ausgedacht, die ich ihm stellen wollte. Aber am nächsten Abend waren sie immer schon beantwortet. Ich wußte, was er vorhatte. Er setzte auf den Komödianten seines eigenen ausweglosen Untergangs im Suff.

Durch eine ungerechte, abscheulich vernünftige Welt läßt er den Triumph eines Untergehenden aufleuchten.

Was sollte ich Huston noch fragen, da mir doch seine Arbeit jede Erklärung bot? Ich beschloß, gar nicht mehr um ein Interview nachzusuchen. Ich dachte mir, daß ihm das am besten gefallen müßte. Und hatte damit recht.

Tatsächlich schien Huston es zu genießen, daß da einer war, der keine Fragen stellte. Er sagte an jedem Tag, wenn wir uns begegneten, ein kurzes »Hi, Wolf!« zu mir und schien es zu genießen, daß ich ihn völlig in Ruhe ließ.

Drei Tage vor meiner Abreise war es dann soweit, daß Huston mich ansprach. »Ich höre, Sie sind ein Pokerspieler«, sagte er. Ich nickte. »Kommen Sie doch Sonntag zu mir.« Natürlich sagte ich zu. In jeder amerikanischen Zeitung, die über die Dreharbeiten in Guernavaca berichtet hatte, stand zu lesen, daß es Hustons Angewohnheit war, jeden Sonntag zu pokern. Es war die letzte Angewohnheit, die er gesundheitlich noch schaffte. Kein Whiskey, keine Zigarren, keine Pferde mehr – nur arbeiten noch, und sonntags ein Spielchen.

Was nicht in den Zeitungen stand: wie groß sein Vergnügen

war, Journalisten zum Pokern zu bitten und sie dann verlieren zu sehen. Ich war also nur das neue, noch nicht geschlachtete Opfer für die sonntägliche Pokerrunde am Swimmingpool.

Pünktlich war ich zur Stelle. Immerhin, dachte ich, war ein Spielchen mit John Huston bei den Dreharbeiten zu dem Film »Unter dem Vulkan« zu wundersam, ein Erlebnis, das ich nicht wegen der Befürchtung, ein paar tausend Dollar zu verlieren, aufgeben sollte.

Aber noch bevor ich am Pokertisch Platz nehmen konnte, sah ich auf der anderen Seite des Pools einen Mann sitzen, den ich schon mal gesehen hatte: Jack Nicholson. Diesmal in der Rolle des Liebhabers von Hustons ältester Tochter Anjelica, die übers Wochenende von Los Angeles herübergeflogen war, um ihren Papa zu besuchen. Mir wurde schwindelig wie in jener Nacht, als der Anruf aus Mexiko gekommen war. Da saß Nicholson und kiffte – und ich, guter Gott, ich hatte nun die Wahl, entweder mit Huston zu pokern oder mit Nicholson zu kiffen. Daß ich mich überhaupt entscheiden konnte, wundert mich noch heute.

Blue Bayou

Valcour Aime nannte sich der Ludwig XIV. von Louisiana. The master of all fantasy. Seine Geschichte ist pompös und sein Ende tragisch. Und schließlich ist nichts übriggeblieben als dieses wertlose, verlassene und im Mondlicht geisterhaft wirkende Stück Land, von Gräsern und Moosflechten überwuchert, vom Brackwasser des Mississippi zurückverwandelt in einen modrigen Sumpf voller Schlangen, Insekten und Moskitos. Und später hat irgendwer sein Holzhaus hier gebaut und verlassen, es zerfiel wie alles, was Valcour Aime ein Jahrhundert zuvor erstehen ließ: eine Kunstlandschaft der Superlative, die der Fieberphantasie eines Melodramatikers hätte entspringen können. Dabei galt Valcour Aime zu seiner Zeit als einer der fähigsten Geschäftsmänner, allerdings mit einem schwer zu erklärenden Hang zur Philosophie. Er baute hier eines der luxuriösesten Herrschaftshäuser, umgeben von weiten Rasenflächen und kleinen Lagunen, über die Steinbrücken führten. Die Steine (ein Rohstoff, der im ganzen Süden nicht vorkam und deshalb importiert werden mußte) kamen aus Europa; wie die Möbel, Spiegel, Teppiche, das edelste Porzellan, der weiße und schwarze Marmor. Es gab hier einmal tropische Blumengärten mit seltenen Singvögeln, große Gewächshäuser mit Pflanzen des Orients und Zentralamerikas. Hier wuchsen Ananasstauden und Mangobäume und Kaffee. Valcour Aime ließ einen Hügel aufschütten, um eine Grotte bauen zu können – und einen zweiten für eine Pagode. Er ließ einen See anlegen und ein Fort bauen, dessen Kanonen Salut schossen, wenn er Gäste begrüßte. Die Gäste ließ er auf seinem privaten Schiff von New Orleans hierher-

bringen. In den Wäldern, die sein Leben vom Leben und Sterben auf den Plantagen abschirmten, trieben sich Hasen herum, Rotwild und Känguruhs. Valcour Aime erschuf an dieser Stelle ein Paradies. Dann starb sein einziger Sohn. Seine letzte Tagebuchnotiz, datiert auf den 18. September 1854, lautete: »Es ist aus. Er ist tot. Ich küßte ihn um 5 Uhr früh und den ganzen nächsten Tag...« Er war an Gelbfieber gestorben. Und das konnte der reiche, verwöhnte Mann nicht verwinden. Er weigerte sich von diesem Tag an, irgendetwas zu tun. Noch einige Jahre dämmerte er in hilfloser Trauer dahin, die Plantagen verkamen, der Besitz zerfiel, die Herrlichkeit vermoderte, Valcour Aime starb.

Bei Charles J. Durande haben wir es mit dem verrücktesten Träumer und Geldverschwender seiner Zeit zu tun, einem maßlosen und von pathetischer Genußsucht geplagten Exzentriker. Sein Privatleben inszenierte er im Stil historischer Vorbilder. Alles, was wir über ihn wissen, wirkt ebenso schwermütig wie größenwahnsinnig. So soll er seine erste Frau jeden Morgen von einem blinden Sklaven geweckt haben lassen, der sie mit jeweils wechselnden Parfums besprühte. Während sie badete, soll er sie mit Edelsteinen beworfen haben. Er baute goldene Kutschen für sie und legte, wenn sie über das Gras ging, Teppiche aus, um ihr das Gehen zu erleichtern. Sie gebar ihm zwölf Kinder und starb. Er war über ihren Tod derart verstört, daß er weinend und klagend jeden Tag mehrere Stunden vor ihrem Grab kniete und der Toten schwor, nie wieder zu heiraten. Sein Gelöbnis hielt genau zwölf Monate. Dann heiratete er erneut und zeugte wieder zwölf Kinder. Vor dem Grab seiner ersten Frau ließ er sich abwechseln – nun trauerte eine Bronzestatue von ihm in Lebensgröße, stumm und ewig. Für seine zweite Frau hatte er auch eine besonders bizarre Idee. Sklaven bauten eine insgesamt vier Kilometer lange Allee aus mächtigen Eichenbäumen, sie führte vom Haus bis hinauf zum Ufer des Mississippi. Durandes Phantasie trieb dabei ihrem unbestrittenen Höhepunkt zu: eingeweiht wurde die Allee mit der Doppelhochzeit seiner beiden Lieblingstöchter. Er ließ, einem genauen Zeitplan folgend, große Spinnen aus China importieren, was ein Vermögen verschlang, und setzte sie einige Tage vor der Hochzeit in der Allee aus, deren Äste und Laubwerk sich derart kunstvoll ineinander verwoben hatten, daß sie sich wie ein Baldachin über der langen Zufahrt spannten. Die Spinnen woben nun tausendfach neue leichte Netze wie Seidenvorhänge zwischen die Bäume. Dann wurde Gold- und Silberstaub auf die verhangenen Schleier gesprüht.Durch

diese feenhafte, künstliche, vom frühen Sonnenlicht des Hochzeitsmorgens irisierend verwandelte Kulisse schritten die Brautpaare, gefolgt, wie es heißt, von mehr als zweitausend Gästen. Die Hälfte dieser Allee überschwemmte der Mississippi. Das übriggebliebene letzte Drittel veranschaulicht noch heute, was sich hier vor dem Bürgerkrieg im Schatten der Eichen abgespielt haben mag, bevor die Truppen des Bürgerkriegs allem ein Ende machten und Durande an einen Baum hängten.

Dieses Monument einstiger Pracht und Herrlichkeit ist stumm. Die Geschichte dahinter liest sich wie die Umkehrung des amerikanischen Traums: vom Millionär zum Tellerwäscher. Die Dynastie zerfiel. Der letzte Erbe, ein ängstlicher Schöngeist und Verehrer von Hugo, Rousseau und Voltaire, jeder praktischen Überlegung unfähig, als Plantagenbesitzer und Geschäftsmann überfordert und schließlich, nach einer versuchten Umstellung der Produktion von Zukker auf Reis, tief verschuldet, endete als Hausierer für Küchengeräte, die er in den Straßen von New Orleans in einem exquisiten Französisch anbot. Seine Mutter, zweite Ehefrau von Vincent de Ternant of Dansville-sur-Meuse, der das Land vom französischen Königshaus als Geschenk erhalten hatte und mit Indigo zu Reichtum gekommen war, hatte aber nicht nur ihn auf dem Gewissen. Sie hat gewissermaßen auch alle anderen Kinder ausgerottet. Zuerst fiel Sohn Henri in einen der Seerosenteiche und ertrank. Dann trieb sie ihre Tochter Julie in den klinischen Wahnsinn, weil sie einen ungeliebten Mann, den die Mutter ausgesucht hatte, um ihr Imperium an Ackerland zu vervielfachen, heiraten sollte. Und dann erwischte es den Lieblingssohn Marius, der sich einfach dadurch zur Wehr setzte, daß er im Alter von erst fünfundzwanzig Jahren starb, ohne daß ein Arzt herausgefunden hätte, warum. Sie muß ein Mannsbild von einer Frau gewesen sein. Sie rauchte, was damals eine Sensation gewesen war, handgedrehte Zigarren. Sie pokerte mit den Männern. Sie schaffte es, ihren Mann aus jeder Überlieferung zu drängen. Und sie trotzte sogar den Bürgerkriegsarmeen, indem sie die Soldaten der Union mit den besten Weinen betrunken machte, bis diese vergaßen, das Haus zu plündern und niederzubrennen. Sie waren entzückt von ihr. Das Haus blieb stehen. In all den Jahren der privaten Misere und des finanziellen Erfolgs, ließ sie es nicht aus, im fernen Louisiana

auf ihre Weise mit den europäischen Verhältnissen zu konkurrieren. Sie reiste jedes Jahr einmal nach Paris, um den Anschluß an die Moden der High Society nicht zu verpassen. Und jedes Jahr kehrte sie zurück, das Schiff fast ausschließlich beladen mit ihren Einkäufen, darunter so kostbare Stücke wie Sèvres- und Dresden-Vasen, handgeschnitzte Mahagoni-Betten und Schränke, in deren Scharnieren der Mechanismus von Spieluhren eingebaut war. Noch als alte Dame griff sie selbst zum Gewehr, um Diebe zu vertreiben. Nach ihrem Tod erbte Jules den Besitz, Jules, der Hausierer.

Auch diese Geschichte beginnt glücklich. Es war einmal ein kleiner Junge, dessen Name nach Geld roch; aber es war nicht nur ein Geruch: sein Vater war wirklich reich. Der kleine Junge hieß Valsin Marmillion. Er saß damals für sein Leben gern oben auf dem Damm über dem Mississippi und wartete auf die Dampfschiffe, die immer unter lautem Tuten die Plantage seines Vaters passierten. Er träumte von Flußreisen, fernen Städten, fernen Ländern – und eigentlich wollte er einmal so ein schönes Schiff wie die ›Sultana‹ oder die ›Diana‹ selbst besitzen. Valsin brauchte nur zu warten. Er studierte, reiste und kehrte zurück, inzwischen mit einer Frau aus Bayern verheiratet, die er während eines Deutschlandaufenthalts kennengelernt hatte. Nach dem Tod seines Vaters übernahm er die Plantagen und erinnerte sich an seinen Kindheitstraum. Seine Frau wollte ein schönes Haus, er selbst ein schönes Schiff – sie einigten sich. Valsin Marmillion baute ein Schiff, aber an Land. Sein Haus entwarf er wie die Deckaufbauten der Dampfer, die er als Kind so bewundert hatte. So entstand eines der eigenartigsten Häuser des Bayou. Eine gotische Dampfschiff-Version. Innen sollte ein riesiger Ballsaal sein, insgesamt zwei Stockwerke hoch. Die Deckengemälde gab er bei dem damals berühmtesten Freskenmaler, Dominique Canova, in Auftrag. Rund um das Haus sollten Schiffsleuchten hängen. Und natürlich gab es künstliche Dampfpfeifen, mit denen das Tuten nachgeahmt werden konnte. Valsin Marmillion baute mehrere Jahre, plante und baute weiter, aber die Arbeiten gingen nur langsam vorwärts. Das Zuckergeschäft kam in die Krise. Die rechtzeitige Umstellung auf Reis verpaßte er. Und schließlich starb Valsin Marmillion, noch bevor er eine einzige Nacht in seinem Traumhaus verbracht hatte. Und wie in magischer Verschwörung trat der Fluß über seine Ufer und spülte die Hälfte seines Besitzes weg. Seine Witwe blieb nur noch solange wohnen,

bis sie einen Käufer für das halbfertige Haus gefunden hatte. Dieser baute es zu Ende und erlag dem Gelbfieber. Der dritte Besitzer war ebenfalls glücklos und verkaufte. Nur das Haus selbst blieb erhalten, Vision eines unglücklichen Träumers.

Dieses Haus ließ der Plantagenbesitzer Marius Pons Bringier als Hochzeitsgeschenk für seine vierzehnjährige Tochter Françoise bauen. Diese heiratete Christoph Columbus, so genannt nach seinem berühmten Vorfahren, ein wahrer Glückspilz, dreißig Jahre alt, Revolutionär, Abenteurer, Lebemann, Allroundgenie und – in seinen letzten Jahren – Dichter und Schwärmer. Mit ihm verlebte Françoise ein langes und anhaltendes Glück, eine Seltenheit in den Annalen der besseren Gesellschaft dieser Tage. Nach der Hochzeit einigte sich dieses außergewöhnliche Liebespaar darauf, daß sie für die Geschäfte zuständig sein würde – und er nur dann einzugreifen brauchte, wenn es absolut unumgänglich war. Ansonsten sollte er sich, ganz dem Willen seiner Frau ergeben, seinen vielfältigen Begabungen hingeben dürfen. Er war ein blendender Unterhalter, sprach fünf Sprachen, rezitierte englische, französische und lateinische Poesie, trug Lieder und Opernarien vor, wobei er sich eigenhändig auf dem Klavier begleitete, war der beste Pistolenschütze und erzählte die spannendsten Geschichten, z. B. wie er sich in Frankreich als junger Mann an der Revolution beteiligte, auf der falschen Seite, dann flüchten mußte, zuerst nach Santo Domingo auf einem Piratenschiff, schließlich mit einem Schub schwarzer Sklaven für den amerikanischen Markt nach New Orleans. Er wurde der Liebling aller Frauen, stromaufwärts und stromabwärts, bevor er sich dann in die kleine reiche Françoise verliebte und sie heiratete. Man erzählt von ihm, daß er sich in einer Gondel durch die verschlungenen, poetisch verhangenen und unendlich melancholischen Wasserarme des Bayou von Sklaven habe rudern lassen und selbstverfaßte Liebesgedichte auf seine Frau deklamierte. Und diese genoß dieses nie erlahmende Feuer der Leidenschaft ihres Mannes und revanchierte sich, indem sie mit ihm auf ausgedehnte Reisen ging, für ihn Wildpferde zähmen ließ,

ihn nur in Ausnahmefällen um Rat und Hilfe bei der Schwerarbeit auf den Plantagen bat – und ihm ab und zu allzu kühne Träume ausredete, zum Beispiel den, eine Art selbstgebautes Flugzeug auszuprobieren. Noch heute wirkt dieses Haus traumumhüllt wie jenes Glück, von dem in den Legenden entlang des Mississippis nur selten erzählt wird. Während des Bürgerkriegs diente es den Truppen der Föderierten als Gelbfieber-Hospital. Und diesem Umstand verdankt es seine Rettung. Noch viele Jahrzehnte hielt es sogar die Diebe ab, hier einzudringen. Es trotzte schließlich auch allen Elementen, dem feuchten Klima, dem Regen und den Hurrikans, die ein Drittel aller Plantagenhäuser dem Erdboden gleichmachten.

Algren, wer?

Schriftsteller zu treffen, ist selten ein Vergnügen. Es ist ermüdend, ihr Mißtrauen, ihre Eitelkeit, ihre Klagen und ihren zynischen Selbstbehauptungswillen zu ertragen. An den Besuch bei Nelson Algren denke ich allerdings gerne zurück. Der Mann, der vor mir in der Tür stand, wirkte gelassen, gesund, unkompliziert und überdies war er bester Laune. Daß es dafür, wie ich in den nächsten Stunden und Tagen herausfand, eigentlich keinen Grund gab, nahm mich für ihn ein.

Mochten einem Scott Fitzgerald schon zum Frühstück zwei Flaschen Whisky nicht mehr ausgereicht haben, um das Debakel seiner Karriere zu verkraften, mochten einem Tennessee Williams der Reihe nach die Selbstmordversuche mißlungen sein, weil seine Sterne sich verhüllten, so hatte Algren etwas anderes als Einsamkeit und Vergessenheit nie für sehr wahrscheinlich gehalten.

»Alles, was ich fand, waren Sorgen und Demütigungen. Alles, was ich fand, war, daß die, welche den schwersten Weg von allen hatten, schneller mit der Hilfe bei der Hand waren als die mit den leichtesten Wegen. Alles, was ich fand, waren zwei Arten von Menschen. Die, welche lieber auf der Verliererseite der Straße lebten, mit den anderen Verlierern zusammen, als daß sie für sich allein sich durchgeschlagen hätten; und die, welche zu den Gewinnern gehören wollten, obwohl ihnen kein anderer Weg zum Gewinnen bleibt, als die anderen in den Dreck zu treten, die bereits geschlagen worden sind.«

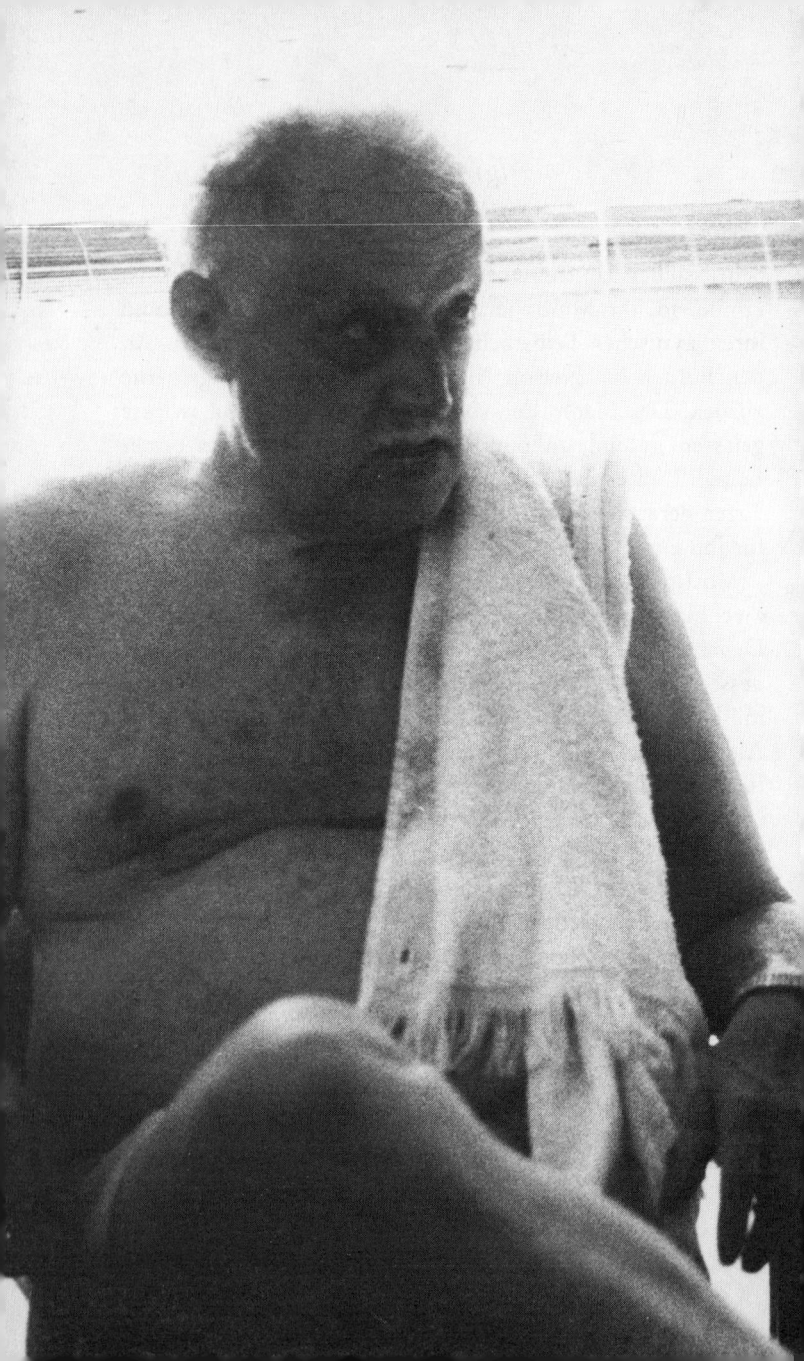

Algren: Hallo...?

Frauenstimme: Ich bin's.

A: Oh, wie geht's?

F: Die haben mich gerade angerufen, die zahlen keinen Vorschuß von hunderttausend Dollar, Nelson.

A: Gut, dann nicht, was soll's...

F: Höher als fünfzigtausend gehen die nicht. Die wissen, daß du pleite bist. Und ich weiß es auch... und rate dir, mit dem Preis runterzugehen.

A: Kommt gar nicht in Frage. Die sind stinkreich. Und sie wollen immer noch mehr.

F: Was willst du machen?

A: Wir wollen auch was.

F: Und nicht gerade wenig, Nelson.

A: Klar, nicht nur'n Trinkgeld.

F: Aber der Spatz in der Hand ist besser...

A: Nein nein, diese Idee gefällt mir gar nicht. Unter hunderttausend geht nichts. Ich will Geld, und nicht'n Trinkgeld.

F: In deiner jetzigen Situation ist das Wahnsinn. Früher wär das kein Problem gewesen, aber heute...?

A: Die wissen ganz genau, daß das Buch ein Erfolg wird – ich weiß es, und du weißt es auch. Die wollen uns nur irgendwie kleinkriegen.

F: Du bist aber so gut wie pleite.

A: Mach dir keine Sorgen deshalb.

F: Tu ich aber.

A: Völlig überflüssig. Eines Tages werden wir das Manuskript schon los.

F: Hmmm-mm...

A: Kopf hoch, Darling.

F: Goodbye, Nelson.

A: Goodbye.

Algren war gerade dabei gewesen, mir zu erzählen, wie er zum Schreiben gekommen war, als seine Agentin Candida Donadio anrief. Auf mich machte Algren nicht den Eindruck, als sei er dafür geboren, auf eine Schreibmaschine einzuschlagen. Er war kein Intellektueller – und Gespräche über das Schreiben vermied er.

»Klar ist jedenfalls, daß man hier anders Schriftsteller wird als in Europa. Man stolpert aus Versehen in die Sache rein. Ich fing an zu stolpern, als ich 1931 aus der Journalistenschule entlassen wurde.«

Von der Wand seines wie mit Gerümpel angefüllten kleinen Zimmers schaute ein hagerer, dämonischer Dostojewski zu uns herüber. In seinem Blick war mehr der Ruin als der Ruhm zu sehen. Mehr der zermürbte, leidenschaftliche Spieler als der große, von Algren so bewunderte Schriftsteller. Später, auf der Rückfahrt nach Manhattan, fiel mir eine Stelle in einem Interview mit Truman Capote ein, der gefragt wurde, als was er in seinem nächsten Leben wiederkehren möchte. Capote antwortete: als Bussard. Bussarde sind frei, sagte er, und niemand mag sie. Niemand kümmert sich darum, was sie tun. Da kümmert man sich weder um Freund noch Feind. Man ist einfach da dort draußen, man flattert davon, man freut sich seines Lebens, hält Ausschau nach etwas zu fressen.

Algren war dieser Vogel. Er war alt. Er hatte verloren. Ein anderes Leben hatte er sich nie gewünscht.

Am 28. März 1909 wird Nelson Algren in Detroit, Michigan, geboren. Seine Eltern stammen aus Chicago, seine Vorfahren aus Schweden. Seit seinem dritten Lebensjahr wächst er in Chicago auf. Sein Vater ist ein einfacher Arbeiter. Seine Mutter betreibt einen Süßwarenladen. Er hatte zwei ältere Geschwister, beides Mädchen. Mit dem Vater hat er nichts am

Hut. Er ist ihm zu bescheuert. »Nicht nur, daß er ein Leben lang immer die gleichen Witze erzählte. Bevor er einen Film kapierte, mußte er ihn nicht nur mindestens dreimal gesehen haben, man mußte ihm auch noch die Handlung erklären.«

Ähnlich geht es ihm mit der Mutter, die er lieber mag. Er bedauert zwar, daß sie nicht eine elegante Frau ist, schämt sich oft für sie, wenn sie komplizierte Wörter benutzt, sie aber schrecklich falsch ausspricht. »Aluminium – sie konnte es ihr Leben lang nicht sagen, ohne sich zu verheddern.« Na ja, er bringt seine Freunde eben nicht mehr nach Hause.

Er treibt sich in der Gegend rum. Damals fängt er an, das Kartenspiel zu lieben. Die ersten Raufereien mit der Polizei. Und zu Hause erklärt ihm sein Vater den Nutzen von Polizisten. Daß sie das Gesetz beschützen. Daß sie für die Ordnung unerläßlich seien. Und daß sie bei ihrer Arbeit unbestechlich seien. Er scheint das alles wirklich zu glauben. Algren ist noch keine dreizehn und versucht, seinem Daddy die Wahrheit zu erklären, daß Cops Geld klauen, daß sie es mit den Mädchen in der ›Hunting House Dancing Academy‹ treiben. Der versteht kein Wort davon.

Algren besucht später das College der Universität von Illinois. »Ich büßte also dafür, daß mein Vater nur drei Monate in seinem Leben eine Schule von innen gesehen hatte«, sagt er. Aber es gefällt ihm nicht, ein Buch unterm Arm zu haben, ein ernstes Gesicht zu machen und zu den ›guten Jungs‹ zu gehören. Die rauchen nicht, und gehen nicht aus, interessieren sich weder für Baseball noch für die Mädchen. Er bewundert einen Kerl, der drei Jahre älter ist als die übrigen, und der Mädchen küßt, ohne die Zigarette aus dem Mund nehmen zu müssen. So ähnlich will er was werden. Damals. Dann wurde ein Mann namens Hemingway so einer. Und Algren mochte ihn. Aber nie mehr wünscht er sich jene kindische Art der Bewunderung zurück.

Algren wechselt das Programm. Er lebt eine Zeitlang bewußt einfach. Geht abends nicht mehr aus, vergräbt sich in seinem Zimmer, liest Bücher. Er ißt nur noch gerade so viel, wie sein Körper braucht. Eine Regel, die er von Marc Aurel übernimmt. Die einzige Rechtfertigung, sich Nahrung zuzuführen, besteht darin, die Energie des Körpers im Gleichgewicht zu halten.

Und dabei geht es ihm um eine der Grundtugenden eines jeden Menschen: um die eigene Würde. Und die ist eben auch ein körperliches Gefühl, ein Gefühl für die Muskeln und ihre Bewegungen. Und jeder Nachtisch, süß und lecker, muß sich die Frage‹ gefallen lassen, ob er ihm ›gute Energie‹ zuführen würde. Also bleibt der Nachtisch ungegessen, die Mädchen ungeküßt und die Sinne nicht mehr so fröhlich verrückt gemacht durch Alkohol. Er ist ein komischer Kauz, der seine Haltungen erprobt – aus Neugier auf sich selbst.

Algren steht jeden Morgen unter der kalten Dusche, er ist neunzehn, die Roaring Twenties schütteln die letzten Knochen durch, dann geht dem Jahrzehnt endgültig die Puste aus. Und bald steht eine ganze Nation unter der kalten Dusche. Das Zeitalter der Depression beginnt. Wer bis dahin nicht gelernt hat, was ein Orkan anrichten kann, der hat auch die Ruhe vor dem Sturm ungenutzt gelassen.

Algren will ein Stoiker sein. Er hat sich entschieden, die gelassene Einfachheit freiwillig zu akzeptieren. Kein Geld zu haben und keine Karriere, und dabei als junger Mann keine Nerven zu zeigen – genau das gefällt ihm. Sein Großvater war am Ende seines Lebens so ein Mann gewesen, den nichts erschüttern konnte und der mit Humor auf das Ende des Lebens, das Vergehen des Glücks und die Aussichtslosigkeit allen menschlichen Tuns reagierte. Algren fühlt sich so alt wie sein Großvater, und jung genug, ihn ein Leben lang nicht zu vergessen.

Einen Abschluß auf der Schule zu machen, ist unmöglich. Selbst das Denken ist jetzt eine praktische Angelegenheit. Man muß sehen, wo man bleibt. Und Algren, der Einzelgänger, fühlt zum erstenmal die Einsamkeit, seine eigene... und die seiner wenigen Freunde... und die Einsamkeit jener, denen er erst noch begegnen sollte. Aber Algren kämpft mit Hilfe der Lebenserkenntnisse der alten griechischen Philosophen dagegen an. Irgendwie scheint ihm »Kampf« die einzige Lebensweise zu sein, die einen überhaupt überleben läßt. Aber dazu ist es unerläßlich, Ruhe zu bewahren. Die Ruhe griechischer Philosophen. Aber genau darüber muß er immer dann lachen, wenn er mit geborgtem Geld um die Häuser schleicht und es ausgibt für einen tiefen Schluck Mut und ein paar Minuten Vergnügen mit einer käuflichen Frau.

Nun ja, Programme sind dazu da, durcheinandergewirbelt zu werden. Seine Füße tanzen barfuß auf seinem Kopf herum. Sein Kopf ist eine Kugel in der Luft. Wenigstens das hat er mit dem unendlichen Planeten gemeinsam, auf dem er sich mit zwei Beinen fortbewegt.

Und so fängt Algren an fortzugehen. Er macht sich auf die Reise. Er ist jung, er ist arm, aber wenn er an seinen Großvater denkt, holt er Luft und hört auf damit, sich insgeheim zu bedauern. Es gibt nichts als das eigene Leben, und dieses Leben gibt's nur einmal.

Eine sardische Redensart sagt es so: »Wenn man eine Sache anfangen will, dann braucht man dazu eine ungerade Zahl von Personen. Die Zahl muß unter drei liegen.«

Journalist: Was ist Moral, Mr. Algren, was verstehen Sie darunter?

Algren: Dein Leben gehört dir. Das ist die einzige Moral, die es gibt.

J: Können Sie das erklären?

A: Was gibt's da zu erklären. Stellen Sie sich eine Frau vor, die den ganzen Tag als Kellnerin schuftet und fast nichts verdient. Nach zehn Stunden kommt sie nach Hause in ihr kleines Appartement. Sie zahlt ihre Miete. Am Wochenende ist sie zu müde, um auszugehen, sich schön zu machen, sich zu verlieben. Sie muß sich für die nächste Woche ausruhen. Ein kleiner Spaziergang am Sonntag ist das einzige Vergnügen. Das ist alles. Aber sie ist jung. Sieht ganz gut aus. Und eines Tages denkt sie darüber nach, daß eine Hure zwei, drei Abende lang ihrer Arbeit nachgeht. Und den Rest der Woche ist sie ein freier Mensch. Sie kann tun und lassen, was sie will. Nun, wäre es nicht unmoralisch, würde sie jetzt weiterhin als Kellnerin arbeiten?

Ich lernte ihn immer besser kennen. Ich besuchte ihn ein Dutzend Mal, und jedesmal schien er mein Kommen zu erwarten, froh darüber, mit einem jungen Reporter, der sich fürs Boxen interessierte, über Gott und die Welt zu reden. Und über das Boxen. Boxen war, wie das Pokerspiel, eine Sache, die einer risikofreudigen Alles-oder-nichts-Mentalität kämpferischer Einzelgänger am weitesten entgegenkommt.

»Ein Boxer kommt immer aus dem Dreck. Er muß sich erst einmal aus dem Ghetto herauskämpfen. Zuerst waren es die Schwarzen, jetzt sind's die Mexikaner und die Südamerikaner. Physischer Widerstand. Deshalb wimmelt es auch so von Knastbrüdern beim Boxen.

Der Schriftsteller leistet auch Widerstand. Das ist seine einzige, seine wahre Aufgabe. Es geht nicht anders. Immer auf der Seite des Angeklagten. ›Schuldig oder nicht schuldig‹ – die einzige Legitimation eines Schriftstellers ist Widerstand gegen Gerichte und Regierungen.«

Der Schriftsteller und der Angeklagte tauschten ihre

Würde. Für Algren war das die einzige Allianz von moralischer (und politischer) Bedeutung.

»Diese Identifizierung mit jenen, an denen unsere Zivilisation vorbeigegangen ist, die sie verworfen oder unter Anklage gestellt hat, verlieh dem amerikanischen Schriftsteller die besondere Würde, neben dem Angeklagten zu stehen. Und in gleicher Weise gewann der Angeklagte dadurch ebenfalls an Würde, daß sich der Schriftsteller seiner annahm.«

»Warum sind Sie eigentlich so fixiert auf Zuhälter, Huren, Boxer, Junkies?«

»Was heißt: fixiert? Als ich mit dem Schreiben anfing, war tiefste Depression. Ich kam 1931 von der Journalistenschule runter und wäre froh gewesen über irgendeinen kleinen Job bei 'ner Zeitung, irgend so was. Aber es gab damals keine Jobs. Ich hatte gar keine Wahl, als mich eben mit Zuhältern und kleinen Gaunern und Landstreichern rumzutreiben!«

»Das Gespräch vorhin am Telefon, worum ging's da?«

»Um Geld, wie Sie gehört haben. Mein neues Buch ›Calhoun‹ ist ein Roman über die schwarze Welt, ich meine die Welt, wo Weiße in der Minderheit sind. Meine Welt eben: Boxer, Diebe, Huren. Es waren jene, die's unterlassen hatten, sich gute Beziehungen zu Gerichten, der Staatsanwaltschaft oder der Polizei zu verschaffen. Kein Stein war so klein, daß er nicht groß genug gewesen wäre, sie zum Stolpern zu bringen, und wenn sie stürzten, so brachten sie gleich die ganze Strecke hinter sich.«

»Versager also?«

»Absolut. In jeder Hinsicht. Um in Amerika als Schriftsteller anzufangen, muß man verrückt sein.«

Irgendwann hatte ich am Telefon sogar den Mumm, ihn zu fragen, ob er sich einsam fühle.

»Aber natürlich. Jeder ist einsam. Jeder ist ganz mit sich

allein... es sei denn, Zwillinge, die sind zu zweit... obwohl sich ja bekanntlich gerade Zwillinge in der Regel hassen.«

»Als Schriftsteller muß man wahrscheinlich sowieso allein sein.«

»Das ist sein Berufsrisiko. Kein Schriftsteller, der was taugt, hat je einer Gruppe angehört. Mit Ausnahme vielleicht von solchen Typen wie Kerouac oder Ginsberg, die alle im Chor singen, ohne daß man was hört. Jeder ernstzunehmende Schriftsteller war immer zugleich auch Einzelgänger. Ich kenne keinen...

So ist das eben. Einsamkeit ist für einen Schriftsteller das Wichtigste. Wenn er das nicht aushält, soll er eben heiraten, 'ne Lebensversicherung abschließen und ein Haus im Grünen mieten, okay, von mir aus. Aber irgendwas muß man eben opfern.«

Da war er wieder, der amerikanische Dostojewski, als Erzähler bereits ein Klassiker seines Jahrhunderts, ein einfacher, hartgesottener Mann, der zu Lande ein Herumtreiber und zu Wasser ein Matrose gewesen war, ein Analphabet, der sich seinen Weg getrampelt hatte in die Weltliteratur – und dessen Sturz in die Abhängigkeit der Sozialfürsorge vielleicht nur daran lag, daß er zu stolz war, um jemals mehr sein zu wollen als ein Verlierer, und klug genug, den Siegern samt ihren Triumphen zu mißtrauen. Wir telefonierten bald jede zweite Nacht miteinander. Er war um zwei, drei Uhr morgens noch auf, hatte zwei, drei Wodka-Martini intus – und war zu Späßen aufgelegt. Wir sprachen, ganz der Stunde angemessen, naturgemäß auch über Frauen. Außerdem las ich in meinem Hotelzimmer in Manhattan die Memoiren der Simone de Beauvoir, deren Band »Die Mandarins von Paris« Nelson Algren gewidmet ist, und in dem sie sich ausführlich über ihre einige Jahre dauernde Liebesbeziehung ausließ. Hat er ihr wirklich, wie sie schreibt, Heiratsanträge gemacht?

Algren lacht: »Sie konnte nicht mal die Küche schrubben. Ich gab ihr mal einen Besen in die Hand, aber sie wußte nicht mal, welches Ende man benutzt. Also ich meine, so eine Frau heiraten?! Außerdem haßte sie Kinder.«

Einerseits fand er eine Familie ganz nett, solange sie in der Küche bleibt und sich sonst nicht einmischt. Andererseits hatte er genug von der Ehe. Zwei hatte er hinter sich. Er war weder Scott Fitzgerald, noch hatten die beiden Damen das Zeug, diesen ganzen Quatsch über die schöne Zelda mit Humor zu nehmen. Sie waren einfach der Meinung, auch die dunkelste Seite eines Schriftstellers sei sonnenbeschienen.

Sie träumten davon, seinen Ruhm, seinen Erfolg und vor allem sein Geld durch die Finger gleiten zu lassen, wie den warmen, seidigen Sand der Südsee. Da waren sie mit Algren allerdings betrogen. Er dachte nicht daran, auf Parties zu erscheinen, auch nicht seinen Zeldas zuliebe. Mit höflicher Gleichgültigkeit verzichtete er auf die naheliegenden Verführungen, auf die zweifelhaften Annehmlichkeiten in diesem Wirbelsturm aus Luxus, Skandal und Schlagzeile. Er vergaß Fernsehauftritte, wenn eine Runde Poker mit Freunden unten in der Bar an der Ecke mehr Unterhaltung versprach. Seine Unverfrorenheit ging so weit, daß ihm sogar der eigene literarische Triumph nicht weiter imponierte ... und neben einem solchen Mann würden sie die Art von Liebe, die sie suchten, nicht finden, eine Liebe, die unentwegt in angetrunkener Ausgelassenheit, in sinnloser Geldverschwendung und in eitler Menschenverachtung gipfeln mußte.

Dieser Mann war nichts weiter als ein Schriftsteller, zu

wenig für Frauen, die gehofft hatten, daß maßlose Exzesse an der Seite eines berühmten Schriftstellers eine heilende Wirkung haben würden.

In Chicago war er zum Schriftsteller geworden. Hier im Polenviertel, auf der Kehrseite des schönen Lebens, hatten sie ihn aufgenommen, als er nichts war. Er liebte diese Stadt. Sie war einfach da, und ließ ihn leben; und war also viel vernünftiger als jede Frau. Außerdem war Chicago ganz nebenbei auch noch die Hölle. Die Legenden, die sich mit ihrem Namen verbinden, machten sie unempfindlich gegen jede Art von Gerechtigkeit.

Chicago war wild und schattig, Chicago glänzte und stank, Chicago trug Talar, fuhr Cadillacs und feierte geschmierte Wahlsiege. Menschlichkeit stand nicht auf dem Programm. Christlicher Fortschritt beschränkte sich auf Gebete. Nichts war damals einfacher als ein perfektes Verbrechen.

Chicago ist von unten, von den Straßen der Armen aus gesehen, eine bittere Kulisse. Daß einer, der Hunger hat, mit einem Stein in der Hand hinter einem herrennt, der satt ist, gehört ebenso zum Straßenbild wie die Jungs, die in den Tod tanzen, oder die Mädchen, die nicht lange genug jung sind, um ihr Glück zu machen. In den Bars drängeln sich hier unten die Männer, die ihren Tageslohn versaufen, Arbeitslose, die jeden Cent, den ein Diebstahl oder eine Hehlerei einbringt, auf den Kopf hauen. Die Spieler mischen Karten. Die Betrunkenen schlafen. Die Schlafenden sterben. Wer nicht in diesen Bars herumsteht oder zu Hause einfach nur auf dem Bett liegt, sitzt im ›Luxor‹, einem russischen Dampfbad an der North-Avenue. Dort trifft er die Buchmacher, die nicht einmal hier in der Sauna ihre Zigarren aus dem Mund nehmen, trifft Sterbende, die ihren Leib waschen, Taxifahrer aus Rußland, Emigranten, Juden, Polen – und auch die Bullen vom Revier nebenan, die ihre freien Abende damit verbringen, ihre Muskeln zu bürsten.

Wer zum Stehlen zu schüchtern und zum Arbeiten zu ungeschickt ist, verdient sich seinen Lebensunterhalt mit Informationen, die er beim Poker im Hinterzimmer des ›Griechen‹, während eines Boxkampfs oder auf einer der Pferderennbahnen rund um die Stadt aufgeschnappt hat. Daß die meisten Informationen erfunden sind, weiß jeder.

Und wenn einer trotzdem einem Informanten einen ausgibt, tut er das in der Regel, damit der endlich das Maul hält. Doch diese Großzügigkeit ist völlig erfolglos. Hört gerade einer auf zu reden, trinkt und verschwindet, beginnt nebenan schon der nächste – und auch er ist nur der nächste in einer unendlichen Reihe von Männern, die den ganzen Tag auf die Nacht warten, und dann die ganze Nacht auf den Morgen, den Morgen der Hoffnung, den Morgen der Revanche, den Morgen des Glücks. Entschädigung für alles Pech, das ein einzelner Mensch in einem Leben haben kann.

Während sie tagsüber nur das Nötigste von sich geben, kommen sie zu später Stunde mächtig in Fahrt. In ihren Seelen öffnen sich Korridore. Und mit der an Besessenheit grenzenden Energie von Menschen, die gegen den drohenden Verlust ihrer Selbstachtung ankämpfen, erfinden sie die absonderlichsten Geschichten. Sie erzählen tollkühne Angebereien. Gegen die Wahrheit kämpfen sie an mit bewundernswerten Übertreibungen, alle ebenso logisch wie absurd.

Der Boxer, der die Teller abwäscht, steht kurz vor einem Kampf um eine Weltmeisterschaft. Die Hure wird morgen ihren Job an den Nagel hängen. Joe, der im ›Luxor‹ als Masseur arbeitet, ist in Gedanken schon in Hollywood. Und natürlich hat der Spieler, dem die Hände flattern, nie eine Pokerpartie verloren.

Diese Männer sind fähig, eine Überschwemmungskata-strophe in der Wüste so anschaulich zu schildern, daß man nasse Füße kriegt. Jeder von ihnen führt mindestens ein Dutzend verschiedene Leben, und zu jedem dieser Leben gibt es mindestens ebenso viele abweichende Geschichten.

Immer spielt eine einzige, kleine Kleinigkeit die Haupt-rolle. Diese Kleinigkeit ist es, die den Boxer um den Titel brachte, den Spieler um den Pott, den Masseur um seine Zukunft beim Film.

Ob man einen Wolkenkratzer in den Himmel wachsen oder plötzlich über sich zusammenstürzen sieht, hängt davon ab, mit welchem Bein man aufgestanden ist oder wie lange man braucht, bis man an den nächsten Dollar, den nächsten Schluck Schnaps, die nächste Ladung Heroin kommt.

Langsam, mühsam und schließlich erfolgreicher, als er es je für wahrscheinlich gehalten hatte, schrieb er dort seine Romane und Erzählungen. Die Literatur, wenigstens die, für die sich Algren begeistern konnte, brauchte nicht erst erfun-den werden. Chicago war voller Geschichten – und Algren hatte Informationen aus erster Hand.

»Wenn man's fertigbrächte, die Alltagsroutine dieser Leute zu zeichnen, die in diesem magischen Ring leben. Zeigen, daß man aus einem gewissen Milieu nicht entkommen kann, wenn man süchtig ist oder so. Daß man nicht nach dem Gesetz leben kann, aber in gewissen Grenzen ein Leben zur Routine macht, das menschlichere, realere, intensivere Werte hat als das der Leute mit mehr Bewegungsfreiheit. Wenn jemand ein Buch schreiben kann über den Alltag dieser eingezäunten Menschen, nur über ihren Alltag, ohne große Szenen, ohne Brutalität, Polizei, Streifenwagen, nur über den gewöhnlichen Alltag: Wie die Frau sich abrackert, um ein paar Dollar zu verdienen; wie sie ein wenig Heroin nehmen, um dem Druck zu entgehen; wie sie zu Bett gehen, wie sie wieder aufstehen; eben das ganze prosaische, in ihren eigenen Augen so undramatische Leben – wenn man das hinkriegt, ohne daß die Polizei dazwischenkommt (was natürlich immer in der Luft liegt), ganz genau schildert, wie diese Menschen leben, so ruhig in ihrer vulgären Alltagsroutine, ja, dann hätte man ein verdammt gutes Buch!«

Er kriegte es hin. 1948 wurde *Der Mann mit dem goldenen Arm* publiziert. Ein verdammt gutes Buch. Algren mußte es sich gefallen lassen, auf einen Schlag berühmt zu sein. Er schrieb nicht im Rhythmus der Techniker. Algren war ein Dichter, der den Blues liebte, die Lieder der Südstaaten. Man spürt, wie schwer ihm das Schreiben gefallen sein muß und bewundert, wie er den Wörtern ihre faszinierende, magische Einfachheit abrang. Nichts war schwerer als das Einfache.

»Für mich stand immer fest, daß ein Autor sich um seine Kollegen nicht kümmern soll, oder um Leute, die Bücher machen, selbst nicht um Leute, die Bücher lesen.«

»Lieber Mr. Algren«, schrieb ihm einmal eine angehende Schriftstellerin, »ich stehe an der Schwelle zu einer literarischen Karriere. Was raten Sie mir?« Algren riet ihr: »Geh zwei Schritte zurück, Baby. Lauf weg, lauf so schnell du kannst. Das ist keine Schwelle – das ist ein Abgrund.«

Ihn bedrückte der Gedanke, mehr Geld zu besitzen, als man in der Tasche aufbewahren kann. Er kultivierte, je älter er wurde, immer mehr die Überzeugung, daß man ihn, sobald er eine Bank auch nur betrat, unweigerlich für einen Dieb halten würde. Er fand es jedenfalls viel amüsanter, man verkaufte, kassierte, und besann sich darauf, wieviel Vergnügen es macht, es wieder loszuwerden.

Sein Mißtrauen gegen die Abstraktionen des Geldverkehrs

war so groß wie seine Verachtung einer Kunst gegenüber, die alles Lebendige eingebüßt hatte. Und wenn schon Geld der einzige Gegenwert zu dem war, was man für ein Manuskript bekam, – mal angenommen, man bekam überhaupt etwas –, dann mußte dieser Gegenwert die gleiche Lebendigkeit besitzen und behalten, den ein Buch besaß.

Eines Tages kam ein Mann zu Algren und legte ihm einen ausgeschriebenen Scheck über 25 000 Dollar auf den Küchentisch – für die Filmrechte an *A Walk on the Wild Side,* seinem neuen Roman, der Geschichte eines jungen Texaners, der sich eine Zeitlang in New Orleans herumtreibt, einen kurzen, verlorenen Frühling lang in ein Mädchen verliebt, und der sich am Ende mit der Erkenntnis an sie erinnert, daß Gott, falls er je etwas Besseres geschaffen haben mag als so ein Mädchen, es bestimmt für sich behalten hat.

Algren war freundlich zu dem Mann, lehnte aber ebenso freundlich diesen Scheck ab.

Er war zwar, um sein wenig aufwendiges Leben finanzieren zu können, noch immer auf Brotarbeit angewiesen, er schrieb für kleine Zeitungen, wartete auf das Honorar, lebte in der Zwischenzeit auf Pump, und bezahlte, wenn die Zeitungen dann endlich das Geld überwiesen, seine Schulden, die er auf der Rennbahn, am Boxring oder beim Griechen im Hinterzimmer gemacht hatte. Aber trotzdem würde er diesen Scheck nicht nehmen – aus einem ganz einfachen Grund nicht: jeder Scheck, in welcher Höhe auch immer, wäre zu wenig, um ihn verschmerzen zu lassen, was Hollywood aus dieser Geschichte machen würde.

Nichts imponierte Algren mehr als die Unbestechlichkeit eines Mannes zu einem Zeitpunkt, wo es eigentlich eine Dummheit war, sich nicht bestechen zu lassen. Sein Freund Dave erinnert sich:

»Nelson war damals so gut wie pleite. Und bevor der Typ ging, sagte er zu ihm: ›Ich laß den Scheck hier. Wenn Sie ihn einlösen wollen, schön, würde uns natürlich freuen – aber wenn nicht, schmeißen Sie ihn zum Abfall.‹ Und dann verabschiedete er sich und war verschwunden. Und Nelson war allein mit dem Scheck. Als er schließlich mich dann anrief, damit ich ihm helfe, den Scheck einzulösen, war die Butter drübergelaufen, er hatte Kaffeeflecken, die Ecken waren zerfranst und an einigen Stellen war die Schrift schon etwas vergilbt. Er rief mich also eines Morgens an und sagte: ›Dave, ich glaub, ich mach ihn zu Geld.‹ Und da er kein Auto besaß und nicht mal einen Führerschein, sollte ich ihn zur Bank fahren. Ich kam also an bei ihm, schaute mir den Scheck an und dachte, naja, das kann ja heiter werden, so wie der aussieht. Ich rief also zuerst mal überhaupt die Bank an, beziehungsweise den Manager der Bank, der wiederum sollte, ich glaube es war eine Bank in Boston, dort anrufen, ob der Scheck überhaupt noch einzulösen wäre … Fünf Minuten später riefen sie zurück und gaben grünes Licht. Die Jungs in Boston hatten auf diesen Anruf schon gute drei Wochen gewartet. Und jetzt wurde auch Nelson plötzlich lebendig. Er rannte in die kleine Speisekammer, kramte herum und kam mit einer alten, zerknitterten braunen Tüte wieder zum Vorschein – ich sagte: was willst du denn damit? – das Geld reintun, sagte er – ich sagte: was willst du mit 'ner Tüte, die geben dir ein Scheckheft – er sagte: ich will kein Scheckheft – ich sagte: was willst du dann? – er strahlte und sagte: ich will's in kleinen Scheinen, Fünfer, Zehner und Zwanziger – keine Hunderter dazwischen, fragte ich – nein, nur Fünfer, Zehner und Zwanziger, sagte er, so und nicht anders. Dann allerdings, dachte ich, brauchen wir die braune Tüte doch. Ich rief also wieder die Bank an, den Manager, und teilte ihm mit, daß sie die kleinen Scheine schon mal zur Seite legen sollten. Der

Manager traute seinen Ohren nicht, 25 000 Dollar in kleinen Banknoten? Jedenfalls schaufelten sie das ganze Geld in kleinen Scheinen von allen ortsansässigen Banken zusammen, was einen halben Tag dauerte ... und dann fuhr ich ihn hin, stellte ihn dem Manager vor, Nelson unterschrieb auf der Rückseite und verließ die Bank, stellte sich draußen vor die Scheibe und schaute zu mir herein, der diesen Haufen kleiner Scheine in die braune Tüte stopfte ... Nelson wollte mit Banken nichts zu tun haben, auch wenn ihre Manager anständige Menschen waren. Er hatte einfach was gegen Banken ... er war der Überzeugung, daß man ihn, sobald er eine Schalterhalle auch nur betrat, verhaften würde, man würde ihm ansehen, daß er hier nichts verloren hatte – oder ein Ding drehen würde. Ich meine, er verhielt sich wie Frankie Machine und die anderen Typen seiner Romane und Geschichten, die hätten auch 'ne alte braune Tüte rausgeholt und sich den Zaster als Kleingeld hinblättern lassen. Das war typisch Nelson.

Dann kam ich raus, hielt ihm die Tüte mit dem Geld hin und wollte wissen, was nun. Er sagte: Laß uns nach Hause fahren, was sonst. Ich sagte: Du willst das ganze Moos bei dir unter die Matratze tun? Er sagte: Na klar.«

Der Sommer ging vorüber ... und die Blätter an den Zweigen der Bäume begannen sich herbstlich zu verfärben, – da hatte Algren alles Geld verspielt, verschenkt, versoffen.

Einer, der von Anfang an auf Algren gesetzt hatte, hieß Hemingway. Hemingway: »Der junge Nelson gefällt mir. Er ist ein rauher Bursche.« Gönnerhaft nannte er ihn bald »den zweitbesten Schriftsteller Amerikas«. An Malcolm Cowley schrieb er in einem Brief: »Nelson Algren ist wahrscheinlich der beste Schriftsteller unter 50, der heute schreibt. Er besitzt alles, was der schwächer werdende Faulkner je hatte.«

»Algren kann«, ließ Hemingway die Welt wissen, »mit beiden Fäusten zuschlagen, er weiß, wie man sich bewegt – und wenn du nicht verdammt aufpaßt, wird er dich töten.«

Heiliger Hemingway. Langsam wurde es Algren zuviel.

»Ich kannte Hemingway nicht besonders gut. Seine damalige Frau Martha Gellhorn kam 1942 nach Chicago. Sie mochte mein Buch – ›Never Come Morning‹ – und erzählte mir, daß Hemingway es auch mochte. Er schrieb mir einen freundlichen Brief und gab völlig spontan eine Bemerkung ab, die der Verlag dann bei der Werbung benutzte. Und das klebte dann an mir. Es klebte vorne auf meinen Büchern. Und es klebte an mir.

Ich kam aber die wenigen Male gut mit ihm aus.

1955, um Weihnachten herum, war ich in Florida und nahm die Miami-Havanna-Fähre nach Kuba rüber. Ich war so drei Tage drüben – ich rief ihn an und seine Frau Mary, die nächste Frau, lud mich ein. Wir haben Weihnachten zusammen gefeiert. Haben geredet, alles sehr friedlich.

Ich mochte ihn. Er war das Gegenteil der Person, für die er sich selbst hielt. Er verkaufte Vitalität. Und scheffelte Geld.«

Oder wie es Norman Mailer ausdrückte: »Er tat sein Bestes, ein paar Löwen zu schießen.« Mailer hat sich – unter dem Titel: »Einige beiläufige, gewagte, kritische Bemerkungen über Talente unserer Zeit« – einmal auch über Algren geäußert: »Nelson Algren besitzt etwas, was ihm allein eigen ist. Ich schätze ihn, weil er ein Radikaler geblieben ist, aber dennoch habe ich keine enge Beziehung zu seinem Werk. Wahrscheinlich unterscheidet es sich zu stark von dem meinen. Wenn ich sage, daß er, wie ich es sehe, nie ein bedeutenderes Werk schaffen wird, falls er nicht seine Eigentümlichkeit überwindet – jenen dämonischen und unheimlich sentimentalen Sinn für Humor, der für Algren so typisch ist und ihn von seinen eigentlichen Absichten wegführt –, nun, so erkläre ich dies, ohne davon überzeugt zu sein, daß ich ihn wirklich durchschaue. Von allen Schriftstellern, die ich kenne, ist er die Große Komische Nummer.«

»Wahrscheinlich hat sein besonderer Sinn für Humor ihn von der Welt entfernt und einsam gemacht«, sagte ein Freund über ihn. »Oder vielleicht hat er auch festgestellt, wie sinnlos es ist, eine Meinung zu haben, und infolgedessen die Gewohnheit angenommen, auf scherzhafte Weise das Gegenteil von dem zu sagen, was er dachte.« Er erinnerte sich, wie oft Algren von dem Haus über den Klippen des Pazifik gesprochen hatte. Und schließlich war er nur in New Jersey gelandet. Was war schiefgelaufen? Nun, es war so gut wie alles schiefgelaufen, nur nicht in Algrens Augen.

»Ich weiß nicht, warum jemand überrascht ist, daß ich jetzt in Paterson wohne. Mindestens zehn Jahre lang hab ich dir gesagt, daß ich nach San Franzisco ziehen will... und Paterson liegt doch direkt am Weg. Ich bin nur 2 Stunden vom New Yorker Hafen weg – und von da kann ich ein Schiff nach Barcelona oder Marseille nehmen, von dort einen griechischen Hafen anlaufen oder einen auf Kreta, dann durch den Persischen Golf in den Indischen Ozean hinein, nach Yokohama und Tokio. Korea werde ich links liegen lassen. Von Japan nach Manila ist es auch nur eine vergleichsweise kurze Strecke. Jeder Frachter läuft von Manila in zwei Wochen San Diego an. Und dann bin ich mit dem Flugzeug nur noch 45 Minuten von San Franzisco entfernt. So! Alles läuft wie geplant.«

Eine Schießerei in einer Bar in Paterson, New Jersey, machte den Anfang. Dann erfolgte die Festnahme von Rubin ›Hurricane‹ Carter, ein As in der Boxwelt der frühen sechziger Jahre. Die Zeitungen überschlugen sich. Algren lebte damals noch immer in Chicago und wurde dort auf den Fall aufmerksam.

»Er saß ein wegen dreifachem Mord und hatte gerade ein

Buch geschrieben. Ich sollte ihn im Staatsgefängnis von Rahway besuchen und für Esquire Magazine einen Artikel mit Interview machen. Ich war von ihm und seiner Geschichte sofort fasziniert. Sie hatten ihn schuldig gesprochen aufgrund der Zeugenaussagen von zwei jungen Berufsganoven, das war alles, was sie gegen ihn in der Hand hatten. Ich schrieb meine Geschichte, aber Esquire wollte sie nicht drucken.«

Nicht mehr. Denn eigentlich hatte man damals fest damit gerechnet, daß der Boxer im zweiten Prozeß freigesprochen werden würde (und deshalb war es im Grunde weiter nichts als journalistische Pflicht, gegebenenfalls einen Aufmacher parat zu haben mit der nötigen moralischen Anklage) – aber Carter wurde nicht freigesprochen, das Urteil wurde bestätigt.

Vielleicht werden die jungen Leser den Namen ›Hurricane‹ Carter schon gehört haben. Es war Rockstar Bob Dylan, der mit einem Lied über ›Hurricane‹ einen Hit landete.

Wie verhängnisvoll Dylan (und die übrige einschlägige Prominenz) auf Carters zweiten Prozeß eingewirkt haben, ist nachweisbar. Sie alle bezeugten damals im ausverkauften Madison Square Garden die Unschuld des Verurteilten, eine Unschuld, die ihnen jenseits der Tiefstrahler der TV-Show gleichgültig blieb – so gleichgültig wie jenen zwei jungen Berufsganoven die Wahrheit war über die Schüsse in der Bar in Paterson.

Algrens Story ging davon aus, daß hier ein Justizirrtum vorlag, und er wies auf die Logik dieses Irrtums hin. Das war, nach der Bestätigung des Urteils, den Lesern vom Niveau des Esquire natürlich unzumutbar; bekanntlich ist diese Zeitschrift ja keine Bürgerrechts-Postille.

Algren selbst blieb am Tatort, recherchierte weiter, wenigstens solange, bis Patersons aufgebrachte weiße Bürger genug hatten von seinen Aktivitäten. Man wollte hier keinen auch noch so vergessenen Schriftsteller dulden.

Also siedelte er ins kleine Nachbarstädtchen Hackensack über, wo er seine Story weiterschrieb zu einem umfassenden dokumentarischen Bericht über den gesamten Prozeß (in der Nachfolge von Capotes berühmtem Buch *Kaltblütig* oder auch Mailers Gesang auf den, auf dem elektrischen Stuhl hingerichteten, Doppelmörder Gillmore).

Madison Avenue blieb von Algrens Buch unbeeindruckt. Keiner biß an; unverkäuflich.

Algren akzeptierte den Vorschlag, die Dokumentation umzuschreiben. So also entstand *Calhoun*.

Inzwischen war er auch den weißen Bürgern in Hackensack verdächtig. Algren versäumte es, sonntags die kleine weißgestrichene Kirche zu besuchen wie alle seine Nachbarn, er fuhr auch kein Auto wie alle – und bitte schön, welcher Arbeit ging dieser alte, unbekannte Mann in Turnschuhen denn nach?

Er wurde gekündigt. Algren wanderte, noch immer der Hobo, der er war, seinem Traum von einem Haus am Pazifik entgegen, nach Sag Harbor; dort saß er zur Untermiete in einem Dachgeschoß, wartete auf die Entscheidung der Verleger und machte sich keine allzu ausgreifend optimistischen Gedanken mehr.

»Gute Schriftsteller sind nicht mehr gefragt. Vielleicht brauchen nur die noch Schriftsteller, die keine Bücher lesen.«

Der Justizirrtum im Falle Rubin ›Hurricane‹ Carter diente Algren als letzte Abrechnung mit Amerika. Anklagen will das Buch die andauernde rassistische Gewalttätigkeit der weißen Geschworenengerichte gegen farbige Angeklagte.

Ich erinnere mich an den ersten Morgen vor der Fahrt hinaus nach Sag Harbor, Long Island – und dabei an einen merkwürdigen Zufall. Gerade an diesem Tag nämlich lächelte Otto Preminger von der Titelseite der New York Post herunter, jener Preminger, der Algrens berühmtesten Roman *Der Mann mit dem Goldenen Arm* (in den Hauptrollen mit Frank Sinatra und Kim Novak) erfolgreich verfilmt hatte, so erfolgreich, daß sich dabei alle – bis auf Algren freilich – eine goldene Nase verdient hatten. Ihn speiste man ab mit einer Pauschale, nach eigener Erinnerung sollen es damals 10 000 Dollar gewesen sein – und so witzelte er hin und wieder über die Schulden, die dieser Herr Preminger bei ihm hätte. Algren verabscheute die Mentalität eines Mannes wie Preminger, und diesem mußte die Existenz eines Schriftstellers wie Algren auf schreckhafte Weise unverständlich bleiben. Beide hatten sich nichts zu sagen, sie sagten sich deshalb auch nichts und blieben in ihrer Gleichgültigkeit füreinander unversöhnliche Feinde.

»Der ganze Film zeigt die Verachtung dem Buch und den Leuten im Buch gegenüber. Die dachten in Hollywood nur an die schnelle Mark. Dabei können die gute Filme machen. Aber hier ging's Preminger um die Kohle, und daß Sinatra ankommt. Die Leute sollen sagen: ›Sinatra ist Klasse in dem Film‹, darauf kam's an, und nicht, ob die Geschichte dem entspricht, was ich geschrieben und weshalb ich's geschrieben habe. Mit Frankie Machine hatte Preminger einfach nichts am Hut. Er hat ihn auch nie verstanden. Als ich Preminger traf, war das erste, was er mir sagte: ›Warum treiben Sie sich mit solchen Typen rum?‹ Solche Kreaturen, Tiere, Abschaum. Genau das meinte er damit. Also sagte ich: ›Ich treib mich schon mein ganzes Leben lang mit solchen Typen rum. Ich finde sie amüsanter als die andern.‹ Worauf er sagte: ›Ich kapier einfach nicht, wie man mit solchen Typen

überhaupt ein Wort wechseln sollte.‹ Es gab weder Zuneigung, noch Mitleid, noch Verständnis. Als Schriftsteller
zumindest ist es unerläßlich, alle deine Figuren zu verstehen,
mit ihnen zu fühlen, zu lieben, sonst kriegst du keine Zeile
aufs Papier. Aber offenbar gilt das nicht für Hollywood,
nicht für Preminger.«

Nun aber dieses Zusammentreffen: Der eine noch immer
gut für die *front page* der Boulevardzeitung, der andere selbst
für die hinteren Seiten, die der Kulturberichterstattung vorbehalten sind, längst abgeschrieben. Der eine, Preminger, ein
Wiener Bourgeois und Millionär, der andere, Algren, vergessen, abgebrannt bis buchstäblich aufs Hemd.

Was aber war denn nun an diesem Tag vermeldenswert?

Auf der Fifth Avenue, auf dem Weg zum Lunch, beim
Überqueren der Fahrbahn war Preminger am Tag zuvor von
einem Taxi gestreift und zu Boden geschleudert worden.

Wie sich herausstellte, war es aber doch mehr der Schreck,
der ihm in die Knochen gefahren war – und nicht das Taxi.
Und sofort streckten sich dem Gefallenen hilfreiche Hände
entgegen, um ihm wieder auf die Beine zu helfen; die
hilfreichsten, muß man wissen, gehören immer den Dieben
und Taschendieben, für sie gehört die Geste der Barmherzigkeit sozusagen zum Einmaleins ihres Berufs. Ihnen genügt in
der Regel die Zeitspanne einer Schrecksekunde, um ihrem
Handwerk nachzugehen; mehr Zeit brauchen nur Anfänger,
und die haben auf der Fifth nichts verloren.

Als sich Preminger vom Schreck erholt und den Staub vom
Anzug gewischt hatte, bemerkte er das Fehlen seiner Krawatte – ein schrecklicher Verlust.

Die Pointe dieser Meldung lieferte Premingers Bemerkung, daß er nun gezwungen sei, mit einem Hamburger
vorliebnehmen zu müssen, da er in *seinem* Restaurant ohne
Krawatte nicht würde eingelassen werden, einem Restaurant,

dessen Exklusivität sich dadurch manifestiert, daß ohne eine Krawatte nicht einmal der Präsident der Vereinigten Staaten Zutritt bekäme, geschweige denn die Berühmtheiten unter den Stammgästen.

Ich lege Algren drei Stunden später die Zeitung auf den Frühstückstisch. Die Nachricht amüsiert ihn königlich – vor allem, weil die Krawatte entwendet wurde, und nicht die Brieftasche. »Da er mir ja noch eine Million schuldet, ist es gut, daß es nur die Krawatte war – und daß sie ihn nicht überfahren haben.« Und dann bestellt er mir ein Frühstück. Eier, Schinken, Tee, Ketchup.

Ich freute mich, ihn wiederzutreffen. Algren, der – wie es Budd Schulberg sagte – an seinen Büchern arbeitet »wie keiner sonst in Amerika, mit einer brillanten, trüben, kompromißlosen und gequälten Phantasie«, war vollständig zur Katze geworden. Die Katze war sein Tier. Sein Name, wenn er Bücher signierte. Die Katze, aufgemalt auf ein Stückchen Papier, ersetzte das Schild an der Haustür. Es gab für ihn keine Regeln mehr. Er improvisierte. Und brachte die 24 Stunden des Tages irgendwie herum. Er scherte sich nicht darum, ob es Tag war oder Nacht, hell oder dunkel, nachmittags oder abends. Zwei, drei Stunden schlief er, dann stand er wieder auf. Machte sich einen Kaffee. Er las, während er seinen Kaffee trank, in einem Buch. Schlief wieder zwei, drei Stunden. Geisterte dann wieder herum. Schrieb. Schwamm in den seichten Lagunen, die der Atlantik zurückgelassen hat. So ging die Zeit rum.

Eigentlich konnte man sich nur auf eine Gewohnheit bei ihm wirklich verlassen. Sobald ein Freund auftauchte, holte er aus dem Gefrierfach seines Kühlschranks zwei geeiste Gläser und mixte einen Wodka-Martini. Er liebte es, aus frostigen Martini-Gläsern zu trinken. Die Uhrzeit war ihm egal.

Die Zeit, als alles in ihm brannte, war vorbei. Er hatte

Chicago den Rücken gekehrt, dort wo die Lichter dunkler sind als anderswo, und rote Schatten werfen. Er verteidigte noch immer eine Sache, und nicht seine Bücher, die von dieser Sache handelten. Wichtig war ihm die Tradition der großen realistischen Schriftsteller – nicht die Ranglisten des Ruhms.

Amerika hatte ihn vergessen. Sie hatten auch Tennessee Williams vergessen. Scott Fitzgerald. Steinbeck.

Eine, die ihn nicht vergessen hatte, war eine kanadische Journalistin, die nach Sag Harbor gekommen war, um Algren zu interviewen. Sie lief uns während eines Spaziergangs in den Dünen über den Weg. Und sie ließ nicht locker. Es war, wie sich herausstellte, ein bedauernswertes Geschöpf, die es sich in den Kopf gesetzt hatte, über Simone de Beauvoir zu promovieren.

»Ich küßte seine Augen, seine Lippen, mein Mund glitt an seiner Brust herunter, er streifte seinen kindlichen Nabel, seinen tierischen Pelz, den Sexus, in dem es mit kleinen Schlägen zuckte; sein Geruch, seine Wärme machte mich trunken, und ich fühlte, wie mein Leben von mir abfiel, mein altes Leben mit seinen Sorgen, seinen Mühen, seinen verbrauchten Erinnerungen. Lewis preßte eine verwandelte Frau an sich. Ich stöhnte, nicht allein aus Lust, sondern vor Glück. Früher hatte ich die Lust zu schätzen gewußt, ich wußte aber nicht, daß Liebeserfüllung derart bestürzen könne. Vergangenheit, Zukunft, alles Trennende zwischen uns erstarb zu Füßen unseres Lagers. Nichts stand mehr zwischen uns.« (Simone de Beauvoir in *Die Mandarins von Paris*)

Interviewerin: Ich möchte gern was wissen von Ihnen. Haben Sie Simone de Beauvoir eigentlich geliebt?

Algren: Ich erinnere mich an die Dame, eine Lehrerin aus

Frankreich. Das ist lange her. Ich glaube, sie gefiel mir. Wir sind zusammen gereist. Ja, sie war eine attraktive Frau. Aber meine oder ihre Gefühle?? Das ist zu lange her ... aber was sie tat, war – daran kann ich mich erinnern – sie zeigte mir Europa; ich rede jetzt nicht von ihren sonstigen Vorzügen.

I: Durch ihre Bücher wurden Sie ja immerhin ziemlich berühmt!

A: (lacht) Ich durch sie berühmt? Quatsch! Mein Ruhm – wenn Sie das so nennen wollen – hat mit ihr überhaupt nichts zu tun, gar nichts. Aber sie hat mir Europa gezeigt ...

I: Wahrscheinlich war's wieder Ihre übliche Macho-Scheiße.

A: (lacht) Was heißt hier Macho-Scheiße? Sie gefiel mir. Wir reisten zusammen. Ich meine, ich hing damals auf der Straße herum in Chicago – und dann kam sie und stellte mich ihren Existenzialisten vor ...

I: Sie haben meine Frage nicht beantwortet. Ich will wissen, ob Sie sie geliebt haben!?

A: Keine Ahnung, ich war zwei-, dreimal verliebt gewesen. Kann sein, daß sie eine davon war, was weiß ich. Ich war und bin in Frauen und Hurenhäuser verliebt.

I: So eine lange Affäre ohne Liebe?

A: Was heißt lange? Eine kurze Affäre. Wir reisten zusammen. Danach hab ich sie mindestens 10 Jahre lang nicht mehr gesehen. Und als ich sie dann wiedertraf, schrieb sie ein paar Bücher, die mich veranlaßten, mich von ihr zu trennen. Und zwar aus einem ganz einfachen Grund. Ich bin sexuell konservativ. Ich meine, ich gehe in Hurenhäuser, aber das macht mich sexuell ja nicht radikal. Ich war mein Leben lang in Hurenhäusern ...

Jetzt wird es der jungen Frau zuviel. »Wir reden doch von Simone de Beauvoir und nicht über Frauen in Hurenhäusern. Ob Sie sie geliebt haben, will ich wissen.«

A: (freundlich) Sehen Sie, seit meinem 17. Lebensjahr gehe ich in Puffs. In Chicago. In Korea und Indien – und deshalb…

I: Na bravo… was für ein Mann…

A: …in Marseille übrigens auch. Aber ich war noch in keinem, wo die Frau die Tür offenläßt. Sehen Sie, Madame de Beauvoir ließ nicht nur die Tür offen, sie ließ auch noch die Presse herein. Offenbar nahm sie an, daß ihr Sexleben von weltweitem Interesse sei – was in jedem Fall ein Irrtum ist. Nun war ich aber mitbetroffen. Meiner Meinung nach ist Sex Privatsache, nicht öffentlich. Ich war überrascht, als ich las – ich war immer nur Schriftsteller, nicht mehr und nicht weniger – aber sie machte mich zu so einer Art Zuchtbulle.

Simone de Beauvoir war im Januar 1947 in die Staaten geflogen. Zur gleichen Zeit flog, mit Wissen der de Beauvoir, Sartres damalige Geliebte Dolores nach Paris. Sartre hatte also sein Vergnügen. Und sie?

Nun, sie hatte zum ersten Mal Amerika vor Augen, und das war zuerst spannend genug. »Amerika«, schreibt sie, »ist ein Schlachtfeld, und es gibt keine Möglichkeit, diesem Kampf zu entkommen, einem Kampf, dessen Ziele alle Grenzen sprengen.« Aber was ist grenzenloser als die Liebe? Und was verzehrender als die Eifersucht, die sie sich theoretisch ja eigentlich nicht leisten durfte? Statt dessen war sie eine fast berühmte Intellektuelle, die sich in Manhattan durch die Cocktailparties philosophierte. Und Vorträge hielt an Universitäten. Und über Fragen wie: »Was ist Literatur?« oder »Macht Existenzialismus Spaß?« diskutierte.

Dann kam sie nach Chicago, nächste Station ihrer Bildungsreise. In New York hatte man ihr Algrens Telefonnummer gegeben. Sie hatten nie voneinander gehört. Sie trafen sich. Und, um es kurz zu machen, verliebten sich ineinander.

»Er ging mit mir in eine Mitternachtsmesse und behauptete, es sei Zeit, daß jemand meine Seele rette.«

Er zeigte ihr den elektrischen Stuhl, ein paar Spelunken, die Elendsviertel, die Nachtklubs der Gegend zwischen West-Madison und Division-Street.

Als die de Beauvoir nach wenigen Tagen abfuhr, wußte sie, daß sie wiederkommen würde. Vom Schock der Gefühle erholte sie sich bei weiteren Vorträgen, jetzt an kalifornischen Universitäten. Sie ließ Sätze fallen wie: »Wahre Freiheit ist positiv« und »Die Freiheit stellt sich ein, wenn man sie praktiziert«.

Ansonsten: mondäne Parties, modernes Ballett, und die Mumien der Hochkultur.

Wirklich intim, wie wir von der de Beauvoir wissen, wurden sie erst später, und erst, als die de Beauvoir kurz vor ihrer Abreise ein Telegramm von Sartre erhielt, der ihr mitteilte, daß sich Dolores erst in zehn Tagen von ihm trennen wolle, und sie solle solange noch drüben bleiben.

»Sein Begehren verwandelte mich. Wie lange hatte ich keinen Geschmack, keine Gestalt, nun besaß ich wieder Brust, Leib, Sexus, war ich wieder Fleisch und Blut, duftete wie die Erde. Das war so wunderbar, daß ich nicht daran dachte, Zeit oder Lust zu messen. Ich weiß nur, daß der Vogelruf der Morgenfrühe hereindrang, als wir einschliefen.«

Von Cincinatti aus fuhren sie mit einem Dampfer den Ohio und den Mississippi hinunter nach New Orleans. Sie flogen weiter nach Mexiko und Guatemala, besichtigten die Ruinen der Mayas in Yucatan, sahen die elenden Hütten der Indianer in Guatemala-City. Mit dem Bus ging es zurück nach Mexiko-City. Mit dem Flugzeug zurück nach New York. Algren schien ihr verändert. Sie machte sich Vorwürfe, daß sie sein Leben für poetisch gehalten hatte, wo es doch hart und einsam war.

Trotzdem kam Algren im nächsten Jahr nach Paris, Algren und Sartre mochten sich. Die de Beauvoir zeigte ihm Europa. Sie flogen nach Rom, wo für Algrens Geschmack zuviele Ruinen herumstanden, nach Neapel, nach Tunesien, Algerien und Marokko.

»Wenn Nelson«, schreibt Hemingway später an einen Freund, »innerlich wirklich ein so harter Bursche ist, wie er meint, wie hat er dann Simone de Beauvoir mehr als einen Abend widmen können? Kannst du mir das erklären?«

Simone de Beauvoir widmete sich der Analyse des Alterns. Ihren Schrecken davor beruhigte sie mit Ideen darüber. Sie sahen sich nie wieder.

Am 28. Dezember 1964 kommen die beiden in die Schlagzeilen von *Newsweek*. »Ich bin nicht Abelard« wird Algren zitiert. Und er hatte nun endlich genug. Die de Beauvoir schrieb Memoiren auf Memoiren, und natürlich schrieb sie dabei auch ihre Version ihrer Beziehung zu Algren. Sie tat es so ausführlich, daß die Schwarte krachte.

»Als ich das Zeug zum ersten Mal las, wußte ich wirklich nicht, daß da ich gemeint sein könnte. Der Typ war ein alberner, irgendwie grotesker Prolet, der mit weißen, gebügelten Hemden rumrennt. Wollte sie mir damit vielleicht schmeicheln? Nichts war so, wie sie's beschrieb. Sie fantasiert wie eine alte Jungfer. Sie war mit Sartre fest. Und wir hatten unsern Spaß. Aber daraus einen todesverachtenden Schmachtfetzen zu machen, geht zu weit. Ich bin nicht Abelard, und sie keine Heloise. Das liest sich wie aus dem Poesiealbum, und es hat keine Klasse und keinen Humor. Es zeigt, daß die Beziehung nie besonders viel bedeutet haben kann, wenn man sie für eine Sache benutzt, die letztlich so wenig mit Liebe zu tun hat. Sie verändert sich. Sehen Sie, das Wichtigste an der körperlichen Liebe ist, daß du sie und sie du wirst, aber wenn man diese Beziehung mit jedem teilt, der sich ein Buch leisten kann, verkleinert man sie.«

Als ihm ein *Newsweek*-Reporter ankündigt, daß Simone de Beauvoir im Juni nächsten Jahres in die Staaten kommen würde, und wissen will, ob sie sich möglicherweise treffen und aussprechen werden, sagt Algren: »Lieber laß ich mich auf einem indonesischen Frachter als Matrose anheuern. Sehen Sie, ich kann's nicht riskieren, sie wiederzusehen – sie schreibt sonst wieder ein Buch darüber.«

Ende der siebziger Jahre war Algren ein alter Mann. Und für gewöhnlich setzt sich ein Mann in diesem Alter zur Ruhe. Er verzehrt das Verdiente, versucht, die kurze, ihm noch verbleibende Zeit zu genießen, und wartet auf den Tod. Diesen Luxus aber konnte sich Algren nicht leisten. Die Verleger hielten ihn für tot. Und damit war er auch für seine Leser gestorben. Einige hielten es für nicht ganz ausgeschlossen, daß er noch lebte, aber es interessierte niemand mehr. »Säuft er noch?« war die Standardfrage.

Tatsächlich waren die Zeiten über ihn hinweggegangen. Er war verstummt unter dem immer lauter werdenden Gebrüll neuer Moden und Medien. Andere, jüngere Schriftsteller stießen ihn zur Seite. Zuerst das Jahrzehnt der Beatniks, dann das der Kochbücher, der asiatischen Erleuchtung und Bestseller, die sich der Frage widmen: wie bin ich mit zwanzig Millionär.

Im Fallen halten sich die meisten Menschen an der Flasche fest, bekanntlich auch Schriftsteller. Es war also anzunehmen, daß auch Algren das tat. Und daß sie ihn als Trinker in Erinnerung hatten, verzieh er ihnen. Schließlich gibt es auf dieser Welt jeden Abend einen Grund, sich zu besaufen. Oder wie es Humphrey Bogart sagte: Die Welt ist drei Drinks im Rückstand.

Sein erstes Rendezvous mit dem Tod hatte er, als ich ihn im Sommer 1980 wiedertraf, bereits hinter sich. Er saß gemütlich, es war Weihnachtsabend, und halb schon eingeschlafen vor dem Fernseher. Zuerst dachte er, daß er nur unbequem dasitze oder vergessen habe zu atmen. Ein leichtes Schwindelgefühl. Danach Übelkeit. Und das Gefühl zu ersticken. Er versuchte aufzustehen, wollte das Fenster öffnen und fiel schon vornüber auf den Fußboden. Er erholte sich wieder, lehnte ärztliche Hilfe ab und dachte an die Wahrsagerin, die ihm ein anderes Ende prophezeit hatte.

»Eine Blondine wird Sie mit einem stumpfen Gegenstand erschlagen – vor Gericht aber freigesprochen werden, weil sie behauptet, sie hätte den Gegenstand für eine Rose gehalten.«

Der Tod kam im Morgengrauen des 9. Mai 1981. Das Uhrwerk der Armbanduhr, vom Aufprall auf den Boden des Badezimmers gestoppt, hörte um 6 Uhr 5 auf zu schlagen. Der Schriftsteller Nelson Algren, 72 Jahre alt, war tot – und damit war auch die Party, die er am Abend des gleichen Tages hatte schmeißen wollen, gestorben. Als erster der Partygäste traf sein Freund Roy Finer ein, einer vom Morddezernat der Bronx, der die Woche über genug Ärger gehabt hatte mit Leichen. Heute wollte er mit Algren auf den Putz hauen. Das wollten auch die wenigen anderen Freunde, die jetzt nach und nach auftauchten. Sie hatten Algren zu diesem kleinen Fest überredet, nachdem er vor ein paar Wochen in die Reihe der Unsterblichen gewählt worden war, durch die Ernennung zum Mitglied der amerikanischen Akademie der Künste und der Literatur.

Roy Finer gegenüber hatte sich Algren abschätzig über diese Ehre geäußert. Die wollen mir mit irgendeinem Mitgliedsbeitrag nur die letzten paar Dollars aus der Tasche ziehen, hatte er gesagt. Als Grund, sich in Gesellschaft wieder einmal zu besaufen, war ihm diese Ehre aber gerade gut genug. Dazu kam es nun nicht mehr. Der plötzliche Tod des gerade unsterblich gewordenen Gastgebers veranlaßte einen der Gäste zu folgender Bemerkung: »Er hatte die Drinks gemixt. Nun muß er wenigstens die Gläser nicht mehr abspülen.«

Wo war Gorki?

Anfang der dreißiger Jahre trieb sich Brogan in New Orleans herum und verkaufte Kaffeekannen und Haarwaschmittel an den Türen oder verteilte in den Straßen Gutscheine für Schönheitssalons.

Davor hatte er auf den Feldern gearbeitet, Tomaten gepflückt, Orangen und Baumwolle, was gerade dran war. Die Sonne hatte ihn zermürbt und der Gedanke fast wahnsinnig gemacht, daß, mit jedem Schritt vorwärts, der Horizont nur zurückwich, bis in alle Ewigkeit beladen mit Tomaten, oder was gerade dran war.

Mit jedem Schritt vorwärts folgte Brogan der Meute der Saisonarbeiter, für die kein Horizont mehr existierte, eingeschlossen in die leeren Welträume der Wüsten und der Berge dahinter, die wie eine ferne, zu Stein erstarrte Brandung aussahen.

Die wahren Hauptdarsteller aber waren die Aufseher. Sie verachteten die Hilfsarbeiter, die Trunksüchtigen, die kleinen, kurzfristig auf regelmäßige Arbeit angewiesenen Diebe, die hier nur Spielschulden abschufteten, auf den nächsten Rausch sparten – oder einfach, bis zum nächsten Morgen, nur ihr Weiterleben zusammenverdienten.

Die Aufseher hätten am liebsten jeden Tag einen Mann erschlagen, einfach so.

Es waren Männer, die in den staatlichen Gefängnissen Schiffbruch erlitten und, ohne Rangabzeichen, wieder von vorn angefangen hatten, weil sie mit den Gesetzen zum Schutze der Häftlinge nicht zurechtgekommen waren. Daß einer, der seine Strafe abbrummt, auch Rechte hatte, wollte ihnen nicht in den Kopf. Und auch nicht, daß ein Mann mit Charakter für ein paar Cents seinen Rücken krümmt. Wie diese Bande in den Pflanzungen.

Es waren Henker; und was ihre Macht nicht antasten konnte, erledigte die Sonne, ihr erbarmungsloser, zuverlässiger, unschuldiger Komplize.

Da hielt sich Brogan lieber an Watkins-Produkte – und seinen aufrechten Gang.

Mit dem war er vor sechs Monaten im Delta aufgetaucht. In seiner Tasche steckte ein Diplom, das ihn als angehenden Reporter auswies. Aber es gab keinen, auf den damals ein Diplom, oder ein Studierter, Eindruck gemacht hätte. Das einzige, was Eindruck machte, waren Dollars – und hinter denen war auch Brogan her.

Er hatte noch nie eine einzige Zeile geschrieben; warum auch, das Geldverdienen war kompliziert genug. Im übrigen wäre Brogan auch gar nicht auf die Idee verfallen, einer wie er könnte sich mit einer Schreibmaschine auf die Dauer über Wasser halten.

Was er schrieb, waren Abrechnungen; und die fielen selten zu seinen Gunsten aus. Er verdiente, wenn er sich ranhielt, seine 70 Cents täglich, genug für ein kleines, möbliertes Zimmer drüben in Algiers, für ein Bier und ein Sandwich, einen Beutel Tabak und, sollten es die Ersparnisse erlauben, auch ein Mädchen am Wochenende, eines der anspruchsloseren unten am Fluß.

Brogan war ein großer, hagerer Junge mit einer Brille, aber auch mit dieser Brille hielt ihn keiner für etwas anderes als einen Landstreicher.

Er war einundzwanzig Jahre alt und sah jung aus, wenn er ausgeschlafen und rasiert war. Auch wenn er kein Geld übrig hatte für ein Mädchen, gab es doch gratis hin und wieder wenigstens ein Lächeln, an das er sich erinnern konnte, wenn er nachts an die Decke starrte, wo sich die Leuchtreklame vom Block gegenüber wie ein schwacher, bunter Blitz unaufhörlich und lautlos wiederholte, ohne die Antwort zu wissen: war er auf der Suche nach einem Job – oder auf der Flucht davor?

Obwohl Brogan nicht die Ansicht vertrat, die Vorsehung habe ihn – warum auch gerade ihn? – zum Schriftsteller bestimmt, wußte er, daß er für was anderes wohl kaum je taugen würde.

Es war kein prahlerisches Wissen, und Brogan bildete sich nichts darauf ein. Dieses Wissen war einfach da, unanfechtbar auch ohne jede Begründung. Dabei hatte er nicht die geringste Vorstellung von diesem Beruf, aber wenn er sich vorstellte, er selbst müßte ihn tatsächlich eines Tages ausüben, brauchte er ein Bier.

Mehr konnte er nicht tun, um nüchtern zu bleiben.

Er vergaß, was er wußte, je länger diese Monate sich hinzogen. Vergaß, warum er seiner Sache bisher immer so sicher gewesen war. Er vergaß das Diplom und die Hoffnungen, die er einst daran geknüpft hatte, vergaß die Gesichter hinter ihren Schreibtischen, den Schweißgeruch und den Geruch kalter Asche. Sie hatten ihn gemustert, während er sich als der geborene Reporter ausgab. Die Zigarren wanderten, von schwarzen Zähnen zerkaut, von einem Mundwinkel zum anderen, die Ventilatoren drehten sich, die Telefone liefen heiß – mehr als ein Kopfschütteln kriegte er nicht; das war mehr Freundlichkeit, als einer, der grüne Ohren hatte, erwarten durfte.

Er vergaß die Gutscheine und die Kaffeekannen – nur das Lächeln der Mädchen unten am Mississippi, daran erinnerte er sich vor dem Einschlafen.

Die Gutscheine stellten sich als der pure Schwindel heraus, und Brogan war klar – soviel Erfahrung hatte sich bei ihm schon angesammelt –, daß er die Polizei wohl kaum von seiner Unschuld würde überzeugen können.

Die Frauen hatten nämlich, in gutem Glauben auf einen anständigen Kredit, die Gutscheine zum Einkaufen benutzt und nach und nach nicht nur alle Salons leergekauft, sie hatten sich überdies gleich auch noch an Ort und Stelle die Haare färben, ihre Wimpern zupfen, hängende Taschenbacken wieder aufmassieren lassen. Sie wollten ihren Männern endlich im Traum erscheinen, jede wollte die Schönste sein und begehrt werden, ohne von faltiger Haut unterm Kinn und dem ewigen Kraushaar auf dem Kopf benachteiligt zu sein. Als es nach einer Woche dann ans Bezahlen ging, brach die Hölle los. Die Ehemänner, die Väter oder Brüder tauchten auf mit ihren zuweilen tödlichen Temperamentsausbrüchen. Die Frauen hatten mehr als einen Monatslohn investiert – und es genügte den Männern natürlich nicht, die Frauen halbtot zu prügeln; sie wollten mit den Betrügern abrechnen. Sie waren bereits dabei, die ersten Schönheitssalons kurz und klein zu schlagen, als sich bei Brogan die Einsicht durchsetzte, es sei besser, sich aus dem Staub zu machen, bevor ihn einer erwischte.

In dieser Nacht schlief Brogan nicht zum ersten Mal im Freien. Er lag neben den Eisenbahnschienen, hörte die Frösche in den Sümpfen ihren Echos antworten, hatte wunderschöne Hoffnungen, die sich auf nichts gründeten als auf seine Jugend, und wollte fort. Der Mond war flach wie das Land um ihn herum. Der Hunger, den er verspürte, sättigte ihn – und im Gefühl seiner grenzenlosen Freiheit ließ er die Himmel über sich hell werden.

Gegen Morgen kam der Güterzug – und Brogan sprang auf.

Er fuhr nach El Paso und schaute sich jenseits der Stadt- und Staatsgrenze in Juarez ein paar Stierkämpfe an, was er nachträglich bedauerte, denn entweder waren die Säbel stumpf oder die Toreros allesamt blutige Stümper – wahrscheinlich traf beides zu. Es dauerte bei jedem der fünf Stiere jeweils länger als zehn Minuten, bis sie endlich in die Knie gingen, mit einem letzten Atemstoß ihr Blut in den Sand spuckten und tot waren. Es war gräßlich. Sie waren nicht besiegt, sie waren vernichtet worden. Wie die Männer, die neben ihm aus der Arena kamen, oder die Mädchen, die ihn auf seinem Heimweg über die Grenze zu einem Vergnügen zu überreden versuchten. Er fühlte, daß er an diesem Nachmittag mehr gesehen hatte als das Sterben der Stiere. An so ein Gefühl mußte er sich noch gewöhnen.

Woran er sich längst gewöhnt hatte: daß seine letzten Dollars beim Würfelspiel draufgingen. Und daß er wieder eine Nacht lang vor einem Bier sitzen und bei Sonnenaufgang auf den Frachtzug aufspringen würde.

Er ging gerade an einem Ladengeschäft vorbei, dessen Frontscheibe nur noch ein Scherbenhaufen war. Dummerweise stand auch sofort einer der fünfhundert Bullen, die El Paso regierten, neben ihm.

Was er hier zu suchen habe, wollte er wissen. Brogan hätte darauf gern auch eine Antwort gewußt. Sein Zögern reichte aus, ihn wegen Verdacht auf Sachbeschädigung mit auf die Wache zu nehmen.

»Der war's nich«. Der Ladenbesitzer, dem Brogan gegenübergestellt wurde, war sich da ganz sicher.

»Na gut« antwortete der Bulle und sperrte Brogan ein. Die acht Besoffenen, mit denen er die Zelle teilte, verbreiteten einen solchen Gestank, daß der Aufseher glatt vergaß, das Schloß umzudrehen.

Brogan steuerte ein paar Minuten später auf den Ausgang zu, aber schon auf der Treppe kam ihm jener Bulle entgegen, der ihn eben erst eingeliefert hatte.

»Ich war's nich«, sagte Brogan.

»Natürlich nicht« sagte der Bulle und brachte ihn wieder hoch.

Sie schlossen ihn wieder zu den acht Besoffenen, die ihn mit schlafenden Augen anschauten.

Und Brogan dachte nach. Er dachte nach, warum er sein Leben so bereitwillig jedem Zufall überließ.

»Kannst schreiben, Brille.«

Supermaus Homer war der erste, der es ihm auf den Kopf zu sagte. Er war ein hünenhafter Mann, der niemals einen Menschen geliebt und niemals einem Menschen vertraut hatte, sein ganzes Leben lang nicht – und darauf war er stolz wie ein Kind über einen kleinen, gelungenen Diebstahl.

Sein Rekord als Preisboxer war ausgeglichen; er stand mit zehn Niederlagen in zehn Kämpfen zu Buch.

Sie fuhren nach Osten und sprangen zwei Tage später gemeinsam ab.

Supermaus Homers Vorschlag war, im Tal des Rio Grande eine der vielen verlassenen *Standard-Oil*-Tankstellen wieder aufzupäppeln. Brogan hatte nichts dagegen. Besser als Fischköpfe essen, dachte er.

Sie fanden eine Bruchbude, die einmal eine Tankstelle gewesen war, vor zehn Jahren vielleicht. Sie lag in der Einsamkeit des Tals – und Brogan war klar, weshalb der vorige Pächter abgehauen war. Hier würde auch in zwei Ewigkeiten kein Wagen vorbeikommen. Es gab eine defekte Wasserleitung. Die Mauern der Hütte waren zerfallen, die beiden Fenster des Wohnraums eingeschlagen und die Türen zur Hälfte zu Brennholz verarbeitet. Das Dach war undicht. Und die Latrine war mit verrostetem Blech zugeschüttet.

»Lebte nich Jesuskind auch in so'ner Bruchbude?« wollte Supermaus wissen. »Ob das Glück bringt?«

»Bringt Glück«, antwortete Brogan. Der Himmel jedenfalls war nah genug für eine Himmelfahrt.

»Er war schwarz und schwul, schwarz *und* schwul, 'ne schwule, schwarze Tunte«, erinnerte sich Supermaus. Er sprach von seinem letzten Gegner und seiner letzten Niederlage. »War abgemacht, daß mich das Weibsstück von den Beinen holt. In der fünften Runde. Hielt also in der fünften Runde das Kinn hin. Hielt das Kinn hin und fiel um.« Supermaus schüttelte den Kopf wie ein Boxer, der gerade einen Schlag verdaut. »Hab kein Talent dafür, Brille. Halt immer das Kinn unten. Mich hat noch keiner nich am Kinn erwischt.« Er hatte damals sechs Dollar kassiert bei zwei Dollar Strafe für seine wenig überzeugende Schauspielkunst, denn sein Gegner hatte sein Kinn gar nicht getroffen, sein Aufwärtshaken ging einen halben Meter vorbei – und trotzdem war Supermaus wie abgemacht in der fünften Runde zu Boden gegangen.

Das hatte den Wettern am Ring nicht geschmeckt. Sie fingen an zu randalieren. Wer wettet auch'n Weibsstück, wenn es gegen Andre Homer, genannt Supermaus, ging?

»Hab kein Talent zum Verlieren«, redete er sich ein. »Schneid lieber mit ner Klinge selbst die Augenbrauen auf. Hau mich lieber selber blutig, bevor ich einem wie ihm das Kinn hinhalte und von keinem Schlag nich umfalle.« Supermaus schien zu überlegen, was er damals hätte anders und besser hätte machen können. »Hätte nich antreten sollen, Brille. Oder gegen mich selbst 'ne Wette machen.« So aber hatte er doppelt verloren, war verlacht, bespuckt und sogar bedroht worden. Nachts war ein Betrunkener in sein Hotelzimmer getorkelt und wollte sein Geld zurück. »Mußte abhauen aus der Stadt. Hätten mich gelyncht damals.« Supermaus sah zum Mond auf, als sei der Mond das Gesicht einer Tunte. Er schlug mit der rechten Faust von oben einen Haken herunter in seine offene linke Handfläche. »Hätt ihn umgelegt in zwei Minuten, Brille, wenn's nach mir gegangen wär. Mit einem Schlag, so...« Er schlug noch einen Haken in seine Handfläche. »Hätt'n Knicks gemacht, das Luder.«

Zur Beruhigung drehte sich Supermaus eine Zigarette, steckte sie an und lehnte sich zurück gegen die Wand. »Durfte nich zuschlagen. War abgemacht. War immer so bei allen Kämpfen. Durfte nie zuschlagen nich. Und dann behalten sie zwei Dollar ein, weil ich'n schlechter Verlierer bin. Kann nich verlieren, Brille. Kann nich verlieren.«

»Jesuskind hat auch verloren«, versuchte ihn Brogan zu trösten.

»Hätt ihm auch zu schaffen gemacht, mein Haken«, erwiderte Supermaus. »Hätt ihn kalt erwischt mit'm Haken, so...« Und wieder klatschte die rechte Faust herunter in seine Handfläche. Und Brogan dachte, Jesuskind hätte ihn sicher gewinnen lassen, er hätte Supermaus ein einziges Mal gewinnen lassen.

Sie sprachen die ganze Nacht. Und schliefen dann ein wie sie dagesessen hatten. »Ich werd's ihnen eines Tages zeigen«, murmelte Supermaus, während seine Gedanken sich auflösten und er hinüberglitt in einen Traum. Er träumte von einem Boxkampf auf eigene Faust.

Von einem Haken, wie er ihn noch nie geschlagen hatte – es sei denn außerhalb der Ringseile in seine linke Handfläche.

Am nächsten Tag erschien ein Mann, der Angestellter bei *Standard Oil* war. Sie kassierten hundert Dollar Startkapital. Alles, was sie zu tun hatten, war, zwei Löcher für die neuen Tanks zu buddeln – und einen Vertrag zu unterschreiben für die Pacht.

»Kann nich schreiben« meldete sich Supermaus. »Warst auf'm Kollitsch, Brille. Dafür bist *du* zuständig.«

Ich fühl's ich bin einer von ihnen –
Gehöre selber zu jenen Sträflingen und Dirnen
Und werde sie hinfort nicht verleugnen –
Denn wie könnt ich mich selber verleugnen?

Walt Whitman

Wie sich herausstellte, hatte Supermaus nur einfach ein ruhiges Plätzchen gesucht, um sich von den Strapazen seines Wanderlebens auszuruhen. Er war zehn Jahre älter als Brogan und nicht gerade scharf darauf, das Startkapital zweckgebunden zu investieren. Das erste, was er anschaffte, stand ein paar Tage später neben der Zapfsäule, ein Studebaker, Jahrgang 1919 – bis er den wieder flott hatte, vergingen drei lange Wochen.

Brogan reparierte notdürftig die beiden Zimmer, hob für die Tanks Gruben aus, er glaubte eben verantwortlich zu sein, und saß da und wartete. Aber das einzige Auto, das sich blicken ließ, war Supermaus' Studebaker.

Nach ein paar Erkundungsfahrten hatte Supermaus die Idee, in Bohnen würde das Geschäft besser laufen. Zwei Meilen landeinwärts war eine Bohnenfarm, die man nur abernten mußte, um sie in den umliegenden Siedlungen abzusetzen.

Brogan schrieb, als sich nach einem Monat noch immer kein fremdes Auto im Tal hatte blicken lassen, *Se habla Español* auf ein Stück Holz und nagelte es neben die Straße.

Inzwischen hatte Supermaus dazugelernt. In den Siedlungen und Kleinstädten entlang des Rio Grande wurden Bohnen, geschält und zubereitet, in Gläsern verkauft.

»Du mußt die Dinger schälen und in Gläser tun.« Seine Reaktion war ebenso naiv wie unmißverständlich. Daß man jetzt auch noch die Gläser anschaffen mußte, überging Supermaus. Hauptsache, die Dinger wurden erstmal richtig geschält. Danach konnte man ja immer noch weitersehen.

Diese Arbeit wurde nur einmal unterbrochen, als Brogan das Motorengeräusch eines Autos hörte. Der Fahrer war ein Mexikaner – und Brogan war klar, daß sein Schild gewirkt hatte.

Der Kerl wollte aber kein Benzin, sondern Whisky tanken.

»No Whisky«, erklärte ihm Brogan, der selbst gern einen geschluckt hätte.

»Whisky, si!« behauptete der Mexikaner. Seine Hand umfaßte ein unsichtbares Glas, das er austrank. Dabei hob er beide Augenbrauen. Und nickte. Sie hatten Bohnen und sie hatten Benzin – und dann verlangte der erste Kunde seit fast vier Wochen Whisky.

Brogan schüttelte den Kopf. »No señor.«

Der Mexikaner schien zu überlegen. Vielleicht überlegte er, wessen Ausdauer größer war. Aber dann drehte er sich um und trabte zu seinem alten Kabrio wie einer, der beleidigt oder gedemütigt worden war.

Brogan widmete sich wieder seinen Bohnen. Aber der Mexikaner fuhr nicht weg. Er blieb einfach hinter dem Steuerrad sitzen und wartete.

Supermaus ließ sich länger als gewöhnlich nicht blicken, was Brogan jedoch nicht groß beunruhigte. Er war jung genug, abzuwarten – und außerdem hatte er Vergnügen daran, seine maßlose Zeitverschwendung zu bewundern, seine Ruhe und Geduld, die sonst nur zu Tode Verurteilte besitzen, die einem gnädigen Priester, im beginnenden Licht ihres letzten Morgengrauens, Worte nachbeten, die sie – auch jetzt nicht mehr – glauben wollten. Obwohl er weder las noch schrieb, langweilte sich Brogan nicht eine einzige Minute. Er schälte Bohnen und es amüsierte ihn, daß auch aus diesem Geschäft nie etwas werden würde. Er glaubte nicht mehr, daß hier draußen in der Einsamkeit noch ein Auto auftauchen würde. Warum auch, wo es keinen Whisky zu kaufen gab.

Eines Nachts wurde Brogan wach. Neben dem Studebaker parkte ein zweites Auto. Er sah Supermaus mit einem Schlauch Benzin aus einem der Tanks saugen, wobei ihm sein Kumpel einfach nur zuschaute. Und genau das tat Brogan – er schaute zu, wie Supermaus erst die beiden Wagen volltankte und dann noch drei Kanister; und zwar seelenruhig. Und genauso seelenruhig legte sich Brogan wieder auf die Pritsche unter die wärmende Wolldecke. Er hörte noch die beiden Autos starten, bevor er schlief und träumte. Dafür bist du zuständig, Brille. Warst auf'm Kollitsch und kannst schreiben – und Supermaus machte auch den zweiten Tank leer.

Als Brogan am nächsten Morgen, weil es ihm unter der Decke zu warm geworden war, aufwachte, war der zweite Tank tatsächlich auch leer. Er drehte sich zur Straße um, als suche er eine Staubwolke, in der sich sein Freund längst auf und davon gemacht hatte ohne ein Lebewohl. Es gab keine Staubwolke. Da war nichts als eine Unterschrift auf einem Stück Papier, eine ausgeplünderte, verfallene Tankstelle mitten in der Wildnis – und Brogans inständige Bitte, es möge Supermaus einmal in seinem Leben endlich gelingen, mit seinem rechten Haken das Kinn eines Gegners zu treffen.

Was das Schreiben betraf, hatte Brogan keine Pläne; er dachte nicht dran, dennoch aber hätte ihm keiner ausreden können, daß er Lust darauf hatte – er wollte schließlich nicht dastehen in der Welt und kein Verlangen haben und keine Lust auf nichts.

Er wollte schreiben wie Gorki. Immer in der Verteidigung der allerärmsten Schweine, für die kein Erbarmen vorgesehen war, der Ohnmächtigen, die keine Stimme hatten, der Verlassenen, an die sich keiner, der nach oben wollte, erinnern durfte.

Gorki war die Katze, hellsichtig in der Finsternis.

Es war, als wartete Brogan beim Schälen der Bohnen oder

beim Dösen an der schattigen Rückwand dieser Bruchbude von Tankstelle, daß Gorki auftauchen würde. Möglich war es ja. Vielleicht brauchte er Benzin, fuhr Frachtzüge, besuchte Hurenhäuser, verwettete sein Geld auf Boxkämpfe und war, wie er, ein Verurteilter ohne Schuld.

An der Seite seiner Helden würde er eines Tages vielleicht wirklich mit seiner ersten Story beginnen, deren Ende – wie Brogan schon ahnte – nicht schön sein würde.

Als er in dieser Nacht in Richtung auf die Eisenbahnschienen davonlief, durch das Tal, dessen Wasserlauf bis auf ein kleines Rinnsal ausgetrocknet war, verloren sich Brogans Gedanken – und träumten sich fort in der Gewißheit, niemand anderem verantwortlich zu sein als sich selbst.

Gegen Morgen erreichte er die Schienen. Der Güterzug kam – und Brogan sprang auf.

In Chicago traf er Totschläger wieder, dem er einmal einen langen, ziemlich traurigen Brief geschrieben hatte.

Er muß den richtigen Riecher gehabt haben, als er ihm riet, den Brief zu einer Kurzgeschichte umzuschreiben. Natürlich wußte Brogan nicht, was in aller Welt das war, eine Kurzgeschichte – aber auf Totschläger war immer Verlaß gewesen. Seine Handkante war berühmter als beide Fäuste von Sharkey; sie traf millimetergenau.

Die andere, allen unbekannte Seite Totschlägers kannte nur Brogan, seine Liebe zur Literatur. Er kannte ganze Gefängnisbibliotheken auswendig, hatte sich durch die Weltliteratur gearbeitet wie andere Insassen durch meterdicke Mauern.

»Da gibt's Geld für«, hatte er behauptet, und recht behalten.

Brogan schrieb und verkaufte seine erste Kurzgeschichte – und nicht etwa an irgendeine kleine Zeitung, sondern an *Story Magazine*, was vom Feinsten war damals, Mitte der dreißiger Jahre. Das war doch, als würde der Besitzer eines verrosteten Schraubenschlüssels in die Chefetage von General Motors befördert.

War es falsch, den Bossen da nicht gleich die Schädel einzuschlagen? Keine Umwege, kein Vorgeplänkel. Brogan war wegen Landstreicherei in ein paar miesen Gefängnissen eingesessen. Der *Standard Oil* schuldete er (»Du kannst schreiben, Brille«) noch hundert Dollar und zwei Tankfüllungen. Er war auf der Flucht.

Brogan brauchte ein Bier. Er lud seine Freunde ein, und auch die anderen, die sich immer kurzerhand selbst zu Freunden machen, wenn es ums Weitersaufen geht.

Nur Gorki war nicht dabei.

Am nächsten Mittag jedenfalls war Brogan seine Geldprobleme los; die hochprozentige Sintflut der vergangenen Nacht hatte alles verschlungen.

Eine Woche nach Erscheinen der Zeitschrift öffnete Brogan den Brief eines ihm unbekannten Mr. Henley. Auf dem Umschlag stand *Vanguard Press,* was ihm auch nichts sagte. Man habe, wurde ihm mitgeteilt, seine Kurzgeschichte gelesen und wüßte gern, wie es mit einem Roman stünde.

Den Brief beantwortete Brogan mit seinem Besuch.

Das Büro von Mr. Henley befand sich im 18. Stockwerk eines Wolkenkratzers. Man hatte dort oben eine phantastisch gute Aussicht. Man schwebte über den Dingen – und auch in den Gesichtern der Menschen, die hier arbeiteten, war ein Schweben. Sie hatten für dieses Schweben sogar die passende Hautfarbe.

Der Teppich, auf dem Brogan stand, hörte nicht einmal an den Wänden auf – und die Möbel wirkten so leicht, als habe sie der Wind hereingeweht.

Mr. Henley war freundlich, trotz seiner Überraschung, einem Kerl wie Brogan gegenüberzustehen.

»Welche Überraschung, daß Sie gleich persönlich hier erscheinen«, wiederholte sich Mr. Henley. »Sie kommen einfach so hereingeschneit.«

Brogan fiel nicht ein, was er darauf hätte antworten können. Von hier oben aus konnte man Chicago sehen – wie er die Stadt noch nie wahrgenommen hatte. Und eigentlich wäre Brogan nur gern ein paar ruhige Minuten am Fenster gestanden, hätte hinuntergeschaut; ohne Mr. Henley und die *Vanguard Press* im Rücken.

Er bot Brogan einen Stuhl an und setzte sich wieder hinter seinen Schreibtisch, der größer war als die Bühne einer Striptease-Bar.

Sie schauten sich an wie zwei Spieler beim Ausreizen ihrer Karten. Wieviel war rauszuholen – das war alles, was Brogan dachte. Er wartete ab.

»Sagen Sie, Mr.…«

»Brogan.«

»Mr. Brogan.«

Er schien immer weniger zu sehen, je häufiger er seine Brillengläser reinigte. »Haben Sie schon einmal, Mr. Brogan, daran gedacht, einen Roman zu schreiben?« Als Brogan nicht sofort reagierte, fügte Mr. Henley hinzu: »… oder etwas Ähnliches wie einen Roman?«

Was hatte Ähnlichkeit mit einem Ding, das Brogan nicht kannte? Aber das würde ihm Totschläger notfalls erklären können. Weil keiner besser Bescheid wußte.

In diesem Spiel war Mr. Henley vorne. Brogan wollte weiter abwarten. Er hatte doch weiter nichts getan, als den Brief an Totschläger auf dessen Rat hin noch einmal abgetippt. Er hatte dies und jenes geändert, aber im Grunde genommen war dieser Brief noch immer eine private Mitteilung, die Geschichte im Süden, die Arbeit, falls es welche gab, die Flucht, die Übernachtungen in Kleinstadtgefängnissen und abends die Gesellschaft der Männer, die wie er auf der Flucht waren. Oder auf der Suche. Wie er auf der Suche nach Gorki.

Während Brogan nachdachte, wie er diesem Gespräch eine für ihn glückliche Wendung geben konnte, wartete nun Mr. Henley. Das mit dem Roman, was immer das auch sein mochte, hatte schon im Brief gestanden. Und Brogan hatte sich die Antwort schon längst zurechtgelegt. »Das wär schon was« sagte er. »Wollen tu ich schon.«

»Na dann ... warum versuchen Sie's dann nicht?«

»Ich kann morgen anfangen«, antwortete Brogan. Wieder fiel ihm der Schraubenschlüssel ein, dieses Mal hing er zwischen Brogan und Mr. Henley in der Luft, hing da, als hole eine unsichtbare Hand damit zum Schlag aus.

»Klingt amüsant«, sagte Mr. Henley, der aber mehr verwirrt war als amüsiert. »Schon morgen?«

Zehn Dollar, dachte Brogan. Soviel müßte herausspringen. Vielleicht das Doppelte sogar, wenn er Henley etwas zappeln ließ.

»Aber dazu brauchen Sie, wie ich annehme, etwas Geld?«

»Ich werde im Südwesten schreiben«, sagte Brogan und glaubte mittlerweile wohl schon selbst daran, daß er nach Südwesten fahren und dort einen Roman zu Papier bringen werde – obwohl viel wahrscheinlicher war, daß Brogan einfach nur versuchte, aufs Ganze zu gehen.

»Haben Sie denn schon bestimmte Vorstellungen?« wollte Mr. Henley wissen.

»Das nicht gerade«, Brogan hatte keine Ahnung, nur war ihm inzwischen klargeworden, daß man das Spiel nur gewinnen kann, wenn man sich auf sein Gegenüber einstellte – und hier war es, sozusagen aus Rücksicht, ohne Zweifel das Beste, alles in der Schwebe zu lassen.

Mr. Henley schien zu rechnen, nachdem er nun nicht

länger überrascht war, auch nicht über Brogans seltsame Art der Selbstsicherheit, die es ihm nicht in den Sinn kommen ließ, über Schriftstellerei, über Bücher oder ihre Autoren zu plaudern.

»Dreißig pro Monat, auf drei Monate – und zehn auf die Hand, als Vorschuß sozusagen.«

Zwei Jahre her, dachte Brogan, daß ich 'ne Zehn-Dollar-Note anfühlte. Und bevor sich Mr. Henley anders entscheiden würde, war Brogan einverstanden, nahm den nächsten Zug nach New York und schaute sich ein paar Boxkämpfe an, um nicht aus der Übung zu kommen. Im Ring kloppten sich die Männer für weniger als zehn Dollar.

Von New York aus fuhr er Richtung Südwesten, nach Greenville in North Carolina, nach Greenville, South Carolina. In Greenville, Mississippi, schmissen sie ihn vom Zug.

So kam er eines Tages auch nach Alpine, Texas, wo es ihm gefiel. Er fand, für zwanzig Dollar im Monat, auf einer Ranch ein Zimmer mit Verpflegung. Mit weiteren zehn Dollar in der Tasche gab es keinen Grund, sich einsam zu fühlen.

Brogan trug jetzt einen Cowboyhut und konnte, wie jeder Texaner, seine Zigaretten mit einer Hand drehen. Er ließ sich auf der Innenseite seines rechten Oberarms ein paar Boxhandschuhe tätowieren. Trieb sich mit den Männern herum, die auf den Ölfeldern arbeiteten und jeden Abend in die Stadt kamen.

Nach drei Monaten hörten die Zahlungen auf, ohne daß Brogan bei seinem Versuch sonderlich erfolgreich gewesen wäre, einen Roman – oder etwas Ähnliches wie einen Roman, wie es Mr. Henley ausgedrückt hatte – zu Papier zu bringen. Manchmal in diesen Monaten war er ins College hinaufgegangen, wo er schließlich einen Kellerraum entdeckte, einen Raum voller Schreibmaschinen. Da hatte er sich hingesetzt und mit dem Schreiben begonnen, als wolle er nur eben einen Brief schreiben, einen langen, traurigen Brief. Er schrieb. Schrieb, als erzähle er seine Geschichten den Saufbrüdern und den Mädchen, die sie im Arm hielten. Schrieb von Gefängnissen, die sicherer und trostloser waren als jene mit den hohen Mauern drumherum und den grellen Suchscheinwerfern und elektrisch geladenen Stacheldrahtgewinden obendrauf.

Schrieb von Träumen, die nur geträumt waren, und von Enttäuschungen, die auch das Tageslicht niemals besänftigen konnte – bis er eines Tages auch dort entdeckt und rausgeschmissen wurde.

Nach einer Woche ging er noch einmal hinauf, schnappte sich eine der vielen, nutzlos herumstehenden Schreibmaschinen, wollte zurück nach Chicago, um dort vielleicht das angefangene Buch zu beenden. Es war eine große, alte Underwood, schwer wie ein halbes Schwein, die er durch die Hauptstraße zum Bahnhof schleppte, um sie aufzugeben.

Eine halbe Stunde später nahm ihn der Stellvertreter des Sheriffs in Gewahrsam. Auch die Underwood tauchte wieder auf.

Brogan saß fest. An sich machte ihm eine vorübergehende Festnahme nicht viel aus. Das Unglück war nur, daß der Bezirksrichter gerade unterwegs war – und nicht vor drei Monaten zurückerwartet wurde.

Er kam ohnehin nur zweimal pro Jahr in dieses Nest – und solange mußte man eben ausharren.

Er kannte die Zeremonie inzwischen. Man wartete auf den Verhandlungstag. Der Bezirksrichter erschien, hielt seine Nase für eine Minute in die jeweilige Akte, sah auf und verdonnerte einen gelangweilt und mißmutig zu zwei Jahren – ganz egal, was einer angestellt hatte, ob Einbrecher, Schwarzhändler oder Pferdedieb. Es gab immer zwei Jahre.

Aber alle hier im Gerichtssaal wußten das – und so regte sich keiner der Angeklagten darüber auf. Sie wußten aus Erfahrung, was nach diesem Urteilsspruch folgte. Daß sich nämlich jetzt der älteste der Geschworenen erheben würde und, als sei er zu mitleidvollem Verständnis fähig, um Gnade bat.

Seine Begründung war ebenfalls immer dieselbe. »Unsere Gefängnisse sind uns für solche Leute zu schade«, wetterte der Alte los und richtete seinen Blick gegen die Fahne an der Rückwand des Saales. Seine ausgestreckte Hand beschwor zitternd, was er im Namen des Volkes hier zum besten gab.

Er hatte, wie immer, fünfzehn Minuten Zeit, seinen Ekel vor diesem Gesindel auszutoben. Dann wurden die Urteile revidiert. Und das hieß: schafft sie über die Grenze.

Brogan, und mit ihm die übrigen Angeklagten, wurden also über die Grenze geschafft.

There's no other beat, dachte Brogan. Es lief also immer wieder auf das gleiche hinaus, auf Strafe, Flucht und Frachtzüge. Sie waren keine Piraten der Prärie, sondern streunende Hunde. Das Seufzen, das der Wind über die leeren, menschenleeren Wüsten trieb, blieb ihnen im Hals stecken. Es runterzuschlucken, war in jeder Bar Gelegenheit.

Vielleicht, dachte Brogan weiter, war das der sicherste Weg, Gorki zu begegnen.

Rue André Antoine

Die rue André Antoine liegt in jenem elenden, unheimlichen Viertel von Paris, das – wie Brassaï schrieb – »ich heute aus Furcht sicher nicht mehr besuchen würde«. Sie geht vom Place Pigalle ab, macht irgendwann eine Schleife und endet an einer Treppe, die vielleicht in den Himmel führt. Jedenfalls steht dort oben eine Kirche, die berühmte, weiße Sacre Cœur. Unter ihr liegt Pigalle, erotisches Eldorado der Touristen, Babylon der Betrüger, Heimat und Hölle der Verdammten, Süchtigen, Nutten, Kriminellen. Aufgeheizt mit dem Megawatt der Neonlichter und dem Atem einer feigen Menschengier. Eine Geisterbahn des Lasters, in deren Schatten die Dunkelheit schwärzer ist als anderswo, gefährlicher und fürchterlicher. Die rue André Antoine wird von eiligen Touristen gemieden. Es gibt keine Sexshops, Stripteasebühnen, Kellerkinos – nicht den geringsten öffentlichen Rummel. Nachts ist sie düster. Das Kopfsteinpflaster stammt aus einem anderen Jahrhundert. Hier gehen ein paar seltsam schöne und grotesk unnatürliche Transvestiten auf den Strich. Es ist ihre Straße. Hier steht die mehr als achtzigjährige Frau, die alle ›Mami‹ nennen, an der Theke und trinkt bei bester Gesundheit jeden Tag vielzuviele Pernod's. Hier reißt sich der vierzigjährige Michel, der als zwanzigjährige Barbara mal blond mal schwarz anschafft, die Perücke vom Kopf. Da ist die alte Pirette mit dem Wattebusen, die aus Marseille stammt und schon als Kind in die Kleider des anderen Geschlechts gesteckt wurde, weil ihre Mutter sich so sehr ein Mädchen gewünscht hatte. Da ist Solange mit der Tätowierung, die als Transvestit mit einem Mann verheiratet ist. Hier

trifft man auch die privaten Liebhaber dieser falschen Frauen, einfache Bankangestellte oder Arbeiter, denen man eine solch bizarre Zuneigung zu ihren Freundinnen niemals zutrauen würde.

Sie alle haben ihr Hauptquartier ›Chez Sylvain‹. Hier stehen sie herum, trinken, streiten und warten, der Alkohol möge endlich jenen Zufall herbeiführen, der sie aus ihrer Verzweiflung errettet. »Denn verzweifelt sind sie alle.« Die Fotografin Roswitha Hecke hat mehrere Monate in der rue André Antoine gelebt, immer mit der Absicht, hier das Leben und die Menschen zu fotografieren. Sie hat mit ihnen getrunken und gewartet – und gewann erst allmählich ihr Vertrauen. War endlich die erste Scheu vor dieser fremden Person, die offenbar etwas von ihnen wollte, überwunden und konnte sie ihre ersten Bilder machen, folgte natürlich gleich die nächste Schwierigkeit. Die einen gaben plötzlich ihre spontane Natürlichkeit auf und stellten sich nur noch in Pose oder inszenierten irgendeinen Ulk. Die anderen hielten sie für eine Filmagentin und glaubten, daß sie mit ihrer Hilfe entdeckt würden. Es dauerte viele Wochen, bis es möglich war, einzelne Porträtaufnahmen in den Privatquartieren zu machen. Ihre Anwesenheit und ihre Arbeit mußten langsam erst selbstverständlich werden, bevor sie ihre eigentliche Arbeit beginnen konnte.

Tagsüber ist die rue André Antoine eine harmlose, kleine, enge Straße. Eine Garage. Ein Discoshop für afrikanische Musik. Ein Schuhmacher. Und eben die Kneipe von Sylvain – und nach der Schleife noch eine zweite von Joseph, einem alten, vornehmen, einäugigen Italiener aus Rom, den irgendein Schicksal hierher verschlagen hat und der mit seiner Frau die Kneipe ›François Villon‹ führt. Wer gerade bei Sylvain Streit hat, geht zu Joseph und beklagt dort die Ungerechtigkeit der Welt – oder umgekehrt. Das Leben ist eine immer fortwährende Theateraufführung, nur lustiger und tragischer, leidenschaftlicher und hoffnungsloser als alles, was je auf einer Bühne inszeniert wurde. Ein Chaos aus Lebensenergie und Verfall, Lächerlichkeit und Tränen. Und während Glanz und Glamour so vieler Transvestitenshows Erfolge feiern, bleibt das Leben dieser Menschen verborgen, grau wie die Patina jener Mauern, an die gelehnt sie sich ihren Kunden anbieten. Sie schminken sich, ohne je einen Auftritt zu haben. Ihre Bühne ist das Kopfsteinpflaster. Die rue André Antoine ist ihre Welt. Sie kommen kaum einmal heraus aus ihrem Viertel – und wahrscheinlich würde man sie auf dem anderen Ufer verhaften. Aber es ist kein Theater. Und die Straße ist nur an der Theke ein Narrenschiff. Mir fällt das ›living theatre‹ ein, nur ohne Schauspieler und ohne jede Heilsbotschaft eines universellen Bewußtseins. Sie leben am Rande, verdienen wenig und werden von den eiligen Touristen dieser pittoresken Romantik zugezählt, die Pigalle für sie ein oder zwei Nächte so anziehend macht. Carole, Solange, Belinda, Pirette, Michel – jeder Mann eine Frau; die einen operiert und niemals mehr in Männerkleidern, die anderen je nach Laune und manchmal nur zur Arbeit verwandelt. Manche haben immer noch den plumpen Gang der Männer. Manche gehen, als hätten sie nie etwas anderes angehabt als Schlitzröcke und Stöckelschuhe. Sie kommen aus allen Erdteilen. Und alle hoffen auf ein Glück, an das sie doch nur erträumte Erinnerungen haben.

Roswitha Hecke macht aus all dem keinerlei weitere Sensation, sie dokumentiert Eindrücke und jene Zuneigung zum Milieu und deren Menschen, ohne die sie hier in der kleinen rue André Antoine wahrscheinlich nicht ein einziges Foto hätte machen dürfen. Sie mußte ihnen allen zuerst beweisen, daß sie bereit war, mit ihnen zu leben. Sie mußte sich mehreren Heiratsanträgen aufs Freundlichste entziehen.

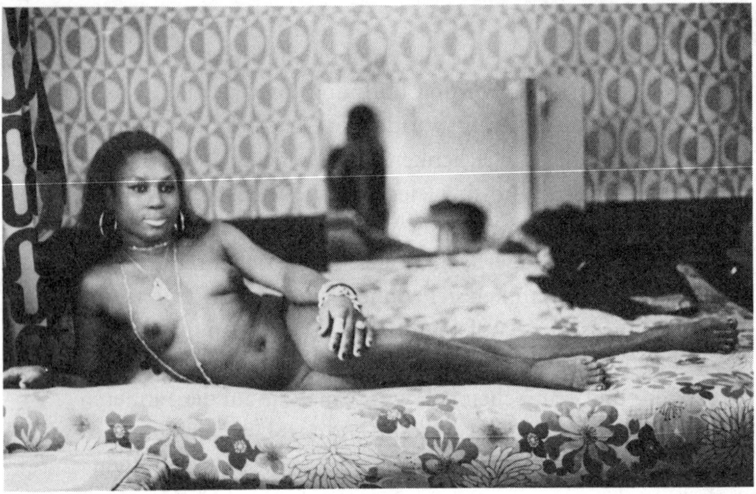

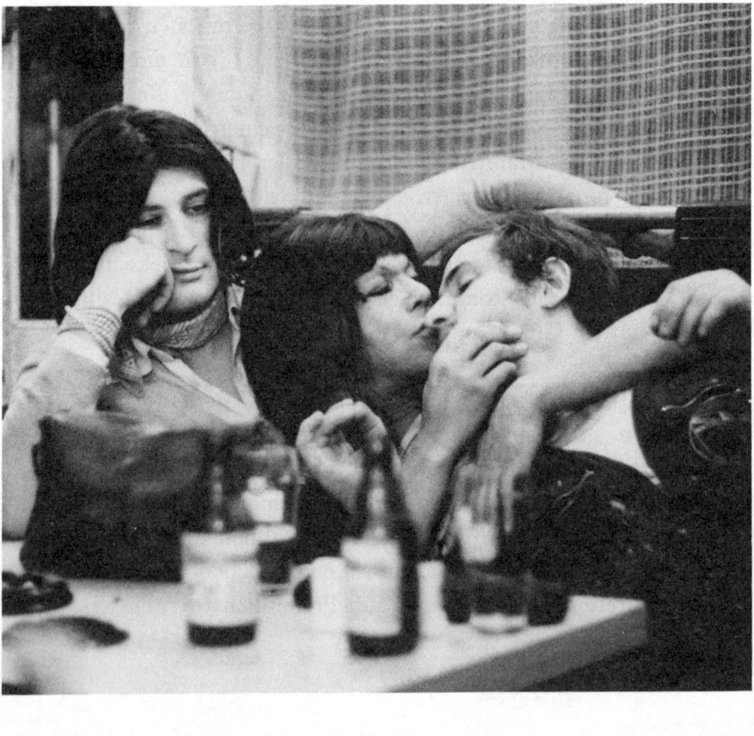

Mußte tägliche Eifersüchteleien schlichten, die wegen ihrer Person entstanden. Alle wollten gleich oft fotografiert werden. Denn einige, wie gesagt, glaubten ja in ihrer abgrundtiefen Verzweiflung tatsächlich, der Himmel habe sie geschickt, oder doch zumindest irgendein Amerikaner, der neue Mädchen braucht für seine Shows. Sie machte mit ihnen die Nächte durch. Und natürlich versuchten sie, ihr beizubringen, wie man hier in dieser Straße Geld verdient.

Und dann der Abschied.

Nur Joseph und Sylvain, die beiden Wirte, wußten, daß sie alle hier in der rue André Antoine einfach viel zu verrückt sind, um nicht nach dem nächsten Pernod oder Rotwein alles bald völlig vergessen zu haben.

Diese Menschen vergessen. Das ist ihr einziges, trauriges Glück.

Die Nullnummer vom Untergang

Das wird nie und nimmer ein Bericht über die Frankfurter Buchmesse, dazu fehlen mir wirklich alle Kenntnisse. Ich habe an keinem noch so kalten Büfett um Kaviarbrötchen gekämpft. Ich habe keiner Dichterlesung gelauscht, keine Verkaufsgespräche geführt oder mitverfolgt. Ich bin den Feierlichkeiten morgens, mittags und abends ferngeblieben, weil ich ja weiß, daß ich dort (schon auf mich selbst) wirke wie die Stecknadel, die man fallen hört. Ich habe jedwede Berichterstatterpflicht schlicht vernachlässigt. Meine lächerliche Zusage aber, zu so einer Veranstaltung mich zu äußern, werde ich erfüllen.

Da ist er wieder, dieser Schock, über den man ja bestens Bescheid weiß. Da ist man ein ganzes Jahr lang damit beschäftigt, seine Arbeit als Schriftsteller zu tun, in Freude wie in Verzweiflung allein, und wir alle, die Ausnahmen, werden hier wieder zur Regel gemacht. Plötzlich die Konfrontation mit dem Millionenangebot an Büchern aus aller Welt, Bücher, Bücher Bücher – entsetzlich. Ich glaube nicht, daß irgendeiner ohne dieses Entsetzen davonkommt.

Ich habe einen Gedichtband veröffentlicht, und da existieren nun meine hundert Seiten Poesie zusammen mit allem, allem anderen. Na gut, Wettbewerb. Aber wessen und unter welchen Bedingungen? Beim Herumgehen habe ich immer wieder den Satz aufgeschnappt: »Das ist ein ganz wichtiges Buch hier.« Und zwar in allen Facetten der Suggestion formuliert. *Das wichtigste Buch*, wie oft wurde das gesagt in den wenigen Tagen der Messe. Von jedem Verleger, dem größten wie dem kleinsten, zu fast jedem, der in der Branche so oder so etwas bedeutet. Und hier auf der Messe scheint nun jeder etwas zu bedeuten. Eine absurde Inflation von Wichtigkeit – die Menschen, die Bücher, das Geschäft. Und dazwischen die Angestellten dieser Branche, und die Buchhändler, auch nicht gerade ein Anblick.

Sind alle diese Bücher, denke ich dann, genauso mühsam und schwer zustande gekommen wie mein eigenes? Was ich sehe, läßt auf das Gegenteil schließen. Soviel wahre persönliche Erfahrung niedergeschrieben in so vielen Büchern? Soviel selbstquälerische Intelligenz? Sitzt denn das ganze deutsche Volk (und das überseeische auch) nur noch an Schreibmaschinen und tippt, und der Rest der Bevölkerung druckt, verlegt, verkauft, kritisiert und bemüht sich, ein wenig bei Verdienst zu bleiben bei all dem, was doch längst schon eine grotesk industrialisierte Privatheit darstellt?

Wie reagiert man denn im Gemüt, wenn man tausendmal den Satz hört »Dieses Buch ist wichtig«? Man wendet sich ab, und dort, wo man sich hinwendet, eine andere Absurdität. Da geht Helmut Kohl, umringt von seinen Kaugummi kauenden Gorillas, durch einen der Gänge. Und plötzlich, ich höre es, gibt es Erregung. Nicht daß sich viele Menschen darum kümmern, daß hier der blasse Kohl braungebrannt erschienen ist und seine Aufwartung macht, aber da trifft er an einem der Buchstände auf offensichtlich zwei seiner politischen Gegner. Wer ist es? Bitte: Adolf von Thadden und Egon Bahr. Nun weiß ich, daß Kohl nämlich den Herrn Bahr zum Beispiel für einen der gefährlichsten Männer der Koalition hält. »Dieser Mann ist eine Gefahr für die westliche Welt«. Und der andere, der Ex-Extremist Thadden, Sie erinnern sich: damals Führer der NPD. Ich kenne die offiziellen Reden im Fernsehen. Aber hier nun Handschlag um Handschlag, wo ich eher an Kantenschläge denke, an moralische Prinzipien. Aber nein, diese drei Herren stehen da und amüsieren sich wie Skatbrüder. Sie machen was? Tun es für wen? Empfinden was?

Mag man es für meine naive Ignoranz ansehen, daß ich darüber nachdenke. Diese drei Herren, einander schulter-klopfend nahe, nichtssagende Floskeln von sich gebend, aber doch um eines bemüht: dieses verlogene Demokratie-gefühl von der Pluralität der Meinungen hier zu dritt zu demonstrieren. Eine Fatalität besonderer Art, abstoßend für mich aus vielen Gründen. Und typisch für die Eitelkeit, die leeren Gesten, hohlen Sprüche, unverbindlichen Bedeu-tungen.

Noch ein anderer Politiker hat sich mir blitzartig und un-wirklich eingeprägt. Als ich Sonntagmorgen das Hotelzim-mer in Frankfurt verlasse, um nach München zurückzuflie-gen, sehe ich noch die ersten Bilder der gerade beginnenden Fernsehübertragung aus der Paulskirche. Festliche Verlei-hung des Friedenspreises an die Geehrte, Astrid Lindgren. Neben ihr in der ersten Reihe sitzt Holger Börner, Wahlsie-ger, Ministerpräsident. Da sitzen sie beide, aber wer sieht es denn nicht: Neben dieser einfachen und klugen Frau, das Gesicht herb wie ein Herbstblatt, die Augen schlau und unbeeindruckt von der Würde, die die sie Umgebenden nur repräsentieren, (während die Kinderbuchautorin sie hat) – neben ihr sieht der Spitzenpolitiker wie ein monströses Kleinkind aus. Die Haare gescheitelt, wie von der Mutti, und diese vermaledeite Kleidung so früh am Vormittag. Warum nicht, denke ich, ein Matrosenanzug, wäre das nicht schön und wahr? Da sitzt er, und was soll er machen außer Dingen wie: Blick auf die Schuhspitzen, Rütteln an den Hemdmanschetten, Glattstreichen der glänzendglatten Kra-watte, Falten, Öffnen und Halten der Arme über dem Bauch, das Befingern eines Knopfes am schwarzen Anzug.

Also was nun, will er ihn abreißen? Soll das Jackett nun geöffnet oder zugeknöpft werden?

Jedenfalls hantiert er herum, während sofort schon beim ersten Begrüßungsredner, dem Vorsitzenden des Börsenvereins, die Rede ist von Freiheit. Und gleich auch davon, daß wir alle nur einen Traum bewahren, den der Kindheit, den zerbrochenen, zerschlagenen, geraubten, verstümmelten Wunsch, die Einheit der Welt illusionär noch einmal zu erfahren in der Liebe zu den Träumen, den Wirklichkeiten der Phantasie.

»Schreiben heißt«, schrieb Antonin Artaud, »den Geist daran zu hindern, sich inmitten der Formen zu regen wie ein tiefer Atem. Denn die Schrift hält den Geist fest und kristallisiert ihn zu einer Form, und mit der Form beginnt der Götzendienst.«

Dieser Götzendienst enthüllt sich auf jedem kleinen Zentimeter dieser Buchmesse. Hier steht Geschriebenes zum Weiterverkauf, zum Handel. Hier handeln alle, der Notwendigkeit hingegeben, daß die Literatur, was immer sie persönlich für den ist, der sie herstellt, eine Ware ist. Und wer das etwa beklagt und abstoßend findet, gehört notgedrungen zu den unstabilen, irrealen Artisten der Zirkuskuppel, seine Ratlosigkeit verborgen hinter einem belletristischen Lächeln, wenn er von einem der Buchhändler oder Besucher fast erkannt worden wäre? Nein, die wenigen hundert Autoren, denen ich begegne, genießen anscheinend nur hier an einem oder zwei Tagen auf der Messe das Gefühl, ihre Besonderheit schmerzstillend nicht mehr für wesentlich zu halten. Endlich einmal dürfen sie lässig tiefstapeln, erst gehen sie hin und sagen und denken dann doch nur: nichts wie raus hier. Aber sie bleiben, dressiert von ihrer Eitelkeit und dem Verleger, der Reklame zu schätzen weiß.

Aber mit Plato gesprochen ist uns allen eines doch gemeinsam: »Das Denken ist verlorengegangen von dem Tage an, da man Gesprochenes aufschrieb.« Was am bittersten fehlt in diesen Zeiten – und die Buchmesse spiegelt auf ihre Weise ja doch nur die Zeiten – sind Ideen. Das Gefühl, daß sich in diesen Bücherhallen alles quasi maschinell erledigt, das Gehen, Schauen, Sprechen und Verschwinden. Ein Verlag, auch er längst eine Art Maschine. Diese Kultur insgesamt, aus Resignation heraus sowohl korrupt wie unnachahmlich todernst. Keiner käme auf die Idee, irgend etwas hier zu erwarten. Daß nichts Außergewöhnliches geschieht, das besorgt die Balsamierung unserer Wunden. Wir sind scheinbar geheilt, aber doch nur soweit, daß wir uns in einer Lethargie wie in einem Wachschlaf befinden. Wir sind von Utopien geheilt, mit Enttäuschungen vernarbt, wir sind drauf und dran, an den diversen Heilungsmethoden allmählich ganz zu degenerieren, als Rasse abzustumpfen, abzusterben, ausgelöscht durch einen chemischen Sprung der dritten Art.

Unser globales Schicksal haben wir jedenfalls auch darin: Wir erfahren mit einem immer größeren Aufwand an Information immer weniger. »Maßlos informiert«, so der Titel eines Sachbuch-Bestsellers. Aber worüber denn, Herr Professor? Daß der Mensch, also auch ich, ein »Irrläufer der Evolution« ist, erfahre ich im Taxi, denn der Slogan hängt als Spruchband und Buchtitel über der breiten Zufahrtsstraße zum Messegelände. Ich, ein Irrläufer? Wir alle? Ist das nun die Wahrheit? Oder nur ein guter reißerischer Buchtitel? Und wenn es die Wahrheit wäre? Da hängts si, flatternd im trüben Herbstwind, hoch über mir im Himmel. Mir ist kotzübel, und das macht mich anfällig für solche Sätze. Ich denke an Artauds Satz vom Götzendienst, dessen Heiligkeit nur angemaßt wird.

Maschinell hatte ich gesagt. Da stand am Stand seines Verlages der kleine unentwegte Wolf Biermann. Ich sehe ihn persönlich zum erstenmal. Ich will hier kein literarisches Urteil fällen, schon gar nicht am Liebes-, Haß- und Schau-Objekt der deutschen Teilung. Aber auch er geht glatt auf in dieser Maschine, in den Gängen dieser Geschäftskultur. Da steht er, einen Kreis von Leuten um sich, die zuhören, und Biermann, routiniert auch im Grübeln, spricht. Die Selbstverständlichkeit, mit der er jeden duzt, schafft sofort so etwas wie Schulhofatmosphäre. (Wo die gescheiten Jungs zusammenstehen.) Unangenehm. Daneben in einer anderen Koje das Gegenstück zur Loreley, Spitzwegs Dachstube, der arme Poet, unterm Regenschirm das Double, ein alter Mann, der auch schreibt und der wohl auch zum Panorama der Evolution gehört. Genauso wie die exaltiert sich gebärdende junge Dame, die zwei Tage lang im dichtesten Passantengewühl Gedichte aufsagte, eine Somnambule.

Sie alle, Biermann, das Spitzweg-Double, die junge Dame, das sind auf so einer Buchmesse alles nur verschiedene Nummern des gleichen Programms, von einem tiefen Atem entfernt.

Bin ich verrückt? Eine Geschäftsmesse, diese ganz und gar notwendige Sachlichkeit einer internationalen Veranstaltung, so vom kleinsten und geringen Detail her zu beargwöhnen? Und wenn man sich mal eben halt wiedertrifft, womöglich Freunde aus aller Herren Länder, ist das nicht eine Messe wert? Soll es so sein. Soll auch so sein. Die Absurdität, daß mittlerweile eine phantastische Phantasielosigkeit herrscht, daß die Menschheit offenbar keine neuen Ideen mehr produzieren kann oder sie nicht ausspricht oder so ausspricht, daß sie sich gleich von selbst erledigt – diese Absurdität begleitete mich zwei Tage lang. Länger hielt ich es nicht aus, zwei ermüdende Tage, und nachts unter mir Frankfurt...

Über menschenleere Städte wehen die Elegien der
                                    Perfektion,
noch eine Gabe Kaviar für dich
und Mehlsuppe für dich,
noch ein symbolischer Blick auf die Schuhspitzen,
kleine dreckige Gedanken,
kleine dreckige Geschäfte,
und dann die endgültige
innere Vereisung.
Niemand kann sich mehr täuschen,
auch wenn er träumend einen Frühling lang im Schatten liegt,
auch er bleibt vom Hauptquartier abhängig wie ein
                                    Astronaut,
seine Daten eingespeist in Maschinengehirne,
das Leben ein pausenloses Sondertraining,
dessen Triumph darin besteht, auch die ungeheuerlichen
Strapazen der Monotonie zu ertragen.
Es wird keine Ernüchterung geben,
wir werden alle in unseren Kostümen explodieren,
ein nicht mehr kritisierbarer Skandal,
aber nicht mehr in der Kunst,
sondern im Sterben, im Tod,
dieser unbekannten Schwester Tod,
der einzigen Geliebten.

Wir, die Hinterbliebenen demonstrieren weiter für die Wich-
tigkeiten und die Rendite und das bißchen Geld und das
Image und die Zukunft, auch wenn sie, literarisch gesehen,
1984 zu Ende ist. Buchmesse 1984 – eine Absurdität dann auf
der Höhe des Genres.

Bar

für Walter, Barkellner

Ich bin noch nie aus Vergnügen in eine Bar gegangen. Aus Vergnügen bleibe ich zuhause, oder ich besuche Freunde. Was mich in eine Bar treibt, ist Unglück, alles Unglück dieser Erde.

Schon als Kind erhoffte ich mir von Alkohol um so heftigere Wirkung, je weniger er mir schmeckte. Dabei blieb es. Die Vorstellung, ich trinke Gift, wirkt belebend. Ich sage das nicht, weil ich darauf stolz bin. Es ist nur die Wahrheit. Ich trinke, um betrunken zu sein.

Kultivierte Kenner des Alkohols können mich. Frauen, die von Sektlaunen schwärmen, sind mir ein Greuel. Wer in einer Bar ein Gespräch beginnt über die Chancen der Selbstverwirklichung, gehört geköpft.

Eine Bar, die mir gefällt, hat mit Frauen nichts zu tun. In diese Bar verirren sich Frauen nur durch Zufall; bei ihrem Anblick hat man das sichere Gefühl, daß draußen die Wüste beginnt, oder ein Ozean.

In dieser Bar ist Sentimentalität die letzte Stufe zum Irrsinn. Mich langweilen Weintrinker, und Biertrinker öden mich an. Und die Planters-Punch-Profis bringen mich um den Rest meines Wohlbefindens. Ihr Lachen ist leer wie der tiefere Glanz in den Augen einsamer Frauen, die ihren Südsee-Cocktail umrühren.

Eine Bar ist ein verlassener Platz, und je wohler man sich fühlt, um so klarer wird einem, daß er auch von Gott verlassen ist. Sie ist dunkel, und diese Dunkelheit ist der

Geisteszustand derer, die jetzt nicht mehr reden wollen. Es sind nervöse, aggressive Trinker, aber doch schweigen sie.

Eine Bar, die nicht (fast) leer ist, taugt nichts, aber auch sie ist kein Paradies. Und auch du, in deinem wilden Wohlgefühl der Trunkenheit, in der dir nichts weiter passieren kann als daß dir ein paar überhebliche Träume gefährlich werden, wirst es nicht ändern.

Alkohol hat einen Fehler; auch er läßt uns die Frauen nicht vergessen. Allein schon dieser Gedanke ist ziemlich ernüchternd.

Der Bauer von Babylon

Ich gehe und laß dich zurück im Abend,
der, wenn auch traurig, so süß
auf uns Lebende fällt, mit dem wächsernen Licht,

das hier im Viertel zu Schatten gerinnt
und es seltsam erschüttert. Größer wird es,
leerer umher, und entzündet von fern

ein gieriges Leben...

P. P. Pasolini

Der Bauer von Babylon. Exzesse der Erniedrigung, Scheiße an allen Wänden, monumentale Erektionen, Privatflugzeuge mit nichts an Bord als Koks, Skandale der Bestürzung und Verhöhnung, Eifersucht und Anarchie, jede Art von Intimsphäre abgeschafft wie ein korruptes, hinfälliges Regime. Von der Ernüchterung besessen wie vom Rausch, zum Einschlafen Aufputschmittel, zum Überleben Verrat.

Wie Querelle selbst – das Böse tun mit der Kühnheit des Kämpfers – in wildem Zustand zärtlich sein, von den Sinnen zerrissen, grausam, gemein und stolz bis zur allerletzten Endgültigkeit.

So wie Du sein möchtest, um von einem, der nach Dir kommt, verherrlicht zu werden.

Es braucht den Lebenden nicht mehr verständlich zu sein.

Straßenszene in New York. Dich hält ein Mann auf. »Sie sehen diesem berühmten deutschen Filmregisseur Rainer Werner Faßbinder ähnlich.«

Du guckst ihn kurz an, die dunklen Gläser der Sonnen-brille wie Revolverläufe auf ihn gerichtet. Und fragst: »Oh yes?...« Und sagst dann leise, wie nur zu Dir selbst: »He's much too famous, he wouldn't walk down this street.«

Auch das ist Deine Einsamkeit: das gierige Leben der Schwu-lenbars von New York, wo sich die Männer völlig unbeteiligt, tatsächlich unbeteiligt bis zur Raserei, an Ekstasen vergnü-gen, die sie einander gewähren wie Mörder.

Und manchmal, wenn Deine Einsamkeit am dunkelsten war, hast Du gehofft, einer zöge ein Messer.

Aber selbst die Mörder liebten Deine Filme, und sie zückten nur ihre Kugelschreiber.

Du bist berühmt.

Amerika kennt Deinen Namen. Hollywood wartet und läßt sich Zeit, noch immer ganz die siegessichere Verführerin. Aber statt dort Filme zu drehen, bist Du hier, gefangen im gierigen Leben, legst Deinen Schwanz in den Mund eines Jungen, damit er ihn kaut. Unschuldig und unbeteiligt. Aber der Junge glotzt Dich an. Sein Zögern könnte dich morden lassen. Der Junge beweist es Dir nur wieder: berühmt bist Du... nichts geht mehr, selbst die Matrosen der Fleisch-märkte sind nicht mehr scharf auf Dich.

Und noch während der Junge da vor Dir glotzend kniet, denkt er doch an nichts hingebungsvoller als an das Auto-gramm, um das er Dich gleich bitten wird.

Nahe sind Dir nur, die – wie Du – ihre Verstoßung bereits hinter sich haben. Wie Querelle, dessen Schönheit Dich mitten ins Herz trifft. Die Herrlichkeit seiner Muskeln läßt Dich träumen.

Sein Blick besänftigt Dich – und leckt die Wunde.

Du wolltest ein einziges Mal mit James Dean drehen. Hier ist er.

Patrice Chereau kommt aus Paris angereist, um Dich inszenieren zu sehen. Ist der auch geisteskrank?

Robert Rauschenberg meldet sich an. Und Andy Warhol –
– die dürfen nur kommen, wenn sie nicht mit Dir reden wollen.

Mit keinem sprichst Du. Sie sind ja alle schon so fürchterlich berühmt, daß reden keinen Sinn mehr hat. Und Du siehst in Warhols Gesicht den »wahnsinnigen Preis«, den einer bezahlen muß. Nur noch als Hülle sein – sich opfern. Vernichtet werden vom eigenen Werk.

Und dann noch soviel Quatsch reden wie dieser Andy. Und so elegant. »I saw QUERELLE. It made me hot for the whole day. Do you want another Schweppes?«

Später, wieder in New York, kommt Dir die Idee, Jacqueline Kennedy anzurufen, ob sie Lust hat, Dich zu treffen.

Andy ruft an. Kein Problem. So berühmt wie sie ist, müßte man einfach dasitzen dürfen und schweigen... Natürlich will Jacqueline diesen Rainer Werner Faßbinder treffen.

Ist das nicht unglaublich, Kitty?

Kitty, der Produzent von QUERELLE, glaubt es.

Es macht Dich böse.

Und du beschließt, daß es unglaublich bleiben soll.

Drei Stunden vor dem verabredeten Termin mit Jacqueline K. reist Du zurück nach Berlin. Kitty ist böse: Jacqueline, das wär's gewesen. Aber Du amüsierst Dich nur und genießt, erinnernd schon, die Märchen hinter allen Wirklichkeiten.

Auch für Dich ist der richtige Erfolg – ein Triumph in Amerika.

Aber die Amerikaner warnen Dich. Keine Überlänge. Kein Kunstfilm. Und sie verlangen die Streichung des epischen Erzählers. Amerika ist groß – und mächtig sind die Fäuste, die Dich streicheln.

Du quälst Dich. Denkst an die Fehler von Bertolucci und Fellini. Und Du denkst an den Triumph. Den Erfolg in Amerika. Das Titelbild.

Plötzlich sind auch die Franzosen, die mitproduzieren, in der Sache mit den Amerikanern einig. Nur halten die Dich längst für das Genie und würden es nie wagen, sich einzumischen.

Aber sie haben eben Genies lieber, die auch Geschäftsleute sind. Du bist auch das genug, um Dich nicht länger noch zu quälen.

Es hat Dich nur Brandblasen an den Fingern gekostet. Du hast wieder die Zigarette vergessen, die noch brannte.

Jeanne Moreau – länger im Geschäft als Du auf Erden.

Was für ein Luxus, sie jetzt hier zu haben. Für sie bist Du »ihr Tänzer« und Deine Bewunderung für sie ist sofort grenzenlos.

Sie gestattet es sich, Dich zu lieben. Und wie sie Dich liebt, wie Du – mit gesenktem Blick – vor ihr dastehst, um ihr eine einzige, nie wiederholte Regieanweisung zu geben.

You just have to be great!

Sie bedankt sich mit diesem berühmten Lächeln. Jeanne kennt die Männer gut, kennt das Geheimnis ihrer Rituale, versteht ihr Schweigen und die Angst in ihnen. Aber sie genießt ihre brutale Einfachheit und Unberechenbarkeit, wie die der Matrosen hier in Genets Geschichte – und vor allem die ihres jungen Regisseurs.

Natürlich ist es der Wunsch der Produktion, daß man sich einmal auch außerhalb der Docks miteinander bekannter macht. Jeanne Moreau kommt wohlweislich zu spät, und verpaßt Dich. Und Du läßt ihr ausrichten, da sei ein Fußballspiel im Fernsehen.

Auch das ist das Absolute. Und sie wird es Dir anderntags liebevoll wiederschenken, das Absolute – und absolut gut sein vor der Kamera.

Im Studio in Berlin wird gearbeitet, hart wie auf einem Schiff. Aber was haben Frauen auf einem Schiff verloren? und was in den Köpfen der Männer?

Da singt sie Dir das Totenlied.

In einer Bar für 4 Millionen.

Um Dich herum die Matrosen aus den ewig unerfüllten Bildern. »Wenn er träumt, während er allein ist, und wenn er von sich träumt, so sieht er sich möglicherweise in seinem Ruhm, und zweifellos hat er auch hundert – tausendmal gewünscht sein zukünftiges Bild zu sehen«. (Genet)

Häßlichwerden ist Deine Art, alleinzubleiben.

Dein feister, fetter Körper, ein monströses Bollwerk gegen jede Zuneigung, die Dich nur mißtrauisch macht. Er schützt Dich auch vor den noch zu erwartenden Umarmungen, auch denen, die Du doch schüchtern herbeisehnst. Du läßt das Kind in Dir gegen dieses Bollwerk anschreien, schreien nach Liebe und Einverständnis mit Deinen schrecklichen Träumen.

Häßlichwerden und arbeiten – dann, erst dann, sollen sie kommen: die schönen Könige des Films, die Königinnen und

die Fotografen. Ich will aufs Titelbild von TIME MAGAZINE –
»das schaff ich auch noch und das freut mich und das gebe ich
auch zu.«

Das ist Luxus. Arbeiten, wenn die Häßlichkeit endlich alle
Schönheit zurückerobert. Und das ist Luxus: wenn die
Weltstars vor Deiner Kamera tanzen – und Du stehst mit
einem bayrischen Weißbier daneben im Schatten. Nichts ist
faszinierender als berühmt zu sein, denn nichts gleicht dem
Schrecken, wenn das Erträumte dann eintritt.

Die Produktion bittet Jean Genet in einem Brief, für die
französische Fassung des Films den Kommentar selbst zu
sprechen.

Jean Genet antwortet: »Es ist 40 Jahre her, das Buch
QUERELLE DE BREST liegt weit hinter mir. Ich habe es verges-
sen wie die anderen meiner Bücher auch. Sagen Sie das Herrn
Faßbinder, er wird mich verstehen.«

Du willst nach New York, endlich ein wenig leben, einen
Roman schreiben – verschwinden.

In die Wüste willst Du, irgendwohin, irgendwas tun –
verschwinden. Du willst hierbleiben in Deutschland, hundert
Filme drehen, und dann, bevor Du verschwindest, Dein
Hollywood zurücklassen.

Daß sie Dich ein Genie nennen, macht Dich feindselig
gegen Dich selbst – bald wird auch das langweilig sein. Auch
das Leben. Auch der Wunsch, zu verschwinden.

Gott hat die Welt an einem Tag erschaffen. Aber die
restlichen sechs, wie hat er die überstanden?

Warten. Ausharren. Wie Du in Cannes, Venedig und
Berlin gewartet hast – Du willst den Preis, den Löwen, den

Bären, die Palme. Gewinnen willst Du. Wofür denn sonst dieses Ungeheuer sein müssen? Aber Du hast auch die Wut und die Enttäuschung verherrlicht, wenn alles daneben ging. Du hast ganze Hotelzimmer verwüstet – und dann Deine Freunde angerufen und gefragt, ob es möglich ist, eine Oscar-Nominierung zu bekommen.

Du wirst ihn bekommen, sagen alle.

Gebt ihn mir, daß ich leben kann – den schweren Körper eingemauert schon in das Fett und das Leder und die Seele längst abgewendet von allem Glanz.

Die Eintragung lautet: geboren am 19. 12. 18, zehn Uhr vormittags. Von Gabrielle Genet. Vater unbekannt.

Außer seinen Büchern weiß man über ihn nichts.

Er ist unbekannt wie der Tag seines Todes, den er nahe fühlt.

Der alte Mann und das Bier

Der alte Mann heißt Charles Bukowski. Er sitzt in L.A. irgendwo in seiner Bude, säuft literweise Dosenbier und schreibt Gedichte und Stories.

Buk, sagen seine Fans, hat die schärfsten Stories auf Lager. So was gibt's hierzulande nicht. Und sie lesen sich süchtig.

Auch die Intellektuellen mögen Buk. Seine »undisziplinierte, antisoziale, schlampige« Schreibe. Denn er sagt all die Dinge, die sie auch mal selber gern gesagt hätten.

Und natürlich mögen ihn die Weiber. Sie finden ihn stark, komisch, geil. Der Mann ist einfach authentisch. Und er ist ein Mann, heruntergekommen, sentimental, einsam.

Er gilt im Augenblick als der neue Schreib-Weltmeister im Schwergewicht. Gewichtsklasse Hemingway, der immer wieder in Buks Geschichten auftaucht. In einer boxen die beiden miteinander. Und da es eine Bukowski-Geschichte ist, gewinnt Bukowski. Er haut Ernie mit einer Links-rechts-Kombination auf die Bretter: »Ernie, man kann nicht immer gewinnen!«

Nun, Buks Gesicht sieht auch nicht gerade aus, als hätte er allzuviele Kämpfe siegreich überstanden. Man sieht, er hat mal im Suff einem D-Zug die Stirn geboten. Ihm haben viele besoffene Huren drin rumgekratzt. Diese Fresse ist für jeden, der sie sieht, eine Herausforderung.

Auf mich wirkt sie freundlich, gutmütig, schwermütig wie ein Haufen altes Pavianfleisch. Panzerknacker-Ede mit Disneyland-Hausverbot.

In einem Interview mit dem Rock-Magazin »Rolling Stone« erzählte er, was er darüber denkt. »Ich weiß, mit meinem Gesicht lassen sich Bücher verkaufen. Dieses Gesicht ist ein Alptraum, bleich, übergeschnappt. Klar, daß die Leute denken, das gibt's doch nicht. Sie wollen einfach rausfinden, was für ein Hirnverbrannter das ist. Ich bin durch 'ne Menge Scheiße marschiert, aber ich bin durch. Jetzt hilft meine Fresse beim Verkauf.«

Er hat recht. So kam ich Ende der 60er Jahre zu seinen Gedichten und Storys. Ich gebe zu, daß er mich heute schon manchmal langweilt. Er drückt zu sehr auf den inzwischen weltberühmten Touch, auf seine große Fresse. »Nichts als ficken und reden und trinken, reden und trinken und ficken.« Aus dieser Mischung sind seine besten Sachen hervorgegangen. Aber auf die Dauer?

Heute hat er's geschafft. Und ganz sicher ist er sensibel genug, um sich nun nicht restlos ausräubern zu lassen. Es wäre schade, wenn Bukowski den Boom ausnützen und nur noch Bukowski-Storys produzieren würde. Augenblicklich, scheint es, fressen sie ihm aus der Hand. Drucken, was sie kriegen können. Vielleicht töten sie ihn so schnell wieder, wie sie ihn lebendig werden ließen. Seine Verachtung ist ihnen sicher. Gedruckt oder ungedruckt, was schert ihn das nach über 30 Jahren in der Scheiße?

In den Staaten geht die Auflage in die Millionen. Dort war er schon lange ein Geheimtip. Liebling aller Freak-Brothers. Gedruckt nur von Porno-Magazinen und Undergroundblättern. Vornehmeren Leuten, wie Olson, Creeley und Blackburn, der ganzen Black-Mountain-Gruppe war er ein Greuel. Aber genau diese Herren wurden damals übersetzt und propagiert als »die amerikanische Lyrik«. Bis dann Rolf Dieter Brinkmann die Anthologien »Silver Screen« und »Acid« herausgab. Da waren dann die Gewichte wieder verteilt. Bukowski tauchte auf.

Heute ist das ganz anders. Charles Bukowski ist ein

Renner, ohne daß er groß durch Werbung herausgestellt worden wäre. Offenbar genügen in seinem Fall ein paar Zeilen aus Millers Mund, der ihn zum »König Schnauze« kürte. Auch sagt man, Genet und Sartre hätten gesagt...

Jetzt sitzt er also längst nicht mehr in seiner Bude und schreibt sein Zeug runter. Vielleicht beschränkt er sich auf Bukowski-Stories und posiert für *Newsweek*. Oder sie drehen ihm gerade den ersten Ehrendoktorhut an. Oder er ist auf der Flucht, und fährt hier in Deutschland Eisenbahn; immerhin ist er ja in Andernach am Rhein geboren worden, bevor sie ihn als Zweijährigen rüberschafften ins Land aller Träume.

»Ich lebte in Gesellschaft von Ratten und Mäusen und Weinflaschen, und mein Blut pappte an den Wänden einer Welt, die ich nicht begreifen konnte und bis heute nicht begreife.«

In seinen Büchern nennt er sich Henry Chinaski. Henry (»Hank«) ist ziemlich ehrlich mit allem: mit sich, der Welt und den Weibern. Er ist ein Verlierer. Ein geiler alter Bock. *A dirty old man*, so der Titel einer Sammlung früherer Stories. Ein Säufer mit Magendurchbrüchen. Für jeden Arzt ein hoffnungsloser Fall. Henry malochte in allen möglichen Jobs. Die meisten Jahre als Briefsortierer. Als »Der Mann mit der Ledertasche«, wie sein erster Roman heißt.

Erst mit rund 35 Jahren fängt er überhaupt an, die ersten Sachen zu schreiben. Fast jeder, sagt er, kommt als Genie auf die Welt und wird als Idiot begraben. Diese Regel wollte er als Ausnahme bestätigen. Und es hat geklappt. Er spezialisierte sich auf das, was er kennt. »Ich bin kein besonders netter Mensch, wie Ihnen jeder sagen kann. Ich kenne das Wort gar nicht. Ich habe immer den Bösewicht bewundert, den Outlaw, den ruppigen Hund. Ich mag nicht den gutrasierten Boy mit der Krawatte und dem guten Job.«

»Ich mag verzweifelte Männer, Männer mit kaputten Zähnen und kaputten Gedanken und einer kaputten Art. Sie interessieren mich. Sie sind voller Überraschungen und Explosionen. Ich mag auch verkommene Weiber, betrunkene, fluchende Schlampen mit ausgeleierten Strümpfen und verschmiertem Make-up im Gesicht. Ich interessiere mich mehr für Perverse als für Heilige. Ich kann relaxen in Gesellschaft von Pennern, denn ich bin selber einer. Ich habe nichts übrig für Gesetze, Moral, Religion, Vorschriften. Ich mag mich nicht von der Gesellschaft trimmen lassen.«

Das wollen die wenigsten. Und deshalb ist er ihr Mann. Viele Leute werden das nicht für Literatur halten wollen. Er scheißt aber auf Literatur. Das ist Buks Stil. Er liebt seine Schreibmaschine und vergißt beim Biertrinken, Rauchen und Schreiben, daß er eigentlich keine Chance hat.

So hat er ihn angefangen, den aussichtslosen Überlebenskampf in der amerikanischen Gesellschaft, deren Zerrüttung nicht nur die Minoritäten in die Hoffnungslosigkeit treibt, in den Irrsinn brutaler Gewalt und ohnmächtiger Verzweiflung. Heute schockiert Bukowski niemand mehr, es sei denn ältere Damen oder Akademiker.

Aber trotz unserer sonderbaren Immunität gegen Schock-Erlebnisse und ein paar traurigen Niederlagen kommt seine Stimmung so stark zum Vorschein, daß sie wirkt. Buk nimmt den Leser für sich ein, weil er sich nie besser macht, als er ist; abgesehen von den Renommier-Stories, wenn Henry Chinaski, Tellerwäscher und Dichter von Beruf, hinter irgendeinem Huhn her ist. Dann ist er in Hochform. »Ich machte ihr den Bademantel auf, und da waren ihre Brüste. Sie hatte nicht viel, das arme Ding. Ich suchte mit meinem Mund da unten rum und erwischte eine. Sie hing lang und schlaff herunter wie ein Ballon mit ein bißchen abgestandener Luft drin. Ich nahm mich zusammen und saugte an der Brustwarze, während sie den Bolzen in die Hand nahm und sich weit zurückbeugte. So fielen wir zusammen auf das billige Bett, mit unseren Bademänteln an, und so nahm ich sie.«

Bukowski ist der Historiker seiner privaten Fickgeschichten. Außerdem ist er redefaul. Er macht es nicht zu ausführlich. Es überfällt ihn beim Saufen oder beim Schreiben. Oder, wenn ihn eine alte Schlampe an all die tausend anderen alten Schlampen erinnert. Er ist ein sentimentaler Romantiker, was die Weiber angeht. Er hat Geduld mit jedem verpfuschten Leben, das ihm begegnet. Er hat außerdem einen unendlichen Humor. Er beklagt sich nie. Er ist fair. Er läßt die Typen in seinen Stories all jenen Quatsch reden, den sie sonst auch verzapfen.

Henry ist immer auf Achse. Sie rennen ihm die Bude ein. Er steht mit einer starken Nudel am Tresen, im Hintergrund singt Randy Newman, Hemingway taucht auf von den Toten (»Ernie, ich dachte, du hast es mit einer Jagdflinte gemacht?«). Sie saufen und Henry wird geil, und die Nudel kapiert und Henry läßt Ernie einfach stehen, weil er was Besseres vorhat als große literarische Debatten zu schwingen. Er geht mit ihr nach Hause, zu ihr, zu ihm, ist doch egal, potent oder impotent, spielt längst keine Rolle mehr.

Sie mögen glauben, ich sei jener Typ, der aus Büchern immer gerne die scharfen Sachen zitiert, um sich selbst zu imponieren. Täuschen Sie sich nicht! Bukowski ist eine alte Drecksau. Ich les' ihn gern, wenn ich müde bin.

Manches liest sich in seiner neueren Produktion zwar schon abgebrühter als es sein müßte, aber Bukowski beherrscht seine Kunst. Er ist wirklich ein Künstler der kurzen Story, und ein Dichter. Er faselt nicht. Er hat Tempo. Bei Chandler fragte man sich schon, kann einer noch trockener, noch präziser sein? Unvorstellbar!

Aber Bukowski ist der Mann. Besser kann man Dialoge

nicht schreiben. Schneller kann man nicht erzählen. »Nichts Außergewöhnliches, aber irgendwie interessant, auf eine merkwürdig kaputte musikalische verrückte Art. Ich glaube, ich habe so ein bißchen etwas, was die meisten Schriftsteller einfach nicht haben. Ich bin eine störende Mißbildung.«

Nein, so würden sie sich wirklich nicht bezeichnen, die deutschen Kollegen des Amerikaners aus Andernach, der heute die Jugend für sich hat (und ein paar der Altgewordenen auch).

Hetzt den alten Mann nicht zu sehr. Und laßt ihn in Ruhe sein Bier trinken. Überweist ihm regelmäßig seine Tantiemen, bevor er endgültig seinen Freund Ernie besucht, sein noch immer unerreichtes Vorbild.

Die Peitsche knallt immer am Ende

Es war einmal ein Prinz.

Er war ein junger, schöner Mann mit vollem, blondem Lockenschopf, einem gesunden, wohlgeformten, austrainierten Körper und starken Nerven. Er hatte vor nichts und niemandem Angst. Wie es sich für einen Jungen in seinem Alter gehört, hatte er hochfliegende Pläne. Er wollte die Welt erobern, zumindest das.

Sein Vater hieß Richard Grupe und war von Beruf Boxer gewesen. In den Zeitungen und den einschlägigen Kneipen hatte man ihn vor dem Krieg bewundernd »König Richard« genannt. Zu seiner Glanzzeit rühmte man ihm nach, Deutschlands Schwergewichtler mit der schwersten Rechten zu sein – eine Erbanlage, aus der unser Prinz Kapital schlagen wollte. Nach dem Krieg, als sich der gerade fünfjährige Prinz zum ersten Mal die Boxhandschuhe über die kleinen Fäuste zog, wurde Richard Grupe Konditormeister – was ihn allerdings eines Tages derart gelangweilt haben muß, daß er die Sahne hinschmiß und beschloß, sein Brot als Catcher zu verdienen. Zum Zeitpunkt dieses Entschlusses, Anfang der in jedem Sinn steil ansteigenden sechziger Jahre, hatte sein Sohn nicht nur, was selbstverständlich war, das Boxen gelernt, sondern bereits eine Ausbildung als Schlachter begonnen. Aber Sahne hin, Wurst her – war das alles, was die Welt ihnen zu bieten hatte? Beide, Vater und Sohn, waren aus anderem, aus härterem Holz geschnitzt. Sie hatten Statur. Es waren Männer von unübersehbarer und beeindruckender Kraft. Ihr Sinn stand nach Risiko, nach Abenteuer – nach Glück und Geld. Der junge Prinz schien verrückt zu sein vor Ungeduld, etwas aus sich zu machen. Er sprühte vor Lebendigkeit und der Laune, auf den Putz zu hauen. Er war zwanzig. Und er dachte, irgendwo mußten Sterne leuchten, und davon gehörte eine Handvoll ihm.

Daß es Glück nur in der Fremde gibt, davon haben ihm die Märchen erzählt, und wehmütig sangen davon die Lieder der Weltenbummler und Matrosen. Also machten sie sich auf den Weg nach Amerika.

Während Richard Grupe catchte, wurstelte sich der Sohn durch die Schlachterläden in den Canyons von New York. Neben seiner Lehre lernte er eine ganze Menge anderer Dinge. Er sah das Leben der Schattenseiten. Er war allein und ein Fremder. Er begriff, daß man sich behaupten mußte. Daß er da unten, auf der untersten Stufe der Leiter, nicht der einzige war – und daß die Freiheit ein Feind sein kann.

Kurz darauf taten sich Vater und Sohn wieder zusammen, catchten gemeinsam im Team, nannten sich »The Vikings«, die Wikinger, und traten jetzt als hartgesottenes, zur Gaudi und zum Greuel geschaffenes, germanisch-kostümiertes Paar auf. Das traf den Geschmack. Vater mit dem Tierfell um den nackten Oberkörper geschlungen, sein Sohn mit dem selbstgefertigten gehörnten Helm auf dem Kopf – die Zirkusnummer war perfekt. In den Catcherzelten von Oklahoma bis hinunter nach New Orleans johlten die Leute.

Obwohl beide aus Westberlin kamen, gaben sie sich als Direktimport aus Ostberlin aus; eine phantastische Behauptung, die das Geschäft natürlich belebte. Aber damit war auch klar, welche Rolle sie fortan zu spielen hatten: zwei böse, gemeine, hinterhältige Kommunisten, zwei widerwärtige Typen des Ostens, zwei Berserker, denen man die Knochen brechen mußte. Weg mit dem Dreckspack, nieder mit ihnen. Jedenfalls verlangte das die Dramaturgie dieser Schau-Veranstaltungen. Vertrag war Vertrag. Die Welt war eben weiter nichts als gut und böse. Und so ließen sich denn die beiden landauf, landab ausbuhen und verachten, beleidigen, bespukken, auslachen und besiegen. Es war ihr Job. Dafür wurden sie schließlich bezahlt.

Komödianten waren sie geworden. Artisten. Schauspieler.

Diese frühe Erfahrung muß sich dem jungen, erst einundzwanzigjährigen Prinzen unauslöschlich eingeprägt haben. Er wird diese Schule des Lebens nie mehr vergessen. Was man später abschätzig seinen »eigenartigen Charakter« genannt hat, scheint hier seine Wurzeln zu haben. Er spielte den negativen Helden, und er spielte ihn überzeugend, ja überschäumend. Sein Auftritt als Kotzbrocken sollte Emotionen erzeugen, sollte die Zuschauer in haßerfüllte Hysterien treiben, mußte sie reizen und unterhalten. Der Prinz gehorchte. Er schürte das Feuer. Er genoß diese Stimmung, wenn der Gestank und das Gestänker wie eine Brandung hochschwappte zu ihm.

Es gab noch eine andere, zweite Variation, mit der sich der König und sein Prinz den Zorn ihres Publikums auf den Hals luden. Die sogenannte preußische Nummer: Vater mit schwarzer Strumpfhose und gewachstem, gezwirbeltem Oberlippenbart, der Sohn im schwarzen Seidenjackett mit dem Emblem des Reichsadlers und mit einem Monokel im Auge, zwei seltsam düster dreinschauende Gentlemen, zwei Kameraden aus der Mottenkiste der zwanziger Jahre. Natürlich kam auch das an. Jedenfalls so lange, wie sie reihenweise aufs Kreuz gehauen wurden oder im Schwitzkasten versauerten. Es war dabei Vorschrift, daß sie sich keineswegs an die Regeln zu halten hatten. Sie mußten, im Gegenteil, unfair sein, hinterhältig, zwielichtig – Hauptsache, man konnte sie aus tiefstem Herzen hassen.

WILHELM & HARTMUT VON HOMBURG AUS BERLIN

Verständlich, daß der junge Prinz eines Tages genug hatte. Nein, nicht von der Komödie und der Schauspielerei, aber er hatte andere Hoffnungen, er war es müde, für ein Trinkgeld aufzutreten. Er war in einem Alter, endlich die Sonne sehen zu wollen. Längst war er auf jene jungen Burschen aufmerksam geworden, die sich im Boxring gegenüberstanden. Und da er, wie gesagt, vor nichts und niemandem Angst hatte, war ihm klar, daß er endlich zuschlagen und endlich siegen wollte. Seinem Glück zuliebe und dem Geld, mit dem er es sich kaufen wollte.

Der Prinz blieb allein zurück in Los Angeles, schnalzte mit der Zunge, nannte sich von nun an Wilhelm von Homburg – klang sehr deutsch, wilhelminisch und vornehm dazu –, der rechte Kontrast zu dem aufreizend wilden Wesen, das er abzugeben gelernt hatte.

Noch war er ganz unbekannt, sowohl diesseits wie jenseits des Atlantiks. Aber es sollte sich ändern.

Der erste, dem dieser schlaksige, selbstbewußte, im brutalen Überlebenskampf bereits bestens erprobte Jüngling auffiel, war ein alter Herr, der selbst aussah, als habe er im alten Berlin auf einer verruchten Varietébühne gestanden. Ein Unikum aus dem Fundus des Kaiserreichs. Eine Knallcharge mit aristokratischem Habitus. Er hieß Heinrich Friedrich Wilhelm August Stumme. Den Vornamen Friedrich verkürzte er zum einfachen F. Und anschließend änderte er das F. zum ›von‹. Außerdem war er schon längst vom Volksmund geadelt worden. In Boxerkreisen hieß der jetzt 75jährige Herr Stumme schon lange einfach nur »Baron«.

Der Prinz also traf auf einen Heinrich Wilhelm August Baron von Stumme. Und beide hatten so eine Art, die ganze Welt als ein Theater anzusehen.

Baron von Stumme war in Los Angeles als erfolgloser

Boxveranstalter (und Manager) bekannt. Fast vierzig Jahre schon trieb er sich in diesem Business herum. Setzte, wenn der Laden bankrott ging, kleine Anzeigen in die regionalen Zeitungen: Suche talentierte, junge Fighter. Die trieb er in die Gyms. Er nahm erst einmal alles, was einen harten Schädel hatte und genügend Muskelmasse. Lastwagenfahrer, Ecken-steher, Arbeitslose, Glücksritter. Aber in den Gyms rund um North Hollywood, wo er dem Prinzen über den Weg laufen sollte, war sein Name nicht viel mehr wert als ein Kaffeefleck auf einer Visitenkarte.

Aber was scherte es den Prinzen. Auch dieser Baron war nur ein Abenteurer mehr auf der weiten Welt. Und er versprach ihm, die erste Tür aufzustoßen.

Die nächsten Monate legte sich der Prinz mächtig ins Zeug. Er trainierte hart. Brachte sich in Form. Fiel auf. Es war einfach unumgänglich, daß er schließlich am 20. 7. 1962 in Los Angeles zum ersten Profiboxkampf in den Ring stieg. Er boxte unentschieden – für den gelernten Verlierer, der er als Catcher war, immerhin ein Anfang und ein Aufstieg. Einen Monat später gewann er durch Knockout in der dritten Runde.

Zehn Tage darauf das gleiche Ergebnis: wieder Knockout und Sieg. Na also. Gut, es waren nicht die Triumphe, von denen der Prinz zu träumen begonnen hatte. Das Boxgeschäft war am Boden. Man kämpfte in kleinen Clubs. Da erschienen zum Kampf ein paar Verwandte, einige Freunde, und hinter der fünften Reihe war Schluß. Man mußte sehen, wo man blieb. Aber er war sich seiner Sache sicher. Daß er seine Gegner ausknockte, war der kleinere Teil der Anstrengung. Wichtiger war, die Boxexperten, die Reporter und Zeitungs-fritzen auf sich aufmerksam zu machen.

Ich habe die Archive durchgeschaut. Und tatsächlich, schon nach den ersten Vier- und Sechs-Runden-Kämpfen erschien der Name des Prinzen in den Zeitungen im Fettdruck. »A wild-looking redhead from Germany with the unlikely name of Wilhelm Von Homburg« stand da. Ein erstes Zeichen, daß den Journalisten etwas einfiel zu diesem Neuling im amerikanischen Boxgeschäft. Man stritt sich nicht lange, daß er ein Wildling war, der hauen konnte. Daß er ein Farbtupfer war, die blonden Haare rot gefärbt, die Haut so weiß wie ein zu oft gewaschenes Leintuch. Daß er Dampf und Druck machte – und nicht bereit war, die englischen Sitten des feinen Boxsports neu zu beleben. Der Prinz haute ganz direkt auf eine andere Pauke. Er war der schöne, stolze Jüngling, angetreten, aus seinem Auftritt mehr zu machen als einen Sieg. Er war ein Spieler. Ein Glücksritter. Ein Märchen von einem Monster. »Wilhelm looked more like a burlesque comedian than a boxer.«

Dem einen erschien er wie ein Gespenst, dem anderen wie ein Schauspieler, dem dritten wie ein wiedergeborener Nachfahre der alten Haudegen, die den Boxsport einst unter ihren Fäusten begruben. Einige der seriösen älteren Herren rieten ihm, zum Friseur zu gehen, und nannten seine Manieren fragwürdig. »Ob er jemals ein richtiger Boxer werden wird, weiß ich nicht – aber sicherlich ist er ein erstaunlicher Charakter.«

Der Prinz boxte sich weiter nach vorne. Er unterhielt die Leute. Er gab ihnen die Show, die sie gewohnt waren, und er gab ihnen mehr. Er spielte das unerschütterliche, von keinem noch so kräftigen Gegner einzuschüchternde Enfant terrible, weil sein Hang zur Clownerie alles war, was ihn in den Catcherzelten des Gelobten Landes so lange über Wasser gehalten hatte.

Auf seine boxerischen Fähigkeiten vertrauend, provozierte

Prinz von Homburg und Baron von Stumme

er, wo er nur konnte. Und wenn er am nächsten Morgen die Zeitungen aufschlug, wußte er, daß er richtig lag. Kaum hatte er die ersten Kämpfe hinter sich und die ersten Siege auf seinem Konto, war er »the hottest item in Los Angeles boxing«. Er war »der kolossale Knocker«. Er kämpfte »like a pack of hungry wildcats«. Respektvoll nannte man ihn »The Attraction«. Es hieß immer häufiger, er sei, wo immer er auftauchte, »the scene-stealer of the evening« gewesen. Daß andere ihn »The Bad Boy« titulierten, brachte immer mehr Publikum zu seinen Kämpfen. Auch hinter der fünften Reihe wurde es nun lebendig. Die Kampfbörsen stiegen an. Nicht sehr hoch, 120 Dollar für einen Hauptkampf. Aber das war schon das Doppelte als noch im letzten Monat.

»Ich muß böse werden, gemein«, hatte Ali gesagt auf die Frage, wie er in einen neuen Kampf hineingeht. Der Prinz gab dieselben Antworten. Und es teilten sich die Ansichten über ihn. Anerkennung wechselte ab mit Ablehnung. »He's zany« – er ist ein Blödmann. »He wants to be hated« – über einen anderen deutschen Import, den großen Regisseur Erich von Stroheim, hatte man Jahrzehnte zuvor dasselbe gesagt. Überhaupt wiederholten sich die Anschuldigungen. Auch Schmeling war »The Ugly German«, als er gegen Joe Louis boxte. Und jetzt war der schöne Prinz »The Ugly«.

Daß er ein fassungslos eigenwilliger, wunderlicher Kerl war, hob ihn aus dem Heer der Faustkämpfer in der Millionenstadt Los Angeles heraus, und zwar in atemberaubender Geschwindigkeit. Nicht lange danach trat er in Las Vegas im Sparring gegen den damals amtierenden Weltmeister Willie Pastrano an. Und die Zeitungen der Stadt in der Wüste hatten danach wieder neue Umschreibungen für ihn: »The terrible tempered German Heavyweight«. Und »the latest fighter to join the ranks of the characters«.

Wann immer der Prinz nach dem Kampf aus dem Ring ging, hatten die Leute nicht nur eine Schlacht der Fäuste erlebt. Das war eine »stormy performance« gewesen, ein Spiel, ein Schauspiel, ein bewußt inszeniertes kleines Stück Welttheater.

Niemand ließ dieser junge Prinz unbeeindruckt. Und das Wichtigste: Alle merkten sich den Namen. Vor allem die Veranstalter von Boxkämpfen. Genau so einen Mann, kein richtiges Schwergewicht freilich, sondern ein Halbschwergewicht, suchten sie. Aber im Halbschwergewicht war weniger Geld zu verdienen. »Und treffen muß ich alle beide, ob Schwer- oder Halbschwergewicht. Dazu kommt der Vorteil, daß ich schneller bin als ein Schwergewichtler.«

Zwar mußte er jetzt nicht mehr, schon lange nicht mehr, den bösen Kommunisten abgeben, aber offenbar hatte sich sein Charakter so nachhaltig auf Randale, auf Provokation eingependelt, daß er nicht mehr anders wollte als aufzufallen, zu reizen, den Zuschauern den letzten Nerv zu rauben. Es schien ihm den größten Spaß zu machen, seinen Ehrgeiz, ein herausragender Sportler zu werden, und seinen überdurchschnittlichen Mut, jedes Kampfangebot unbesehen zu akzeptieren, nicht höher einzustufen als seine einmalige Fähigkeit, eine Boxarena zum Kochen zu bringen. Es war genau dieses Talent, das ihm dann, nach seiner Rückkehr nach Deutschland, das Leben so schwer machte.

Aber noch war es nicht soweit, daß er sein Heimatland wiedersehen wollte. Inzwischen nämlich war sein markanter Schädel auch den Leuten vom Fernsehen und vom Film aufgefallen. Hatte man ihn schon als Boxer als »a graduate of the same dramatic class as Cassius Clay« eingestuft, so ließ man ihn vor den laufenden Kameras in Western-Serien und Spielfilmen agieren. Auch dabei ließ er sich nicht das Herz abkaufen. Er hatte die Meute, das Publikum (das Wanzenpack, wie er sagt) in Schach gehalten – jetzt wollte er »reiten, schießen und sterben«, wie er es in *Gunsmoke* und in *Wild Wild West* tat. Er war zu allem bereit, denn er wollte »leben, leben, leben«. Und so begann seine Karriere als Schauspieler und eingeschriebenes Mitglied der Screen Actors Guild, der Schauspielergewerkschaft der Vereinigten Staaten.

Leben und sterben, und danach besser leben als zuvor. Er ließ sich (im Kino) von Dean Martin ausknocken, von Rod Taylor erschießen, vor den Augen von Burt Reynolds ins Land der Träume schlagen... bis hin zu einem Höhepunkt: unter der Regie von Bernhard Wicki spielte er an der Seite von Marlon Brando – und natürlich war's wieder Rambazamba: in Morituri startete er den Gefangenenaufstand. »Als Buttermilchreklame bin ich fehlbesetzt«, kommentiert er das Image des Rebellen.

Unser Prinz war von Beginn seiner Karriere an von selbstzerstörerischer Direktheit, ein Naturtalent an Unberechenbarkeit, ein selbstbewußter Anarchist, der keinerlei Gefühl für Gemeinschaft und Gesellschaft besaß. Er kannte die geile Verlogenheit der Masse zu lange schon und zu gut, um sich um deren Gunst noch groß zu bemühen. Er kannte die Lügen aller Zeitungen. In erster Linie war er ein Spieler, und als solcher war er allein. Er vertraute keinem. Er kämpfte ja nicht nur um ein wenig Vergnügen am eigenen Leben, und nicht nur, im Ring, gegen einen einzelnen Gegner, sondern gegen eine Welt, die mit jeder anderen Art von Irrsinn (als dem seinen) offenbar längst ihren Frieden geschlossen hatte. Was also regten sich diese Herrschaften über ihn auf?

»Ich bin von Patienten umgeben«, davon ist er heute überzeugt. »Aber das Leben kannst du dir nicht in der Apotheke kaufen.«

Er glaubte an sich, an seine unzerstörbar gute, kraftvolle

Seele. Als Boxer war er ein Kleinod, auch wenn ihm niemand vorzuwerfen hat, daß er keine Mythen schuf. Er war Außenseiter – für solche gibt es in Amerika immer Brot und Arbeit; in Deutschland allerdings gibt es dafür Schläge, und danach weder Verständnis noch Gnade.

Endgültig ist für die Mehrheit der Menschen das Boxen eine schmutzige und unerträglich rohe Sache geworden, eingehüllt in den Dunstkreis der Verbrechens, den Moder von Mord und Totschlag. Immer denken die, die sich noch an große Ringschlachten erinnern sollten, an nichts als an Blut, Grausamkeit und Haß – und sie tun es mit dem gleichen Ekel, mit dem sie, sagen wir, Ketchup auf einem gekochten Karpfen ekelhaft finden. Es hat keinen Stil. Mit einem wie mir, der sich nach wie vor für das Boxen begeistert, kann also irgendwas nicht in Ordnung sein. Ist es ein seelischer Knacks, ein Defekt meiner Persönlichkeit? Eine mutwillige Perversion meines Geschmacks?

Es mag eine Legende sein, aber sie entspricht doch der Wahrheit, sie gehören wie Zwillinge zusammen: die Welt des Profi-Boxsports und die Halbwelt des Milieus. Das alles gehört so sehr zusammen, daß wir kaum eine Vorstellung davon haben können, was es für einen jungen Boxer heißt, sich gegen dieses erbarmungslose und faszinierende Milieu zu behaupten. Was es ihm abverlangt an Willenskraft, Zähigkeit, Disziplin und Vernunft, um in jene Kondition zu kommen, die es ihm irgendwann im Ring ermöglichen soll, einen Gegner zu besiegen.

Boxen bedeutet Askese, totale Abkapselung vor den verderblichen Einflüssen der Umwelt – mehr noch: es verlangt die Fähigkeit, ein monoton verlaufendes Leben ertragen zu können. Der Boxer muß über eine enorme moralische Unbestechlichkeit verfügen, die wir gerade jenen am wenigsten zutrauen, die wir als Mitglieder dieser Unter- oder Halbwelt zu sehen gewohnt sind. Er muß – umgeben von der glitzernden, gewalttätigen und vom leichten Geld wie vom Satan besessenen Welt seiner Freunde – genau zum Gegenteil, zum Schwersten, fähig sein: zu einem regelmäßigen Tagesablauf voller Hingabe an die immergleiche Schinderei im Training. Es ist eine Zeit der Opfer, der Entbehrungen. Und die Atmosphäre um ihn herum ist angefüllt mit all den drohenden und manchmal ohne jeden besonderen Grund explodierenden Gewalttätigkeiten, die so sehr zum Leben gehören, daß sich bald kaum noch einer wundern kann, warum das so ist.

Boxen ist der schwerste Weg, sein Glück zu versuchen, zumal in diesen Tagen, wo der professionelle Boxsport bekämpft wird und man ihn per Gesetz als »legalisierten Totschlag« so rasch wie möglich ausrotten möchte. Auf Grund seiner Art, wie er vom Leben träumt, ist der Boxer ein romantischer Held, der die Geduld aufbringen muß, sich jeder Anpassung an ein anderes Leben zu entziehen. Es ist das, was ihn mit einem anderen Menschen verbindet: mit dem Samurai. Wie er träumt er einen klaren, endgültigen Traum. Wie er lebt er am doppelbelichteten Rand unserer Existenz. Dort, wo alles ebenso real wie unwirklich ist. Eingetaucht in ein Leben, das stärker ist als alle Kraft, die sich einer antrainieren kann. Aber er fühlt es, dieses Leben. Es sind Instinkte, die mit dem physischen Überleben zu tun haben. Instinkte, unverständliche, aber unumstößliche Botschaften aus dem Innern der Seele. Alles wird intensiv – so wie Gold intensiv sein mag oder der Blick einer Katze. Der Einzelkämpfer kämpft auch gegen eine Demokratie des Geistes, die öde Verflachung der Gemüter. Nichts ist mehr übrig von der Leidenschaft jener Begeisterten, die in den zwanziger Jahren heftig protestierten, daß man das Boxen

menschlich veredeln wollte. Man beschloß damals, Punkt-
siege einzuführen. Statt eines einwandfreien Knockouts
(einer fällt um, basta!) sollte es plötzlich einen sogenannten
»technischen Knockout« geben: ein Ringgremium zählte
viertel, halbe, ganze Treffer zusammen und entschied nach
15 oder 12 oder 10 Runden, wer der Sieger ist. Aber damit
betrog man den Fan um gerade das, weshalb er sich Boxkämpfe ansieht – weil sie symbolisch sein eigenes Leben
darstellen, nur eben ohne allen überflüssigen Regelkram.
»Die Menschen laufen in die Arena, um Sieger und Besiegte
zu sehen«, schrieb der Berliner Theaterkritiker Herbert
Iherung in den zwanziger Jahren. Halbe Sieger hat das
Leben genug. Und ein Sieger ist mehr als ein Gewinner. Die
archaische Symbolkraft des Boxens wird jedoch in ihrem
Innersten unantastbar bleiben. Eine Erinnerung vielleicht
eines nahen Tages, aber eine Erinnerung an eine Antike
unserer besten Gefühle.

Das Leben, denke ich, ist doch weiter nichts als die
sinnliche Erfahrung, es aufs Spiel zu setzen.

Als er mit dem Bananendampfer in Bremen landete, recht-
zeitig zur Eröffnung der Boxsaison (soweit es das damals
überhaupt noch gab), war ihm der Ruf eines Faktotums
vorausgeeilt. Jetzt übernahm die *Bild*-Zeitung das Kom-
mando über das Wohl und Wehe dieses ungezogenen, bizar-
ren Boxers aus dem fernen Amerika. Ein Deutscher kehrt
zurück. Provozierend natürlich, einfallsreich übertreibend,
wunderbar riskant für deutsche Gemüter. »Er hat die Taille
eines Mädchens, aber das Kreuz eines Hufschmieds. Er hat
die Mähne eines Löwen, das Mundwerk eines Marktschrei-
ers, das Selbstbewußtsein eines Raumfahrers.« Worum ging
es? Wollte man Reklame machen für die darbende deutsche
Boxszene? Wollte man die Auflage verdoppeln? Brauchte

man Skandale? Wollte man ihn brandmarken, wie es später dann tatsächlich geschah?

Jedenfalls gehörten die nächsten vier Jahre ihm. »Ich will ein reicher Mann werden. Mit 25 Jahren trete ich zurück. Und nie mehr arbeiten« – als er das einem Reporter in den Schreibblock diktierte, war er schon 23 Jahre alt. Und auf dem Weg, wenn schon die Welt nicht, so doch seine Heimat zu erobern. Ein Mann aus dem Volk, der sein Glück machen will. Einer aus der versprengten Legion der Einzelgänger, die nichts besitzen außer Selbstvertrauen und Mumm, Muskeln und Optimismus, bereit, sich abzurackern, zu schinden, zu leiden und zu lächeln dabei. Nur, es muß jetzt schnell gehen. Alles ist, und nicht nur in diesem Geschäft, auf Jugend gebaut. Und die vergeht – und mit ihr das Betriebskapital: Kraft, Ausdauer, der Behauptungswille des Unerschrockenen, der noch nicht von allzuviel deprimierender Erfahrung zerkleinert und vorsichtig geworden ist, noch nicht zaudernd, sich selbst bezweifelnd.

Ein Prinz erschien – einer aus der Folklore der Preisboxer. Hart im Nehmen und im Austeilen. Das Leben ist nicht nur deshalb schonungslos, weil es kurz ist.

»His knack for stirring up the emotions« – die einen packte das Entsetzen, den andern war's das Spiegelbild eines Lebens, wie es eben war.

»Ich boxe jeden und verliere nie.«

»Her mit den Torten.«

»Die Peitsche knallt immer am Ende.«

»Ich schlucke Scheiße, das ist auch Schwerarbeit.«

»Alles ist vergänglich, außer lebenslänglich.«

»Mich interessiert nur Geld.«

Er rauchte Zigarren, 17 cm lange Zigarren mit dem Golddruck »Wilhelm Von Homburg«.

Er schlug auf der deutschen Autobahn zwei deutsche

Lastkraftwagenfahrer, die ihn beleidigen wollten, krankenhausreif.

Er wurde aus dem Hotel geschmissen, weil er dem Chefkoch klarzumachen versuchte, wie man ein T-Bone-Steak zubereitet. (»Schließlich bin ich gelernter Schlachter.«)

Er wurde nahezu täglich, immer mehr verstrickt in die unbarmherzige und uneinsichtige Welt eines kleinen, feinen Sozialstaats.

Es schien klar, daß es für einen Prinzen seiner Machart hier nicht viel zu holen gab, es sei denn Ärger, Gefängnis, Belehrung, Beleidigung, Verachtung... Er wurde nicht nur für die Veranstalter von Boxkämpfen und nicht nur für seine Gegner zum Problem, er wurde nicht nur ziemlich berühmt und nun vollends berüchtigt für seine eigenwilligen Auftritte – er wurde untragbar.

Es ist, wir wissen es, zum Heulen mit den Deutschen. Unser Prinz wurde im Tamtam der Schlagzeilen allmählich geviertelt, aufgefressen von der Schadenfreude einer Bevölkerung, die noch nie seine Welt bevölkerte.

Als er am 9. 12. 1966 in Frankfurt den Klasseboxer Archie McBride besiegte und ihn das Publikum gnadenlos auspfiff, wurde es selbst dem Geschlagenen zuviel. »Was haben die Leute gegen den jungen Mann, der doch ein hervorragender Boxer ist und einen phantastischen Kampf geliefert hat?« Aber da war der Zug längst abgefahren.

Auf seine amerikanischen Jahre als Schauspieler und Profiboxer zurückblickend, stellt der Prinz heute fest: »Die Besten waren immer ruhig, haben nie etwas gesagt, die Weltmeister kamen ins Gym, absolvierten ihr Training und sind gegangen.« Er sagt es ohne Wehmut und fast im Brustton der Überzeugung, gerade so, als sei nie ein lautes, unnötiges, leichtfertiges Wort über seine Lippen gekommen. Und fügt hinzu:

»Der Lärm kam immer von den Untalentierten, den kleinen Umfallern.« Nicht die Spur von Selbsterkenntnis in seiner Stimme.

Nein, er war weder ein Umfaller noch ein Untalent. Er hatte das Herz eines liebeskranken Elefanten, die Kampfmoral eines Stiers (auch der fällt erst um, wenn ihn der Tod niederreißt).

Er war radikal und irritierend. Er war liebenswert. Und wenn der Satz des italienischen Futuristen Marinetti stimmt, daß »Kunst nur Heftigkeit, Grausamkeit und Ungerechtigkeit« sein kann, dann war der Prinz ein Künstler, einer jener, die wissen, daß es keine Erklärung gibt für das, was sie tun.

Er war unzivilisiert. Er war Baal, ein Barbar ganz im Sinne Bert Brechts. Auch der hatte für den Boxsport als die letzte »unzivilisierte Kampfart« plädiert. »Boxen zu dem Zweck, den Stuhlgang zu heben«, schrieb er, »ist kein Sport... Stellen Sie sich zwei Männer an einer Straßenecke oder in einem Lokal vor, die sich einen Kampf liefern. Wie stellen Sie sich hierbei einen Punktsieg vor? Die Haupt-Todfeinde des natürlichen naiven und volkstümlichen Boxsports sind jene Gelehrten, die an den Seilen sitzen und in ihre Hüte hinein Punkte sammeln.«

Genau jene Herren Gelehrten waren es, die dem Prinzen das Leben so schwer gemacht, ihn schließlich sogar um den Titel eines Europameisters betrogen haben. Disqualifikation in der 11. Runde wegen Kopfstoß.

Sowohl die Experten wie auch die Masse derer, die ihn einfach widerlich fanden, gaben damals zu, daß er einen beherzten, überlegenen, allerdings (wie immer bei ihm) risikovollen Kampf geliefert hatte, und daß das Urteil eine Farce war. Der Prinz hatte nach Punkten geführt. Und es sah nicht danach aus, daß Piero del Papa, sein Gegner, ihn noch hätte durch einen Knockout besiegen können. Die 12 000 Zuschauer in der Deutschlandhalle in Berlin machten sich gerade mit dem Gedanken vertraut, daß es der Prinz tatsächlich wieder einmal wahrgemacht hatte, da kippte die Sache. Ohne vorherige Ermahnung war der Kampf zu Ende, und der französische Ringrichter, ausgestattet mit alleiniger Entscheidung, erklärte del Papa zum Sieger.

Schiebungen sind nichts Neues, und die Erklärung, daß der Sitz der Euopäischen Boxunion (EBU) in Italien und del Papa also ein Landsmann des Präsidenten ist, kann kein Trost sein.

Sollte er noch einmal vor dem Ringrichter auf die Knie fallen und seine bandagierten Fäuste vor ihm falten – wie bei seinem Debüt damals gegen Uli Ritter, als sie ihn ebenfalls um den Sieg betrogen hatten? Das Foto ging damals um die ganze Welt (»Selbst in China war's in den Zeitungen«) und wurde hier zum Sportfoto des Jahres gekürt. Ein um Gnade bittender, ein gerechtes Urteil erflehender Boxer – nur ein Prinz war zu solch einer noblen, poetischen Geste fähig.

Nein, dieses Mal fiel er nicht auf die Knie, aber wieder fiel ihm eine kleine, unnachahmliche Geste ein, die anrührend und einfach wunderbar war. Vom Lorbeerkranz des Siegers riß er ein einzelnes Blatt ab und klebte es an seine schweißglänzende Brust.

Auch verdanken wir ihm das ungewöhnlichste Interview, das je ein Sportler vor laufender Kamera gegeben hat. Rainer Günzler hatte den Prinzen nach seiner fürchterlichen K.-o.-Niederlage gegen den argentinischen Stier Oscar Bonavena ins Aktuelle Sportstudio geladen. Der Prinz erschien. Der Kampf hatte Spuren hinterlassen, die er hinter den dunklen Gläsern einer Sonnenbrille verbarg. Er saß da – und sagte kein einziges Wort. Er sagte nichts. Von der ersten bis zur letzten Frage schwieg er, blieb unbeteiligt, ruhig, stumm. Es war atemberaubend, mit welcher Ruhe der Prinz die beleidigende Show über sich ergehen ließ. Wie er die unverfrorene, schäbige Überheblichkeit dieses Reporters konterte mit dem Stolz, den auch der Besiegte besitzt.

Er tat nichts weiter, als auf eine ziemlich unfreundliche Frage keine Antwort zu geben. Und alle weiteren Fragen waren nicht minder unverschämt. Sie würden nichts je mit seinen Augen sehen. Es war also gleichgültig, ob er sprach oder schwieg. Wie ich sein Improvisationstalent bewunderte an diesem Abend. Ich liebte (und liebe) ihn dafür. Was er tat und wie er auf die Provokation dieses Rainer Günzler reagierte, war eine Meisterleistung an überraschendem Humor. Aber dafür war er ja unter Freunden bekannt und beliebt. Zwei oder drei werden es damals noch gewesen sein. Der große dumme Rest war sich einig, daß es sich wieder um schlechte Manieren handelte, um ein von Kopftreffern zermürbtes Gehirn, um schwerste körperliche Erschöpfung. Der Faun als Freiwild, wie gehabt. Kein Wunder, daß der Prinz die Menschen nicht mehr anders wahrnehmen wollte als aus sicherer, schläfriger Entfernung. Verurteilt von Vorurteilen, mag er, der boxende Poet, an das arabische Sprichwort gedacht haben: Die Hunde bellen, aber die Karawane zieht weiter.

Irgendwie muß der Prinz damals resigniert haben. Es war aussichtslos – der Typ des Preisboxers zählte nichts, nichts der unverschämte Mut des Gladiators. Der Boxsport war nicht mehr volkstümlich. Und die natürliche Naivität, die unser Prinz bis in den Exzeß hinein zu vervollkommnen verstand, war ein Makel.

Als sei er zu der Einsicht einer endgültigen Aussichtslosigkeit gekommen, kämpfte er noch einige Male (große Kämpfe wie die beiden Siege über den Italiener Rinaldi gehören dazu

Bei den Dreharbeiten zu ›Morituri‹ mit Marlon Brando

...nur ein Prinz war zu solch einer noblen, poetischen Geste fähig

und sein Kampf gegen Gerhard Zech), verlor dann in Serie die letzten drei Kämpfe, den allerletzten gegen Rüdiger Schmidtke – am 11.12.1970 in Köln.

Das war's.

»Fürs erste«, wie er einschränkt.

»Wenn ich so'n angehauchten Dressman nicht schlagen kann, dann brauch' ich's in die Weltspitze gar nicht mehr versuchen. Und da hab' ich gedacht, versuch' ich mal mit *gar nicht*, das geht auch.«

Gar nicht, das hieß: nie mehr boxen.

Gar nicht, das hieß: Ex-Boxer, Ex-Catcher, Ex-Häftling. (Unser Prinz hatte die übliche Polizeiakte: Körperverletzung, Vergehen gegen das Betäubungsmittelgesetz, Verdacht wegen Zuhälterei. »Ich sah halt aus, daß die Staatsanwälte der Polizei immer alles glaubten.«)

Gar nicht, das heißt: arbeitslos.

Gar nicht, das war immer neuer Ärger. Ärger, wohin er kam. Aufenthaltsverbote in zwei europäischen Ländern, Knast in mindestens vier Justizvollzugsanstalten, insgesamt etwa fünf Jahre hinter Gittern. Ohne Einsicht entlassen. »Einsicht in was?« fragt sich unser Prinz.

Gar nicht, das waren Schlagzeilen wie diese:

»Hamburg – Heiligabend sorgte Ex-Boxer Norbert Grupe alias »Prinz von Homburg« in Eppendorf für Angst und Schrecken. Der vorbestrafte Schläger randalierte in der Destille »Apricot« am Eppendorfer Weg. Der entsetzte Wirt rief um 4.30 Uhr früh die Polizei. Vorsichtshalber erschienen gleich sieben Beamte in der Kneipe. Eine Viertelstunde redeten sie auf den »Prinzen« ein, dann erklärte er sich bereit, das Lokal zu verlassen. Grupe fuhr mit einem Taxi in die Innenstadt, um dort weiterzufeiern. Wirt und Gäste nahmen es mit spürbarer Erleichterung auf.«

Gar nicht, das ist heute ein kleines Zimmer, nicht größer als die Besenkammer einer kleinen Drei-Zimmer-Wohnung, ein Bett, ein Stuhl, eine Orangenkiste als Gestell für den Fernseher. Die letzte Adresse. In Untermiete bei einem Freund in Hamburg-Eppendorf. Kleine, geduckte Reihenhäuser, die in ihrer eintönigen Enge wie die Häuser in Liverpools Armenviertel aussehen. Dort wohnt er. »Vorübergehend«, sagt er, mit einem Schmunzeln, das mir verbietet, ihn zu bedauern.

Aber wie käme ich dazu, ihn zu bedauern. Nichts wird ihn außer Gefecht setzen, es sei denn, sie rollen mit einem Panzer über ihn. Und auch dabei hätte der Prinz genug Geistesgegenwart und freilich noch immer genug Humor, um – wie er es vor jedem Kampf und nach jeder seiner Niederlagen getan hat – mit seinem Zeige- und seinem Mittelfinger das Victory-Zeichen zu machen. Erst vor ein paar Monaten war ihm ein Job als Schauspieler angeboten worden. Sehr zu seiner Freude, da ihn im Augenblick nichts mehr interessiert, als wieder in seinem alten Beruf zu arbeiten. Aber dem Regisseur wurde dann von oberster Stelle Bescheid gegeben, man solle von einem Engagement absehen. Keine Erklärung. Hände weg. Basta. Der Mann ist Dynamit. Oder, wenn Sie wollen, eine Seifenblase unter Starkstrom. Es wird bunt, wo er auftaucht. Auch wenn er abgeschminkt auftritt.

Gar nicht, das heißt: »wieder unten, wieder von vorne anfangen.«

Wenn wir beide einmal gemeinsam auf einem Bananendampfer über den Atlantik schippern und wenn wir dabei untergehen – mein Prinz würde mir noch beim Absaufen einreden, wir hätten ein Leben lang nichts anderes gesoffen als Salzwasser.

1962

20.07.	Los Angeles	Sam Wyatt–USA	un.	4
16.08.	San Diego	Bob Brown–USA	gew.	3	ko
24.08.	Los Angeles	Tony Fern–USA	gew.	3	ko
21.09.	Los Angeles	Al Cummungs–USA	gew.	3	ko
25.10.	Los Angeles	Freeman-Harding–USA	verl.	3	t.ko
14.12.	Los Angeles	Hugh Davey–USA	gew.	6	P.
18.12.	San Diego	Cliff Gray–USA	gew.	6	P.

1963

15.01.	San Diego	Roy Smith–USA	gew.	6	P.
22.01.	San Diego	Roy Smith–USA	gew.	8	P.
15.02.	Los Angeles	Bom Mumford–USA	gew.	6	ko
19.02.	San Diego	Cliff Gray–USA	gew.	6	ko
25.02.	Hollywood	Gus Calf Robe–USA	gew.	6	ko
25.03.	Hollywood	Pedro Gonzales–USA	gew.	3	t.ko
20.05.	Hollywood	Bobby Sand–USA	gew.	9	ko
01.06.	Las Vegas	Tommy Merryll–USA	un.	6	
24.06.	Hollywood	Bobby Sand–USA	gew.	9	ko
23.07.	San Diego	Chuc Leslie–USA	verl.	6	P.
19.09.	Los Angeles	Bissy Stephans–USA	verl.	10	P.
18.11.	Santa Monica	Monroe Ratcliff–USA	gew.	10	P.

1964

06.01.	New York	Bob McKinney–USA	gew.	9	t.ko
07.04.	Oklahoma	Roy Green–USA	gew.	5	t.ko
08.05.	Hamburg	Uli Ritter–Mannheim	un.	10	
29.05.	Oldenburg	Jean Huiban–Frankreich	gew.	6	ko
06.11.	Hamburg	Lars Norling–Schweden	gew.	9	t.ko
28.11.	Kiel	Pauly Kraus–Holland	gew.	3	ko
05.12.	Köln	Joseph Syoz–Frankreich	gew.	9	t.ko

1965

16.01.	Dortmund	Piero Tomasoni–Italien	verl.	10	P.
20.02.	Kiel	Uli Ritter–Mannheim	gew.	5	t.ko
03.04.	Wien	José Manzur–Argentinien	gew.	8	P.
30.04.	Hannover	Bas van Duivenbode–Holland	gew.	4	ko
28.05.	Berlin	Archie McBride–USA	un.	8	

1966
14.05.	Dortmund	Erich Schöppner–Dortmund	un.	10	
19.11.	Berlin	Piero del Papa–Italien Europameisterschaft im Halbschwergewicht	verl.	11	dsq.
09.12.	Frankfurt	Archie McBride–USA	gew.	9	ko

1967
| 03.05. | Dortmund | Ray Patterson–USA | un. | 10 | |
| 15.12. | München | Paul Roux–Frankreich | gew. | 5 | ko |

1968
10.04.	Berlin	Dave Bailey–USA	verl.	10	P.
30.08.	Berlin	Rudi Nehring–Berlin	gew.	8	ko
18.09.	Wien	Franklin Arrindel–Holland	gew.	3	ko
08.11.	Hamburg	Gerhard Zech–Berlin	gew.	10	P.

1969
03.01.	Berlin	Giulio Rinaldi–Italien	gew.	5	P.
14.02.	Hamburg	Giulio Rinaldi–Italien	verl.	10	P.
02.04.	Berlin	Giulio Rinaldi–Italien	gew.	8	t.ko
20.06.	Berlin	Oscar Bonavena–Argentinien	verl.	3	t.ko
14.11.	Frankfurt	Rüdiger Schmidtke–Frankfurt	verl.	10	P.
12.12.	Köln	Jürgen Blin–Hamburg	verl.	10	P.

1970
| 11.12. | Köln | Rüdiger Schmidtke–Frankfurt | verl. | 10 | P. |

Im Dickicht der Fäuste

»You German?«...Den Männern mit den breiten Nasen fällt dazu immer nur eine Geschichte ein. Es ist eine alte Geschichte, aber sie erinnern sich gut.

New York City, 19. Juni 1936 – eine rabenschwarze Nacht. Max Schmeling besiegt Joe Louis; mehr noch und schlimmer: er knockt ihn aus. Der Favorit liegt im Ringstaub. Die Arme des Ringrichters breiten sich aus über ihm wie die Flügel eines Todesengels. Die Sensation ist perfekt. Die Männer, die sich erinnern, sehen noch heute aus, als hätten sie in dieser Nacht eine Menge Geld verwettet. Aber sie finden bestätigt, was sie immer gewußt haben: *you never know*.

In jener Nacht siegte Max Schmeling, ein weißer Mann, ein Berufsboxer aus dem Reich der nahenden Apokalypse, ein Mann ohne Chance, angeblich jedenfalls.

Was hat er vor dem Kampf vor sich hingemurmelt? »I zee zumting. I zee zumting.« Aber was sieht er? Was will er? Er will gewinnen. Und was er sieht ist seine Chance, die Chance seines Lebens.

As the heavyweights go so goes boxing.

»Wenn ich abtrete, wird das Boxen wieder in der Versenkung verschwinden. Die Fans mit den Zigarren und den Hüten im Genick werden noch kommen, aber nicht mehr die Hausfrauen, der kleine Mann auf der Straße und die ausländischen Regierungschefs. Es wird wieder die alte Geschichte sein: Ein Boxer kommt in die Stadt, riecht an einer Blume, stattet dem Krankenhaus einen Besuch ab und behauptet ›Ich werde gewinnen‹.«

Das sagte Muhammad Ali 1967.

»Das hat man auch nach Marciano und Louis und Willie Pep geglaubt«, sagt Al Braverman, selbst einmal Boxer, heute Trainer und Manager. »Richtig ist, daß jedesmal nach solchen Ausnahme-Athleten eine Flaute eintritt, zweitrangige Boxer werden Weltmeister, der Titel wechselt häufiger, das Interesse der Öffentlichkeit läßt nach. Aber irgendwann wird es wieder einen Ali geben ... Schauen Sie«, sagt Braverman und zeigt mir ein Boxmagazin mit Sugar Ray Leonard auf dem Cover. »Vor drei Jahren noch Amateur, gewinnt die Goldmedaille, wird Weltmeister, von Angelo Dundee, dem Trainer von Muhammad Ali trainiert, bereits mehrfacher Millionär, besitzt einen Vertrag mit dem Fernsehen für die nächsten Fights. Ein gemachter Mann ... ohne eine einzige Schramme im Gesicht.«

Den Männern mit den Zigarren und den Hüten im Genick sind Regierungschefs, Hausfrauen und der kleine Mann auf der Straße gleichgültig. In der Regel reicht ihnen ein Boxer, der an einer Blume riecht und gewinnt. Aber sie nehmen auch einen, der nichts mehr riecht und verliert. Al Braverman, ein imposanter Mann in den Sechzigern, groß und immer noch beeindruckend stark, liebt gute Boxer, gibt sie aber ohne jede Sentimentalität auf, wenn das Geschäft für beide Partner aussichtslos geworden ist.

Braverman trainierte Leute wie Tom McNeeley, Frankie DePaula, Jimmy Dupree und Chuck Wepner. Er war Pressechef bei Sonny Liston, stand bei Carlos Ortiz in der Ringecke.

Wie man in Nat Fleischers *Ring Boxing Encyclopedia* nachlesen kann, war Braverman allerdings nicht gerade vom Glück verfolgt: Die vier genannten Boxer, die er trainierte, haben ihre Weltmeisterschaftskämpfe verloren. Und so ist auch Al Braverman nie so recht reich geworden. »Ein lausiges Geschäft, bei dem man gerade die Unkosten abdeckt.«

Sein Büro, über das er diese Geschäfte abwickelt, ist ein kleiner, enger Antiquitätenladen an der Jerome Avenue am Ende der Bronx. Die meiste Zeit verbringt er damit, Leute abzuwimmeln, die ihm wertlosen Schmuck und zersprungenes Porzellan andrehen wollen. Kein Wunder, daß der Antiquitätenladen mittlerweile einem Ramschladen gleicht – was Braverman nicht beunruhigt. Auch die Gegend hier läßt ihn kalt.

Es ist eine wilde, wüste Gegend. Leere Häuser, kalte, kantige Fabrikmauern, Bars, Hot-dog-Joints. Kopfhoch wächst zwischen Gehweg und Straße das Gras. An den Straßenecken Schwarze. Sie stehen auch unter den Eisenstützen der Subway oder in Hauseingängen, kiffen, warten, trinken. Eine Welt – zerbombt von Hoffnungslosigkeiten. Dreck, Ratten, Disco-Sound. In dieser Welt hat schon stattgefunden, worauf wir alle mit Schrecken uns erst gefaßt machen: der dritte Weltkrieg. Und mittendrin in diesem erstarrten Inferno Al Braverman. Mehrere Male unterbricht uns an diesem Nachmittag das Telefon.

Der erste Anruf kommt aus Kanada. Um was es geht? Braverman soll gegen *front-line-money*, Bargeld also, einen Boxer vermitteln. Aber nicht etwa irgendeinen – und schon gar nicht einen besonders guten. Ich verstehe das nicht auf Anhieb und denke an all die Gerüchte, die den Boxsport schon immer begleitet haben, Gerüchte über Schiebungen, gekaufte Sieger und erschwindelte Knockouts...

»Die Leute in Kanada«, erklärt mir Braverman geduldig und mit Nachsicht, »wollen einen jungen, talentierten Boxer aufbauen. Der Junge braucht in erster Linie Erfahrung. Was er aber nicht gebrauchen kann, sind Niederlagen.«

»Die verlangen einen nicht besonders guten Boxer?«

»Jeder junge Boxer, der einen guten Manager hat, wird anfangs gegen Gegner antreten, die er besiegen kann.«

»Aber wenn Ihr Mann nicht gewinnen darf, ist es Schiebung«, behaupte ich.

»Ein *mismatch,* wie wir sagen. Ein ungleicher Kampf einfach, nichts weiter.«

»Aber der Boxer, den Sie nach Kanada schicken, hat keine Chance.«

»Keine.«

»Und dafür sorgen die Manager...«

»Sie sorgen dafür, daß ein junges Talent zum richtigen Zeitpunkt den jeweils richtigen Gegner boxt. Erst, wenn er genügend Erfahrung besitzt, läßt man ihn gegen Ranglistenboxer antreten.«

»Und dann wird es ernst?«

»Dann ja...«

Braverman macht den Handel mit Kanada perfekt. Er wird also einen Boxer auftreiben, der von zwölf Kämpfen mindestens acht verloren hat, in Geldschwierigkeiten steckt und aufgehört hat, von einer großen Zukunft zu träumen. Er kennt von dieser Sorte eine Menge.

Dann ein Anruf aus London. Frage, ob Braverman an einem Geschäft in England interessiert ist. »Selbstverständlich.« Ob er ein paar der besten Schwer-, Mittel- und Weltgewichtler der Staaten nach England vermitteln kann, um sie gegen Commonwealth-Champions antreten zu lassen? »Und was ist mit Mickey Duff?« will Braverman wissen. Mickey Duff, der große Mann im Boxmanagement Großbritanniens, ist Braverman immer ein guter Freund gewesen.

»Diese Sache soll ohne ihn laufen.«

»Das geht nicht«, schreit Braverman bis nach London. Trotzdem läßt er sich aber die Sache ganz ausführlich erläutern, hört aufmerksam zu, nickt, und ganz allmählich scheint er sogar zuzustimmen. Braverman wittert einen guten Job.

Die Größenordnung interessiert ihn. Außerdem kann er tatsächlich die gewünschten Fighter besorgen.

Den Rest der Konversation, die ich leider nur einseitig verfolge, bestreitet Braverman mit einem einzigen lakonischen »Läßt sich alles, alles machen«.

»Wir sind Freunde, Mickey und ich«, erklärt er mir, »aber warum nicht einmal den Partner wechseln? Das belebt das Geschäft. Bessere Boxkämpfe. Mehr Fans. Mehr Geld für die Boxer...«

»So gesehen...«, sage ich und verzichte darauf, die ganze Sache moralisch zu sehen. Ich werde mich hüten. Braverman ist todsicher ein unsentimentaler, harter Knochen – und in einer Welt der Wölfe muß man heulen. Im Augenblick ist er mit den Vorbereitungen zu einem Madison-Square-Garden-Hauptkampf beschäftigt. Braverman managt und trainiert John »Dino« Dennis, 27, einen weißen Oldtimer, der seine letzte Chance auf ein Comeback haben wird, wenn er im Garden gegen den 21 Jahre jungen Weißen antritt, der sich »Gentleman« Gerry Cooney nennt, von seinen Managern und der lokalen Presse rund um New York als »kommender Schwergewichtsweltmeister« angepriesen.

Ich habe Cooney draußen in New Jersey einen schnellen K.-o.-Sieg feiern sehen über einen langsamen, uninteressiert wirkenden schwarzen Boxer, der zur fünften Runde einfach nicht mehr angetreten ist, obwohl er keineswegs angeschlagen war.

»Seine Manager haben ihn zu lange gegen Nieten boxen lassen«, sagt Braverman, »das wird sich gegen meinen Boxer rächen.«

»Er soll einen guten harten Punch besitzen.«

»Sagt man«, sagt Braverman.

Er erzählt, wie er das ursprünglich bestehende Kampfangebot, Cooney in dessen Heimatstadt Huntington, Long Island, zu boxen (für vielleicht 5000 Dollar), auf 20 000 pro Boxer und Madison Square Garden in die Höhe trieb.

»Wie kommen die Manager von Cooney dazu, meinen Mann herauszufordern – für ein Trinkgeld?«

Er wirkt in seiner Selbstsicherheit sympathisch. »Cooney trainierte bei ›Gleason's‹. Und eines schönen Tages tauchte ich mit Dino dort auf. Die beiden sparren zusammen. Nicht lange, zwei Runden. Dann hole ich Dino aus dem Ring. Seinem Manager sage ich: Ihr habt recht, Cooney schlägt zu hart. Ich sage, was sie alle behaupten, genau das, was sie hören wollen: Cooney hat einen Punch. Das steht natürlich am nächsten Tag auf der Sportseite. Das ist *politics*.« So nennt man alles, was sich außerhalb eines Boxrings abspielt.

»Wenn Dennis verliert, was dann?«

»Was dann? Er kam aus dem Nichts und wird wieder dahin zurückkehren, wenn er verliert.«

»Das sagen Sie ihm auf den Kopf zu?«

»Boxer kommen und gehen. Ich habe ein gutes Tausend davon gesehen. Aber die Trainer und die Manager bleiben.«

»Als Dennis gegen George Foreman boxte, hatte er da überhaupt eine Chance? Ich meine, Foreman hat immerhin Frazier und Norton vernichtet!«

»Dennis verdiente an diesem Abend 100 000 Dollar, mehr Geld, als er je in seinem Leben gesehen hat – endlich konnte er sich ein Häuschen für sich und seine Familie kaufen. Das ist es, woran er dachte, als er gegen Foreman boxte.«

»Aber ohne Chance...«

Foreman besiegte Dennis am 15. Oktober 1976 durch K.o. in der vierten Runde. Mit einem alles andere als sehnsüchtigen Blick durch die Scheiben seines Antiquitätenladens sagt Braverman schließlich: »Es gibt genug, die boxen müssen.«

Alte Geschichten gehören zur Allgegenwart im Milieu des amerikanischen Profi-Boxgeschäfts. Sie liefern ihre wunderbaren Wahrheiten – und sie geben, in jeder gewünschten Lautstärke, Signale des Schreckens.

Das Fortdauern der alten Geschichten ist die Zukunft dieser vergessenen, arbeitslosen, gewalttätig gewordenen Jugendlichen da draußen, der hungrigsten unter ihnen, der stärksten, ärmsten und auch der stolzesten.

Jede zukünftige Generation wird versuchen, die Wunder der Einmaligkeit zu wiederholen. Sie will so hart schlagen wie Rocky Marciano und soviel einstecken können wie Joe Frazier, will austeilen wie Floyd Patterson und auf gleich schnellen Beinen im Ring tanzen wie Ali. Die Generation in den Ghettos der großen Städte will von ihrem Glauben an die alten Geschichten profitieren. Das Einwanderungsgemisch der untersten sozialen Stufe hat nichts zu verlieren. Gerade deshalb sind diese Jugendlichen anfällig für den radikalen Gedanken, als Berufsboxer anzutreten.

Die alten Geschichten passieren heute, laufen täglich über den Fernsehschirm. Helden fallen, Anfänger siegen. Und wo denn anders als in einem Boxring werden so viele aussichtslose Kämpfe gewonnen? Carlos Palomino war ein kleiner Schuhputzjunge aus Mexico City, der davon träumte, eines Tages groß und stark und reich zu sein. Sein Traum wurde Wirklichkeit: Er wurde Box-Weltmeister.

Sie leben und kämpfen auf der Straße und wissen schon von Kindesbeinen an ihre Fäuste zu gebrauchen. Sie sind die Bare-Knuckles der Gegenwart... bis sie eines Tages in eines der Box-Gymnasien gehen, ihren Schweiß ausbluten und lernen, was es heißt: im Training zu sein und am Ende mit einem anderen, gleichermaßen Hoffnungslosen zu boxen. Sie wollen von Anfang an nur das eine: Weltmeister sein, lange genug, um daraus eine lohnende Sache zu machen. Abkassieren wollen sie, Geld, viel Geld wollen sie verdienen, alles Geld dieser Erde – und es soll explodieren in chromblitzenden Fontänen.

Diese Generation besteht aus Jugendlichen, die noch immer nur eine einzige reale Alternative haben: entweder das Messer zu benutzen, oder eben die Fäuste. Aber hat Sugar Ray Leonard ein Messer benutzt in Las Vegas, als er Weltmeister wurde? Hat jemand ein Messer gesehen? Nein, aber sie haben Angelo Dundee gesehen.

Damals in Tucson, Arizona, als Leonard gegen den argentinischen Ranglistenboxer Daniel Gonzalez antrat, wollte Angelo zuerst Everlast-Handschuhe haben, dann, eine Stunde vor dem Kampf, verlangte er plötzlich Reyes, eine mexikanische Marke. Reyes sind an den Knöcheln weniger gepolstert und gelten als Handschuhe für harte Puncher – aber Sugar ist keiner. Angelo lachte nur und sagte: »Dann paßt mal gut auf.«

Den Rest der Geschichte erzählte Dundee später einem Journalisten. »Ich ging vor dem Kampf noch einmal in Gonzalez' Garderobe. Sie war voll mit Fans, Freunden, Reportern. Gonzalez hatte keinen Platz, um sich vor dem Kampf aufzuwärmen, er tat nichts, bewegte sich nicht, schwitzte nicht. Das ist der größte Fehler. Ein Boxer muß sich vorher warmmachen. Er muß schwitzen. Ich ging zurück und sagte Sugar: ›Du wirst ihn gleich in der ersten Runde in die Ecke nageln.‹«

Und genauso passierte es. Gonzalez wurde nach zwei Minuten und drei Sekunden ausgeknockt. Leonard kassierte dafür 200 000 Dollar und brauchte danach noch nicht einmal unter die Dusche.

Boxen ist ein Urschrei. Boxen ist der Kompromiß, den eine mörderische Gesellschaft eingeht mit ihren Opfern. Nirgendwo sonst liegen Vernichtung und Triumph so spektakulär dicht beieinander wie im Boxen. Man muß schon an römische Gladiatorenkämpfe zurückdenken, um nachempfinden zu können, um welche Art Überleben es hier geht. (»Destroy and destruction«, sagt Marvin Hagler, »they're the only two words I know.«)

Das Aufputschmittel der jungen Puertoricaner aus Brooklyn heißt Wilfred Benitez, der mit 17 Jahren Weltmeister im Weltergewicht wurde. Die mexikanische Minderheit in New York schwört auf ein anderes Idol, den Weltmeister José »Pippino« Cuevas, 19 Jahre alt. Alexis Arguello holte den Titel mit 22 Jahren. »The Harlem Spider«, Tommy Kelly war 20 Jahre, Roberto Duran 21, Alfonso Zamora 20, als sie ihre Titel gewannen.

Kein Wunder, daß die Box-Gymnasien überlaufen sind mit jungen schwarzen Boxern, daß die jüngsten schon mit neun Jahren in die PALs (Police Athletic League) kommen, um ihre Fäuste zu bandagieren und ihre Träume wahrzumachen. Die PALs holen die Kinder von der Straße, noch bevor sie den Rauschgifthändlern in die Hände fallen oder sich in kriminellen Banden zusammenschließen. *Fight the crime* ist der Slogan der PAL-Boxabteilungen. Von dort wandern sie, angenommen, sie zeigen ein Mindestmaß an Talent und Begabung, in die Box-Gymnasien.

Das Gramercy-Gym (»Home Of The Champions«) in der 14. Straße 116 East, im zweiten Stock eines Geschäftshauses der Jahrhundertwende, ist das älteste Manhattans. Hier arbeitete Cus D'Amato, einer der legendären Boxtrainer seiner Zeit. Hier bereiteten sich Floyd Patterson und José Torres auf ihre Kämpfe vor. D'Amato machte beide zu Weltmeistern. Rocky Graziano sparrte hier. Und erst vor kurzem war es Filmstar Robert de Niro, der im Gramercy das Boxen lernte.

D'Amato, von seinen Champions im Stich gelassen, verkaufte in den frühen Sechzigern an Al Gavin und Bob Johnson, die heute hier die sogenannten East-Side-Fighter betreuen, junge Amateure und eine Handvoll angehender Profis. Kampfplakate an den Wänden erinnern an bessere, an die »goldenen« Zeiten, als Gavin und Johnson selbst noch geboxt haben – und Toni Canzi mit Paddy de Marco gut im Geschäft war. Canzi, ein kleiner, freundlicher, alter Herr, kommt heute immer noch jeden Tag ins Gym, um ein bißchen bei der Arbeit auszuhelfen, aber allzu viele Illusionen macht er sich nicht. »Zuviel Dilettantismus, keiner hat Stehvermögen, zuviel Geld überall – und außerdem kann sich jeder, wenn er es nicht auf Anhieb schafft, einen anderen Beruf suchen.«

Auf den ersten Blick hat Canzi unrecht. Im Gym trainieren an diesem Tag etwa 60 Boxer, mehr würden hier auch nicht Platz haben. Jeder Meter ist ausgefüllt. Sie alle arbeiten hart, verbissen, besessen. Beide Ringe sind mit sparrenden Kämpfern besetzt, andere warten. Wieder andere bearbeiten die Sandsäcke oder lassen sich den zentnerschweren Medizinball in die Rippen stoßen, um die Bauchmuskulatur abzuhärten. Selbst Arcadio »Pee Wee« Suarez, von seinem Trainer als Faulenzer eingestuft, absolviert sein Training nun schon ganze sechs Jahre, ohne bisher ins Licht der Öffentlichkeit gerückt zu sein. Immer neue Boxer kommen und beginnen ihr Training. Noch immer kommt auch Bobby O'Brian, der heute Polizist ist, zum Training. Ray Elson erholt sich bei zwei-, dreihundert Liegestützen von seiner schnellen K.-o.-Niederlage vor einer Woche in Jersey City. Ganz hinten in einer der Ecken zeigt Douglas Vailant, selbst einmal Herausforderer und mehrmaliger kubanischer Champion, seinem erst achtjährigen Sohn Doug jr. die Grundbegriffe. Louis »The Syrien« Hubela kommt jeden Tag nach der Arbeit von

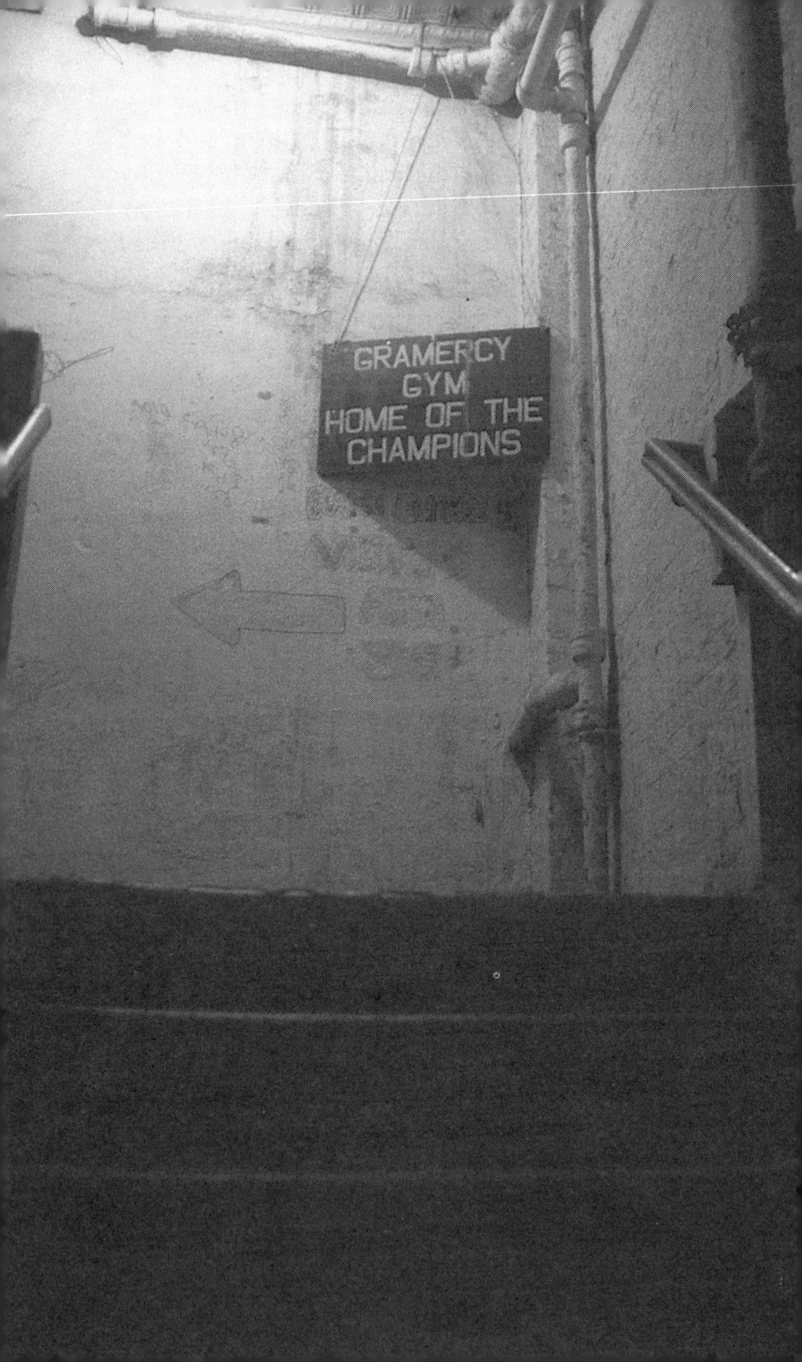
GRAMERCY
GYM
HOME OF THE
CHAMPIONS

BOB BY GLEASON
MAKER OF BOXING CHAMPIONS
INTERNATIONAL BOXING ENTERPRISES

Brooklyn herüber und läßt sich von Canzi trainieren. Er hofft, eines Tages seine Chance zu bekommen und Howard Davis zu boxen, den jungen Großverdiener aus seiner Nachbarschaft. Viele hier bezweifeln, daß er jemals die Klasse besitzen wird, um Davis zu schlagen. »Manchmal weiß man einfach, daß man es schaffen kann«, sagt er, »ich weiß, daß ich ihn schlagen kann, aber ich weiß nicht, ob ich jemals meine Chance bekomme.«

Sie alle schinden sich, rackern sich ab, plagen sich bis zur totalen Erschöpfung – auch ohne Kampfangebote, ohne finanzielle Unterstützung, die meisten ohne einen eigenen Trainer und Manager, die allermeisten nur, um sich – wie Canzi sagen würde – »auszudrücken«. Sie werden nie zu den Helden der Boxiana zählen.

Aber wie sagen die Experten, nachdem sie sich geirrt haben: *you never know.*

Das Solar-Gym (»Solar Sporting Club«) liegt in der 28. Straße 146 West, der Straße der Blumenhändler, im fünften Stock eines Lagerhauses. Hier ist Jaran Manzanet der Boss, ein junger Einwanderer aus der Dominikanischen Republik. Solar ist auch das Lieblings-Gym eines Weltklasse-Boxers gewesen: Emile Griffith, der gegen Dick Tiger den Mittelgewichtstitel gewann und gegen Nino Benvenuti wieder verlor. Er war zuvor schon Weltmeister im Weltergewicht gewesen, rückte dann wegen Gewichtsproblemen in die Mittelgewichtsklasse auf, holte den Titel, verlor ihn wieder. Wieder (nach vielen nicht gerade gesunden Schwitzkuren) ein Weltergewicht, versuchte er den Titel erneut zu holen – was ihm dann die Niederlage gegen José Napoles einbrachte. Griffith machte weiter, diesmal wieder in der Mittelgewichtsklasse, wo er auf den jungen starken Carlos Monzon traf, der gerade Nino Benvenuti besiegt hatte und

Weltmeister geworden war. Griffith verlor knapp nach Punkten.

Griffith kämpfte wie kein anderer gegen Gewichtsprobleme und gegen die Zeit, die ihm davonlief. Er ist wirklich ein beeindruckendes Beispiel für Zähigkeit, Ausdauer und Härte, denn auch nach der Niederlage machte er sich Hoffnungen, erneut um den Titel zu boxen, diesmal in der neu geschaffenen Klasse des Junior-Mittelgewichts. Griffith war damals schon 39 Jahre alt.

Hier taucht nun zum zweitenmal ein deutscher Berufsboxer auf, der einmal Weltmeister war: Eckhard Dagge. Ihm wollte Griffith am 18. September 1976 in Berlin den Titel abnehmen. Dagge blieb Weltmeister. Nach drei weiteren Niederlagen, diesmal gegen unbedeutende Boxer, gab Emile Griffith endlich auf – nach insgesamt 93 Profikämpfen in 29 Jahren. Noch heute steht auf einer Tür des Solar-Gym geschrieben: NO ENTRANCE EXCEPT EMILE.

Manzanet deutet auf eine handgeschriebene Liste jener berühmten Boxer, die alle einmal hier trainierten, darunter (neben Emile Griffith) Roberto Duran, Muhammad Ali, Ken Norton, Joe Frazier.

Tyronnie Harlee ist 21 Jahre alt, Schwergewicht mit einem Kampfrekord, der alles andere als berühmt ist: Von drei Kämpfen hat er zwei verloren. Er wohnt in Brooklyn, arbeitet als Klempnergehilfe und trainiert jeden Tag, allerdings ohne Trainer. Nur Manzanet und dessen Freunde, die hier ebenfalls das Training überwachen, geben ihm hin und wieder ein paar Ratschläge, wie er seinen Stil verbessern kann. Manzanet macht Harlee vor, wie er schlagen und abducken soll. »Bum-bum-bum...« Harlee schlägt eine Links-rechts-links-Kombination und duckt ab. »Eins, zwei, dreiii«, schreit Manzanet, »bum-bum-bum...« Mehr Ratschläge bekommt einer wie

Harlee selten. Er hat noch nie mehr als 150 Dollar von einem Kampf nach Hause gebracht. »Ich werde«, sagt er mir, »noch drei oder vier Jahre weitermachen.« Vielleicht, denke ich, wird die schreckliche Nacht früher kommen für ihn, in einem Trommelfeuer schneller Schläge gegen Kopf und Körper... irgendwann in einem kleinen, schlecht beleuchteten Ring, irgendwo in den kleinen Städten rund um New York.

Marcos Baharona, Student am City-College in New York, schwarz, 22 Jahre alt und Leichtgewicht, hat schon für 500 Dollar und mehr den Abend geboxt, was ihn allerdings auch nicht so recht zufrieden stimmt. »Ich sehe die andern Jungs sieben-, achttausend Dollar einstecken für einen Achtrundenkampf.«

Was mir ein anderer schwarzer Junge erzählt, klingt wie eine Episode aus den Zeiten der Depression.`»Ich arbeitete in einer Druckerei und wurde entlassen. Ich versuchte, Arbeit zu finden, was unmöglich war. Jetzt bin ich Boxer.«

Was er verdient, will ich wissen.

»Genug für ein kleines Zimmer in Harlem und die Unkosten.«

»In jedem Gym trainieren 50 Jungs für Kämpfe, die nie stattfinden«, sagt Mike Capriona, ein Ex-Boxer. »Sie bleiben irgendwo hängen, haben hier mal und dort mal einen Kampf und werden schließlich Sparringspartner.«

Die Männer vom Schlag eines Mike Capriona haben ein gutes Gedächtnis. Sie kennen sich aus in der Mythologie ihres Berufs. »Aber selbst dieses Schicksal bringt die wenigsten zu der Einsicht, mit dem Boxen Schluß zu machen. Alle waren sie Sparringspartner: Corbett, Dempsey, Walcott, Ellis, ja sogar Ali, der anfangs mit Willie Pastrano sparrte. Larry Holmes war noch vor vier Jahren nichts weiter als Sparringspartner – und wurde Weltmeister. Wie soll da einer zur Vernunft kommen, seine Fähigkeiten richtig einschätzen und aufhören?«

Das Melodrama des Boxsports hat viele Melodien, aber man muß einmal unmittelbar am Ring gesessen haben, man muß das Geräusch gehört haben, das Boxhandschuhe machen, wenn sie treffen: den Kopf, die Leber, die Nieren, den Magen... das Stakkato der linken Geraden, das Bambam der Haken, das Rattattata-Rattattata aus allen Muskeln eines austrainierten Fighters. Das Keuchen und Ächzen und Verzweifeln. Die Minute des Irrtums inbegriffen.

»Ich habe ihn nicht ernst genommen« – so der besiegte Ali. »Leon Who?« Niemand kannte Leon Spinks. Keiner wußte was. Sieben Kämpfe nur...

Was wußte Sonny Liston vor seinem Titelkampf von Cassius Clay, der ihn »einen alten, stinkenden, häßlichen Bär« nannte? Nichts. Liston verlor.

Was wußte Jack Sharkey von Schmeling, dessen Name er nicht mal aussprechen konnte? Nichts. Sharkey verlor.

Und heute kommt es schwarz auf schwarz. Al Braverman hat schon recht, wenn er nach »weißen« Boxern ausschaut – der »weißen Hoffnung«. Das ist die radikalste Minderheit. Und deshalb wäre das Geschäft grenzenlos lukrativ, einen solchen Boxer zu managen. Es müßte so eine Art Marlon Brando der Boxszene geben.

Wenn man den Managern glauben will, gibt es einen Gott, der angeblich nach weißen Preisboxern Ausschau hält. Und tausend kleine Götter tun dasselbe. Aber wo ist er? Wo der Gott? Wo die Preisboxer?

Gleason's Gym (»The Maker Of Champions«) lag ursprünglich, als Bobby Gleason noch lebte, in der Bronx, Westchester Avenue. Vor sechs Jahren etwa siedelte es dann nach Manhattan um (30. Straße 252 West, zwischen 7. und 8. Avenue).

Die 30. Straße ist die Straße der Pelzhändler, der Silbersteins, Rosenbaums, Goldsteins und Levines. In ihren Kontoren und Lagern hängen Werte in Millionen Dollar. Das ist die Schneise bis zum Haus, in dessen Parterre das Gym heute beheimatet ist.

Gegenüber hält sich ein kleiner Laden, in dem Señor Sanchez die Zigarren noch mit der Hand dreht. Er kann von Glück sagen über diese Nachbarschaft.

Fremde zahlen bei Gleason's Gym einen Dollar Eintritt an Sam Morgan, der wie ein alter Trunkenbold aus einem der frühen Keaton-Filme aussieht, sympathisch, eine Antiquität. 1916 kaufte er das New Garden Gym, Ecke Lenox Street und 7. Avenue, in der Nähe von Stillman's Gym, dem berühmten, inzwischen geschlossenen Boxklub, wo dreimal die Woche Kampfabende abgehalten wurden. Aber bei Stillman's durften zu jener Zeit keine schwarzen Boxer trainieren. Und genau die kamen damals zu Sam, darunter Asse wie Kid Chocolate und Panama Al Brown. Irgendwann mußte er seinen Laden schließen – und macht heute die Tür bei Gleason's. Der eine Dollar ist bei ihm also gut aufgehoben.

In Gleason's Gym macht man Bekanntschaft mit einem sehr wohltuenden, fast vergessenen Gefühl: Niemand mustert einen, man kann allein gelassen herumgehen, betrachten, sehen. Niemand kümmert sich um einen Fremden.

Im Gym ist ein solider, fleißiger Boxer schon fast ein Star. Hier kann er spielerisch und ohne jede Nervenbelastung sein Können zeigen. Er strotzt vor Kraft, vervollkommnet vor dem Spiegel die Harmonie seiner Bewegungen – all das, was ein nur zweitrangiger Boxer in der echten, gefährlichen Auseinandersetzung im Ring sofort wieder vergißt. Hier im Gym boxt er außerdem mit Kopfschutz und besser gepolsterten Handschuhen. Er boxt mit jener Phantasie, die er sich im Kampf kaum zutraut. Viele Boxer sind überhaupt nur in einem Gym großartig – und versagen nach dem Gong zur ersten Runde, wenn eine Minute 60 Sekunden zu lang ist.

Im Gym herrscht Gelassenheit, die sich auf jeden wohl-wollenden Fremden wie ein Glücksgefühl senkt.

Gleason's hat die Gemütlichkeit einer Eckkneipe und die Geschäftigkeit einer Bahnhofshalle. Es dient als Aufenthalts-raum für die Box-Veteranen und Rentner aus der Nachbar-schaft, als Informationsbüro der Nichtstuer und schäbige Kleinbühne für Angeber. Es dient – so scheint es manchmal – am allerwenigsten als Trainingshalle, wo die Berufsboxer sich konzentriert auf ihre Kämpfe vorbereiten können. Mögen die Aufschriften auf ihren Shirts, Jacken und Hosen noch so eindrucksvoll klingen (The Rock, Terrible Joe, Macho oder God), die Helden wirken, so nah erlebt, alle verwundbar. Die meisten von ihnen sind namenlose Vier-Runden-, Sechs-Runden-Vorkämpfer – sie füllen ihr kurzes Boxerleben lang nur die Programme auf. Ihre Namen werden namenlos und ein Kampf im Garden wird ein unerfüllbarer Traum bleiben.

Gleason's Gym wirkt wie das Bühnenbild eines Stücks aus der Zeit der Depression (in der Inszenierung eines Regis-seurs, der sich ganz auf das Klischee vom *Schmutzigen Lorbeer* verläßt). Der Putz fällt von der Decke. Das Datum des letzten Anstrichs dürfte weiter zurückliegen als die ersten Profikämpfe eines Primo Carnera. Das Segeltuch, mit dem die Ringe bespannt sind, ist so sauber wie die Wasser des Ganges. Wer aus den fürchterlichen Vorstädten, den kalten Industriegebieten hierher zum Training kommt, taucht in die ihm vertraute glanzlose Welt ein. Kein Showbusiness, kein Limelight. Und doch haben auch hier die Weltmeister trai-niert, wenn sie zu einem Kampf nach New York kamen.

»Erst die Linke, dann die Rechte ... erst Whuuuuh, dann Whomp« – und Chico gehorcht seinem Trainer. Er wird heute nicht viel mehr machen als Whuuuuh und Whomp. Sein Trainer trägt Lackschuhe, Krawatte und Hut, kaut eine

Zigarre – er sieht aus wie ein Herr, der gerade durch die Drehtür einen Wolkenkratzer verläßt.

Dicht neben diesem Paar, versunken in ihren Whuuuuh-Whomp-Dialog, geht es um den linken Haken. Immer wieder nur der linke Haken. Ein schwarzer Athlet nagelt ihn in den Sandsack, peitscht ihn in die Luft oder gegen die Ringecke. Der linke Haken wird analysiert, in Zeitlupe ausgeführt, wieder diskutiert... er soll irgendwann eine tödliche Waffe sein.

Im Ring tanzen etwa zehn junge Boxer durcheinander, kurze Kombinationen andeutend, schattenboxend, abdukkend, ausweichend... Ihre Körper kommen im Spiel miteinander, in jeder ihrer Bewegungen, auf eine harmonische Weise zur Ruhe.

In allen Gyms beginnt der Betrieb nach vier Uhr, wenn die Berufsboxer, deren Beruf sie nicht ernährt, von irgendeiner Arbeit kommen. Sie haben entweder Lastwagen entladen, Fabrikhallen gefegt oder als Boten die Post ausgetragen. Es sind kleine Gelegenheitsjobs, die es ihnen erlauben, ihr volles Trainingsprogramm aufrechtzuerhalten.

Guy »The Rock« Casale ist im Augenblick in einer glücklichen Situation. Er sieht Rocky Marciano zum Verwechseln ähnlich – und was lange nur eine Schmach war (da man nicht nur sein Äußeres, sondern auch seine Boxkünste miteinander verglich), scheint sich endlich doch noch auszuzahlen. Er soll in einem Hollywoodfilm als Marciano boxen. Deshalb kommt er in all diesen Wochen immer schon gegen Mittag ins Gym, begleitet von seinen Managern George und Nick Baffi.

»Wenn die Boxer pleite gehen«, sagt George, »geht es auch mit uns abwärts.«

»Sieht er nicht genau wie Rocky Marciano aus?« Man sieht, daß einer wie Marciano mit einem wie Casale kurzen Prozeß gemacht hätte. Er hätte den Fels in Puderzucker verwandelt.

Die Namen der Namenlosen: Jessie Woodis, Don Bailey, Tito Velez, Bruno Soccoli, Al Milone, Sid Lugo, Marcus Morales, der Stahlarbeiter Billy Daniels, der Gelegenheitsmetzger Joe Davis, Yucatan Rivera, der im Krankenhaus in der Küche arbeitet, Johnny Torres, Frankie Olivera, Jimmy Johnson.

Wenn sie außerhalb New Yorks antreten, verwandeln sie sich – und ihre Namen mit ihnen. Jetzt heißen sie: »Das Phantom aus Philadelphia«, »Die Bombe aus Brooklyn«, »Die Spinne«, »Adler«, »Nonstop-Aktionspuncher« oder »K.-o.-Artist«. Da steigt dann »El Macho« in den Ring oder der »Stolz von Puerto Rico«. Der »Engel« ist ein kurzbeiniger Mexikaner. »King Kong« boxt im Leichgewicht.

Der typische Gym-Boxer ist mit seinem Los völlig zufrieden. Es gibt nur Dreirundensparrings – und diese Distanz schafft er leicht. Er kann sich verausgaben. Während der Hauptkämpfer vielleicht in diesen drei Runden, auf Befehl seines Trainers, nur eine einzige Variation einübt, geht sein Partner, der Gym-Champion, in die Vollen, steht unter Dampf, geht aus sich heraus und macht alles, um den Hauptkämpfer so schlecht wie möglich aussehen zu lassen. Unverwundbar eingepackt in den Kopfschutz, der auch Kinnspitze und Augen schützt, mit 10- oder 12-Unzen-Handschuhen und der entspannten Atmosphäre eines Trainings im Rücken zeigt er keine Angst. So sieht er oft viel geschickter und talentierter aus als sein Gegenüber.

»Mit schwarzen Boxern ist schwerer zu arbeiten als mit weißen«, behauptet Joe West. »Sie glauben alle, zum Boxen geboren zu sein und trainieren deshalb nicht so gern.«

Was ich selbst beobachte, bestätigt zumindest, daß den weißen Boxern nichts geschenkt wurde. Man sieht ihnen an, wie mühsam sie alles erlernen mußten. Ihre Bewegungen sind stumpf. Die Beine arbeiten langsam und ohne Rhythmus. Sie sind bestenfalls zähe Burschen, die einen breiten Oberkörper mit sich herumschleppen. Ihr Reaktionsvermögen ist das eines Dinosauriers.

Dagegen bringt ein schwarzer Boxer schon eine ganze Menge mehr mit: die Leidensgeschichte seiner Rasse, das Trommeln der Bongos, Fieber und Magie, Stammestänze und Exaltation. Und wer im Dschungel New Yorks aufgewachsen ist, bringt die Erfahrung von mindestens einem Dutzend Straßenkämpfen mit, ausgetragen mit bloßen Fäusten, mit Ketten, Messern, Steinen, Bierflaschen. Wen fürchtet so einer noch im Boxring, wo er es ja nur mit einem einzigen Gegner zu tun hat, der auch noch weiche Boxhandschuhe trägt?

Der schwarze Boxer kennt nichts besser als den Kampf. Er bewegt sich elegant, ist schnell, denkt nur mit seinen Instinkten und fühlt sich überlegen.

In einem Gym hat sich die Welt verkehrt: Der schwarze Boxer ist der Herr, sein weißer Kontrahent ein Sklave. Der schwarze Fighter verfügt über den besseren Bewegungsapparat. Sein Handikap ist nur, daß es in Amerika zu viele von ihnen gibt. Und immer mehr junge Schwarze, immer mehr Mischlinge tauchen auf, kommen über Los Angeles nach New York und suchen nach Arbeit. Sie kämpfen ums Überleben – wie sie es ja von Kindesbeinen an gewöhnt sind. Sie sind jung und warten im Überangebot der farbigen Faustkämpfer auf Beschäftigung.

Der Boxsport ernährt in ganz Amerika nur rund 100 Boxer. Die Legionen der glücklosen Kleinverdiener, die in den Gyms mehr ausschwitzen als nur ihren Schweiß, füllen lediglich die Programme der Hauptkämpfer, wenn das Publikum noch gelangweilt draußen an der Bar steht – und sich die alten Geschichten und alten Zeiten wie von selbst glorifizieren.

»Heute sehen die Kids *Rocky* im Kino. Sie sehen Spinks…

was ist aus ihm geworden? Er kam und verschwand, pleite und bankrott wie die meisten Boxer.

Bei Sardi's, dem berühmten Broadway-Restaurant, taucht er wieder auf. Don King, der ehemalige Lotteriekönig von Cleveland, der wegen Totschlags ein paar Jahre absitzen mußte, bevor er – als Promoter der Ali-Kämpfe – ganz groß ins Boxgeschäft einstieg, präsentiert ihn morgens um elf Uhr auf einer Cocktailparty für New Yorks Sportjournalisten.

»Ihr habt ihm zugejubelt«, schreit er ins Mikrofon, »als er Ali vom Thron stieß. Ihr habt ihn verdammt, als er die Revanche verlor. Ihr habt ihn fallengelassen nach seiner Niederlage in Monte Carlo. Ihr habt ihn schlechtgemacht, schlecht über ihn gedacht und schlecht geschrieben...

Die Journalisten beeindruckt das kaum noch. Sie haben zu viele Sardi-Cocktails mit Don King hinter sich. Don King peitscht seine Stimme ins Mikrofon. »Wir sind eine Familie. Wir sind alles Freunde. Hier sitzt er, der Neue, ›Neon‹ Leon Spinks – und ich sage euch, er wird wiederkommen, er wird wiederkommen...«

Spinks sitzt neben Don King und dem amtierenden WBC-Weltmeister Larry Holmes am Tisch. Er wirkt unsicher und müde und in der feinen Sardi-Atmosphäre fehl am Platz, obwohl er genug Goldkettchen um den Hals und an jeder Hand mehr als nur fünf Goldringe trägt. Seine Haare sind onduliert, sein Gigolo-Anzug sitzt knapp und zeichnet die Muskulatur seiner Oberarme nach. Er sitzt mit gesenktem Blick da, während Holmes in die Blitzlichter der Fotografen lächelt.

»Er wird wiederkommen«, schreit Don King und legt Spinks die Hand auf die Schulter. »Er wird härter trainieren als je zuvor.«

»Wann und gegen wen«, wollen die Journalisten wissen.

»Wir wissen nicht, wann und gegen wen..., wir wissen nur, daß ›Neon‹ Leon Spinks wieder da ist. Hier sitzt er. Steh auf, Leon.«

King zieht ihn nach oben und überreicht ihm das Mikrofon. Es sieht nicht so aus, als glaube der junge Ex-Weltmeister an die Prophezeiungen seines Promoters. Er spricht leise und zögernd: »Es ist schlecht gelaufen..., und es gibt ein paar Dinge, über die ich nicht reden will.« Er starrt die Tischplatte an. Die anwesenden Journalisten wissen, was er meint: die schnelle K.-o.-Niederlage gegen Coetzee, das weiße Schwergewicht aus Südafrika, das verhängnisvolle Management, die Unfähigkeit, frühen Ruhm zu verkraften, das Fahren ohne Führerschein, die Nächte in den Diskotheken, das Kokain im Hutband und die vielen Girls. Als zahnloser Champion ging er über die Titelseiten. Man warf ihm seine Häßlichkeit vor, seine mangelnde Bildung. Keiner hatte an diesem Ghetto-Kind seinen Spaß.

»Success is like some horrible disaster«, schrieb Malcolm Lowry.

Leon Spinks hat Mühe, auch nur drei Sätze zu sprechen. Eric Ell, der neben mir sitzt, glaubt, daß Spinks unter Drogen steht – was ich ihm sogar abnehme.

»Ich hoffe, es wird wieder besser laufen«, deliriert Spinks, »ich bin wieder im Training, trainiere wieder... trainiere... bin guter Dinge... meine Freunde werden mir helfen... ich bin zuversichtlich... wir sind alles eine Familie, alles Freunde...«

Dann sinkt er wieder auf seinen Stuhl und läßt alles weitere mißtrauisch, unsicher und angeekelt über sich ergehen.

»Der Kampf ist die Wahrheit«, schrieb Malcolm X, »er ist das Kreuz und die Auferstehung.«

Salemaleikum.

Mit dem Taxi fahre ich zum Madison Square Garden, um endlich den Kampf zu sehen, der seit Wochen in New York diskutiert wird. John »Dino« Dennis gegen »Gentleman« Gerry Cooney.

Die Nationalhymne wird über den Lautsprecher in den Garden eingespielt, was mir genügend Zeit läßt, beide Boxer zu betrachten. Dennis wirkt nervös. Trainer Braverman, der eine unglaubliche Ruhe und Routine ausstrahlt, spricht mit seinem Boxer, während er ihm den Nacken massiert. Dann kniet Dennis in der Ringecke nieder und bekreuzigt sich. Einmal. Zweimal. Kein gutes Zeichen?

Ganz anders Cooney, auf dessen Kampfhose DAD und MOM eingestickt ist. Er macht einen austrainierten, ruhigen, entschlossenen Eindruck, geht an den Ringseilen entlang, lockert die Schultern und die Nackenpartie, winkt seinen Fans zu, schlägt ein paar Kombinationen. Beide Boxer werden in die Ringmitte gerufen. Sie stehen sich bis auf wenige Zentimeter gegenüber. Cooney, der die größere Reichweite hat und mehr Gewicht, schaut Dennis direkt in die Augen. Ich sehe nicht, wohin Dennis in diesem Augenblick schaut.

Der Kampf beginnt – und er wird nicht lange dauern. Nach einem kleinen, eher theoretischen Schlagabtausch trifft Cooney zum erstenmal mit seiner schweren rechten Hand. Dennis beginnt über dem linken Auge zu bluten – aber es ist nicht dieser Cut am Auge, der Dennis zu schaffen macht, sondern die augenblickliche, totale Ernüchterung, die Erinnerung, vermute ich, an jenen Nachmittag bei Gleason's, wo

Cooney ihn ebenso hart getroffen haben mag. Das war vor mehr als zwei Jahren, aber dieser Schlag scheint alle Zeit verwischt zu haben. Dennis wirkt wie erstarrt, unfähig, diese erste Runde nach Plan zu boxen. Er wird häufiger getroffen, als ihm lieb sein kann.

Braverman schließt den Cut, redet ruhig auf Dennis ein – für ihn kommt es darauf an, drei lange Minuten in zwei, drei Sätze zusammenzufassen. Die zweite Runde beginnt wie die erste. Dennis ist vorsichtig, kommt mit der Rechten zum Körper, woraufhin Cooney mit zwei linken Haken kontert. Die Wunde platzt wieder auf. Noch ein linker Haken, der ins Ziel trifft. Dennis steht mit weichen Knien am Rande eines Knockouts. Aber er schlägt zurück.

Braverman versucht, den Cut zu schließen. Sein Boxer ist keineswegs angeschlagen. Es ist nicht die befürchtete Kraft der Schläge, es ist etwas anderes, etwas viel Grundsätzlicheres. Es ist das Erkennen einer Wahrheit, die ihn lähmt. Nicht das Blut ist diese Wahrheit, sondern die mitleidlose Tatsache, daß sein Selbstbewußtsein versagt.

Als Dennis schließlich in der dritten Runde von einem schweren linken Haken zu Boden geschlagen wird, gibt es für ihn keine innere Stimme mehr, die ihm befiehlt, wieder aufzustehen. Über diesen Schlag wird später *Ring Magazine* ›The Bible of Boxing‹ schreiben. »Wenn Gerry stirbt, sollte man den linken Arm abschneiden und ausstopfen.«

Der Kampf ist zu Ende. Der Garden tobt. Cooney reißt die Arme hoch und genießt den Triumph.

Ich denke in all dem Lärmen der Fans und Betreuer, Reporter, Fernsehleute, Fotografen zurück an jenen Nachmittag am Ende der Bronx, an Al Bravermans kleinen Laden, an unser Gespräch, an die Stille, die nur zu halben und vollen Stunden vom Vielklang zahlloser antiker Standuhren unterbrochen wurde.

Ich denke an seine Antwort auf meine Frage »Wenn Dennis verliert, was dann?«

»Er kam aus dem Nichts, und dahin wird er wieder zurückkehren.«

They never come back – das war lange unter Boxern die bitterste Wahrheit. Wer die Krone des Champions verloren hatte, war meist nicht nur plötzlich nur noch Ex-Weltmeister, er war ein gebrochener Mann, pleite, bankrott auch als Individuum.

Sonny Liston und Joe Louis landeten auf der Nadel, andere kehrten in die Welt des Elends zurück, vernichtet, desorientiert, vergessen – sie putzen wieder Schuhe, kehren Straßen sauber, werden Catcher oder Hotelportiers. Die Menschen werden an sie mit zynischem Mitleid denken, werden den Boxsport verdammen, der zu viele Opfer produziert. Sie werden danach – an ihnen vorbei – in die nächste Bar gehen und der Stimme von Judy Garland lauschen.

Wer hat je die Tragödie einer Sängerin zum Anlaß genommen, ihren Gesang anzuklagen? Wer würde die Literatur verdammen wollen, nur weil sich einige Genies zu Tode gesoffen haben? Wer schlug Nijinski k. o.?

Schwabing – Schreckbild einer Welt im tiefsten Frieden

Ich hab mein Leben kaffeelöffelweis vertan
T. S. Eliot

Seit zehn Jahren wohne ich nun in Schwabing, unversöhnlich, ich bin es schon seit dem ersten Tag leid. Ohne Absicht und gegen jede Überzeugung bin ich hier hängen geblieben, und bis heute schlafe ich hin und wieder, sozusagen aus Protest gegen diese Fehlentscheidung, mit all meinen Klamotten (und den Schuhen an) auf meinem Bett ein. Ich träume dann davon, daß ich fliehe... vor diesem Land, seinen Leuten und ihren unerbittlichen Ansichten über das menschliche Leben.

Ich fühle mich noch immer, nach zehn Jahren, wie einer, der hier Zwischenstation macht. Und so wohne ich auch. In einem einzigen engen Zimmer unter dem Dach. Um mich herum nur das Notwendigste, wenig genug, um es jederzeit ohne Bedauern zurückzulassen.

Dieser Zustand dauert, wie gesagt, bereits viel zu lang; und mir graust schon vor der immerhin ja nicht ganz unwahrscheinlichen Möglichkeit, daß vielleicht weitere fünf, zehn Jahre folgen werden, in denen sich, außer daß ich älter und dümmer werde, nichts ändern wird. Ihr fragt mich, wie man so leben kann? Nun, ich weiß es nicht, ich lebe so.

»Wohin gehst du?«

»Ich weiß es nicht.«

»Dann haben wir denselben Weg.«

Damals kam ich aus Frankfurt, wollte in München nur die

Arbeit an meinem Hörspiel »Maschine Nr. 9« beenden, was fast ein Jahr in Anspruch nahm – beträchtlich länger als geplant. Und daran, glaube ich, war diese Stadt nicht unbeteiligt. Denn nirgendwo sonst in Deutschland wird, was wir Zeitverschwendung nennen, so ernst genommen wie hier. Münchens Ruhm, ein trauriger Fall eigentlich, ist berüchtigt dafür. Ein wenig anders scheint hier die Sonne. Mehr als sonstwo scheint sie den Menschen bewußt zu machen, daß sie ihr Leben genießen sollen. In Schwabing hat man gewissermaßen die Pflicht dazu, es zu tun.

Da ich mich, von Kindheit an, nie irgendwo recht zuhause gefühlt, und meine Geliebte mich mittlerweile, Anfang der siebziger Jahre, verlassen hatte, gab es damals keinen Grund, nach Beendigung meiner Arbeit wieder nach Frankfurt zurückzureisen. Ich ließ, mehr abergläubisch als abenteuerlustig, einfach alles liegen und stehen, wollte nichts retten, die Möbel nicht, die Bilder nicht, auch nicht die über viertausend Bücher, auf die ich doch einmal so unendlich stolz gewesen war – stolz, daß ich sie besaß, nicht etwa, daß ich sie alle gelesen hätte. Meine Wohnung mußte dem, der nach mir einzog, vorgekommen sein, als sei da jemand nur eben schnell Zigaretten holen gegangen; als ich hörte, daß mein Nachmieter eine junge, morphiumsüchtige Buchhändlerin war, fühlte ich eine gewisse Kontinuität gewahrt.

Aber in Schwabing, wo ich mich aufhielt, wollte ich natürlich unter keinen Umständen lange bleiben; und untersagte mir deshalb, eine Wohnung zu mieten. Seßhaft wollte ich nicht werden, um Gottes willen, nur das nicht, und vor allem schon überhaupt nicht hier in diesem kleinen fabelhaften Nichts, diesem berühmten, wunderlich selbstzufriedenen, aufreizend gelangweilten Dorf, dem Prototyp einer Geisteshaltung, die sich immerzu den entzückendsten Spekulationen hingibt, wie sehr einen der Föhn zerschmettert...

eine sanfte, friedliche, feige Ausgabe einer Welt, die nur eine wirklich atemberaubende Aussicht bot: die auf die schneebedeckten Alpen. Und dahinter: Italien. Und darüber: ein blau verchromter Himmel, phantastisch! Und deshalb gab's für mich nur eines, weg hier, nichts wie weg.

Ich entschied mich also dafür, irgendwo provisorisch als Untermieter unterzuschlüpfen. In den folgenden zwei Jahren habe ich so in einem guten Dutzend Wohnungen gehaust, mal für Wochen, mal für Monate, mal in einem prachtvoll stuckverzierten, sonst aber völlig leeren Zimmer, mal in einer Dachkammer, die als Besenkammer zu klein gewesen wäre. Ich war Gast bei einem jungen, etwas unglücklichen, etwas einsamen Millionär, um danach als Untermieter bei einem altgewordenen, schon lange trunksüchtigen, orientierungslosen Ex-Superstar früher Warhol-Filme zu landen. Mal verbrachte ich die Wochen bei einer herumziehenden, unbekümmert nymphomanen, jungen Engländerin, bis mir dann doch die Kräfte ausgingen, und ich in die Wohnung eines Malers wechselte, der die buntesten Bilder malte, die ich je zu Gesicht bekam, und sich nebenbei damit beschäftigte, die Sprache der Delphine zu studieren.

Es war ziemlich aussichtslos, jemals zur Ruhe zu kommen; aber das hatte ich ja ohnehin nicht vor. Schwabing war bis zum Rand, bis unter alle Dächer, angefüllt mit Sonderlingen, die sich allerdings alle wie ein Ei dem andern glichen. Und all diese gesetzlos Gelangweilten wurden meine Freunde, auch wenn an unseren Freundschaften das Wichtigste war, daß wir Distanz zueinander hielten. Es wußte ja außerdem kein Schwein, daß ich Schriftsteller war. Was man ›die neue Literatur‹ nannte, zu der mich die Feuilletons zählten, war meinen esoterisch veranlagten Freunden schnuppe. Ohnehin begann die Literatur, wo sie endete: bei Hermann Hesse. Der Rest an Literatur waren Sachbücher über Sterndeutung, die

Seele, die Rockmusik, die Weisheiten des Zen, I Ging... alle waren ständig damit beschäftigt, über sieben Brücken zu gehen, auch wenn sie nur in der Isar herumplantschten, nackt, schön, jung, mit einer atemberaubenden Vorliebe für das Unsichtbare.

Ich teilte Wohnungen mit Menschen, die gerade auf dem Sprung in die Erleuchtung oder die finanzielle Pleite waren, die einen sanft, verständnisvoll und geradezu inbrünstig gutmütig, die anderen hochmütig realistisch, aber verwirrt. Ich jedenfalls nutzte beide Typen aus – bis sich dann herausstellte, daß sich Brezeln mit Leberwurst und Filterkaffee zum Frühstück einfach auf die Dauer nicht vereinbaren ließen mit gemahlenem Buchweizen, mit Kleie, Yoghurt, Bidis; es ließ sich auch, schon musikalisch nicht, das Klappern meiner Schreibmaschine vereinbaren mit den heiligen Klängen von Maultrommeln, Flöten, fernöstlichen Saiteninstrumenten. Ich war, wo sie alle nur vielstimmig schwiegen, ja ohnehin der Schwätzer. Ich, der Kettenraucher, unter den unheimlich entspannten Kindern der Zukunft... einige waren zwar älter, viel älter als ich, aber an die Zukunft glaubten sie, während ich – an was glaubte ich noch? Unbeeindruckt wie ich war? Und über meine Entscheidungslosigkeit und Trägheit zu Tode verbittert? Eine Heilslehre gab es nicht für mich, und Frieden auch nicht. Schon gar nicht, wenn er nur nach Rosen, Rasierwasser und Patchouli duftete.

Ich wollte längst weg sein aus Schwabing. Wohin aber? Und bevor ich es recht merkte, war ich einverleibt. War ich gerade eben noch der beißende, böse Intellektuelle gewesen, so saß ich jetzt, naiv wie ein Neugeborenes, auf dem Boden auf meiner Schaumgummimatratze und schloß meine Augen – schwer zu beschreiben, was ich sah.

Bald jedenfalls lebte ich wie alle, von Rühreiern und

Rauschgift, und schrieb Gedichte. Es hat in all den Jahren kaum einen groß interessiert. Man war schließlich, und zwar kollektiv, ausschließlich mit sich selbst beschäftigt. Da gab es kein Pardon. Die siebziger Jahre wollte man sich weder von Politik noch von *sonstwas Ekelhaftem* vermiesen lassen. Und tatsächlich war man damals nie sicher, daß in der Flüssigkeit, die man gerade zu sich nahm, nicht Acid herumschwamm; es war einfach superschick, wieder eine Nacht auf dem Mars zu verbringen, Pyramiden im Schoße zu schaukeln, bei Vollmond die Wölfe heulen zu hören, und dem kleinen Rest der übrigen Menschheit den Irrtum zu verzeihen, daß er noch immer einer geregelten Arbeit nachging. Oh, glorreich ausgeklügelte Lethargie. Hagelschlag der Statussymbole. All diese hinreißend angeödeten Menschen.

Aber sonst waren sie alle einfach großartig.

Alles taten sie ein bißchen. Sie saßen hier in Schwabing in ihren kleinen Zimmern herum, malten ein bißchen, musizierten ein bißchen, massierten einander ein bißchen, liebten und haßten ein bißchen, waren manchmal ein bißchen, na ja, eben deprimiert. Liebe war ein Wort aus dem Jenseits unserer Seelen. Sie liebten sich, aber ganz anders als normale Menschen. Sie schliefen ein bißchen und blieben, auch wenn sie endlich ausgeschlafen waren, doch immer ein bißchen noch verschlafen... und dann, in den Irrgärten ihrer elektrischen Paradiese, verirrten sich diese Menschen, ein bißchen nur, aber doch jeden Tag und jede Nacht ein bißchen mehr. Es dauert lange, bis die Wunden der Freiheit schmerzen. Zehn Jahre sind da zu kurz. Es gab keinen Ruck, keinen Riß. Alles ging im langsamen, einschläfernden Tempo einer Tropfinfusion vonstatten. Und am Ende eines Tages ging der runde, rote Kreis der Sonne unter, rot und rund wie ein Baghwan-Dollar. Und die Nacht begann – gemütlich zuerst wie in einem Berberzelt, mit lauen Winden von Süden her. Wer fühlte es nicht, dieses Wehen aus dem Süden?

Gegen Mitternacht war man, Rauschgift und Rühreier verdauend, endlich ausgeruht genug, ein bißchen sich zu amüsieren.

Immer kamen und gingen die Mädchen. Keiner hatte so recht eine Ahnung, wo sie herkamen und wohin sie gingen. Zum Teufel, warum auch danach fragen, wo es doch ein ganzes Jahrzehnt lang ausschließlich auf den Augenblick ankam, den heiligen Kurzschluß. Wer war man denn – und was wollte man selbst außer... na ja, leben, leben, leben eben.

Auf der Tagesordnung stand Dummheit als Glücksgefühl, der große Exodus nach innen. Der Mensch sprengt die Gefängnisse seines Kopfes, läßt sich hinabtreiben in die schlammigen, unbekannten, weichen und weiten Gebiete seines Bauches, dem Eldorado seiner Eingeweide... Abwärts oder aufwärts? Wir hielten, unbeweglich wie Scheintote, jedenfalls die Balance. Wo es lang ging, wußte keiner. Und was wir wußten, wollten wir vergessen. Sternförmig betrachtet – unser Lieblingssymbol – stimmte die Richtung so gut wie immer. Jeder hatte Ideen, jeder Pläne. Jeder besaß das ›dritte‹ Auge. Und, natürlich, die passende Sonnenbrille dazu. Modebewußt bis in die tiefste Seele.

Mein Gott, war das Leben anstrengend.

Der schlechte Ruf, den Schwabing unter den Intellektuellen besitzt, zögerte meine Abreise damals hinaus. Ich mochte es, wenn man mich anfuhr deshalb. Wie kann einer wie ich nur in Schwabing leben?

Aus Trotz blieb ich. Ich, der Schriftsteller. Ich, der Intellektuelle. Ich, der Aufgegebene. Ihre Überheblichkeit, mir und meinem Wohnort gegenüber, beantwortete ich in den darauffolgenden Jahren mit Gedichten. Ihr Schauplatz war

Schwabing. Ihre Helden waren die Menschen, die ich hier traf. Sie waren nicht besser, nicht wichtiger als die Menschen anderswo, aber es waren jene, die ich kannte. Gut genug, um dieses Jahrzehnt porträtieren zu können. Es war meine eigene Generation. Gerade nah genug, um sie aus der Distanz heraus scharf sehen zu können.

Ich war also doch wieder, was ich lange Zeit für fast ausgeschlossen hielt, an die Schreibmaschine zurückgekehrt – mitten in diesem Schwabing, das jeder tiefen, ernsten und kompromißlosen Arbeit wirkungsvoll im Wege steht. Aber sie schmerzten endlich, die Wunden der Freiheit. Und es gibt kein Mittel dagegen. »Ich sah die Stunde meiner Größe verrotten«. Ich war dieser J. Alfred Prufrock. Und es war mir jahrelang wohl dabei. Nichts trauerte ich weniger nach als dem verpaßten Ruhm. Nichts war mir gleichgültiger als mich dort zu behaupten, wo man mich als ›jungen Schriftsteller‹ plazierte. Dazu war ich viel zu aufrichtig. Aber genau das ist der sicherste Weg, um allen anderen als besonders affektiert zu erscheinen.

Ich stand an der Theke meines damaligen Stammcafés, des bis 1979 existierenden Café Capri, und vertrödelte mein Leben. Jeder, der mich von früher kannte und zufällig hier vorbeikam, betrachtete mich mit einer Art vorwurfsvollem Mitleid. Es konnte mir, dachten sie, nicht sehr gut gehen. Ich konnte ihnen nicht mehr verständlich machen, daß es mir nur deshalb manchmal schlecht ging, weil so viele das gerade vermuteten.

Und so standen wir da, und gaben uns die größte Mühe, einfach weiter nichts zu tun als nur dazustehen.

> Hier standen wir rum, bis das Jahr
> vorbei war, im elektrischen Septemberlicht,
> entweder high oder betrunken, am liebsten

hätten wir uns auf den Bauch gedreht,
ausgestreckt wie Fallschirmspringer auf dem Weg
nach unten.
Das war der Normalfall:
Die Sehnsucht nach einem Flugzeug ohne Passagiere.

Hier standen wir rum, ohne zu reden.
Wir haben die Mädchen, die hereinkamen,
nur noch angeschaut, haben zu fünft vom Alleinsein
geträumt, haben uns gegenseitig Vitamintabletten
geklaut, in der Hoffnung auf Glück.
Größenwahnsinnig wie kleine Berge,
zu alt für Motorräder,
zu schüchtern für das ganz große Verbrechen.

Der Besitzer unseres Stammcafés hieß del Favero, Fausto del
Favero. Er schmiß den Laden mit seiner Familie. Er war ein
höflicher, ruhiger, für einen echten Italiener allerdings ein
etwas zu pedantischer Mensch. Und mit uns als Stammkun-
den – wir, das waren der Filmregisseur Klaus Lemke, seine
Freunde Martin und Peter und ich – war er anfangs ganz und
gar nicht einverstanden, aber was heißt anfangs; er war es
eigentlich nie, die ganze lange Zeit über nicht. Aber loswerden konnte er uns auch nicht, dazu fühlten wir uns zu sehr im
Recht, ihn zu mögen, sein Café Capri, und die Illusionen, die
es in uns weckte. Wenn wir zu laut wurden, zu viele, zu
unbequem (denn immerhin ging an der gleichen Theke, die
wir sieben Jahre besetzt hielten, der normale Eisverkauf über
die Bühne, Faveros Hauptgeschäft), dann warf er uns raus –
aber wir glaubten seinem Blick anzumerken, daß er uns im
gleichen Augenblick bereits verzieh. Wie jede Liebesbeziehung bestand unser Verhältnis zu ihm aus einer Mischung
unverschämter Forderungen und einfühlsamer Rücksichts-

nahme, aus lauter Launen und dem Stolz, die Quittung dafür, wenn auch nur vorübergehend, zu akzeptieren. Wir gingen, und kamen wieder.

Wir liebten das Capri. Unser Capri. Unser Hauptquartier auf der Leopoldstraße, diesem verkalkten, häßlichen Boulevard, dieser öden Angeber-Schneise, dieser verschmutzten Avenue. Es war, natürlich, meistens zum Verrücktwerden, länger als zwei Stunden im Capri zu stehen. Aber wir rissen täglich ganze vier Stunden herunter, und mehr. Und vor unseren Augen, wie auf einem Laufsteg, ging die ganze übrige Welt spazieren, die Rassen, die Generationen, alle.

München war fremd, und Schwabing ein Trostpflaster für uns, die nicht so ganz wild waren auf eine Karriere, auf Ehe, Kinder, auf die Aussicht, langsam erwachsen werden zu müssen. Wir waren längst überfällig, was das betraf. Aber solange wir hier im Capri herumstanden, stand die Zeit still. Wie Kinder die Giraffen im Zoo anstarren, so bestaunten wir Mädchenbeine, toupierte Haare, überschminkte Lippen, Schulmädchen, Hausfrauen, Schwule, die ganze an uns vorüberrauschende Menge Menschen.

»Ein schönes Leben«, schrieb Alfred de Vigny, »ist ein Gedanke aus der Jugend, der im reifen Alter verwirklicht wird.« Jung waren wir nicht mehr, und das reife Alter ließ auf sich warten. Aber ein schönes Leben lebten wir damals. Und schließlich haben sich, auch bei uns, hartnäckig die Gedanken durchgesetzt. Wir sind in alle Winde verstreut, obwohl wir, immer noch alle in Schwabing, oft nur wenige Straßenzüge voneinander getrennt leben. Das Capri gibt es nicht mehr – und damit gibt es auch uns nicht mehr, die wir dort unsere Jahre zubrachten.

Ich erinnere mich, hin und wieder kam auf der Leopoldstraße der Schriftsteller Reinhard Baumgart vorbei. Er schaute mir in die Augen, wandte sich ab. Ging weiter.

»Sie wollten leben wie bisher, breit, laut, in ihrem schönen Land, mit einem bißchen Kunst, einem bißchen Musik, mit Fleisch und Bier und Weibern und oft ein Fest und am Sonntag eine Rauferei. Sie waren zufrieden, wie es war. Die Zugereisten sollten Sie in Ruhe lassen, die Schlawiner, die Saupreußen, die Affen, die geselchten.«

Lion Feuchtwanger in *Erfolg*

Später, als ich André Gides Tagebuch las, stieß ich auf einen Satz, und dabei fiel mir auch der Baumgart wieder ein, und sein Blick. Gide schreibt, »Sie meinen, man komme nicht mehr vorwärts, sobald man nicht mehr in ihre Richtung geht.« Na ja, den Eigentümlichkeiten meiner Lebensweise war er damals nicht gewachsen.

Auch erinnere ich mich an den lächelnd die Straße herunterschleichenden Wolfgang Koeppen. Ich hätte ihn gerne einmal angesprochen. Aber dazu war ich, schade, zu schüchtern. Ich bin sicher, es hätte ihm Spaß gemacht, uns hier an dieser Eiscafé-Theke kennenzulernen, jetzt, wo er es alles anderes als eilig hat, Romane zu schreiben. Das zumindest wäre etwas gewesen, worüber wir uns hätten verständigen können.

Ich erinnere mich an die blutjunge Nastassja Kinski, die immer nach der Schule ins Capri kam, mit uns herumalberte und nach Hause ging, um Schularbeiten zu machen – und noch ein bißchen, ein bißchen mehr heranzuwachsen, um mit Erfolg endlich einem wie Roman Polanski zu begegnen. Spätestens seit diesem Ereignis ließ der Regisseur Lemke keine Gelegenheit aus, uns, besonders aber mir, der ich alles, was er sagte, grundsätzlich für höheren Blödsinn hielt, klarzumachen, daß auch wir alle, eines Tages, sehr berühmt werden würden. Wir müßten uns nur die Disziplin auferlegen, einfach weiter nichts zu tun als hier herumzustehen. Nun, Lemke war darin der Begabteste. Als Wim Wenders hereinkam eines Tages, zurück aus New York, Los Angeles, Paris, Berlin? ... begrüßte er uns, stellte sich zu uns, fragte, ziemlich vorsichtig, was wir so trieben. Was wir trieben? Ja, sah er es denn nicht? Wir trieben weiter nichts, als was wir gerade taten: Nichtstun. Herumstehen. »Nichts, Wim, nichts,« sagte Lemke. Es gefiel ihm kaum, daß wir das für die pure Wahrheit hielten. Als er gegangen war, machte mir

Klaus klar, daß aus dem Wenders ein berühmter Filmregisseur werden würde. Und wahrscheinlich war er um so mehr von dieser Vermutung überzeugt, weil Wenders ja gerade die heiligen Fliesen des Eiscafé Capri berührt hatte.

Viele Jahre später, ich hatte mit meinen Gedichten Erfolg gehabt, machte mir Lemke klar, worauf der Erfolg zurückzuführen sei: auf jene nutzlos vertane Zeit im Capri, auf die Freude darüber und die Fliesen unter unseren Sohlen.

Das Capri ist heute ein Pizza-Schnellimbiß. Und etwas wie das Capri damals hat es seither nicht mehr gegeben. Die kleinen Orte unserer schläfrigen Ekstasen sind verschwunden. Und wenn der Sommer in Schwabing schließlich vergangen ist, und die Pappeln in den ersten Herbststürmen die Blätter lassen, kehrt wieder Ruhe ein. Es ist dann, als ob eine Riesenfliege endlich den Ausgang durchs Fenster gefunden hat. Auch die Schönheit war nur, ein paar Jahre lang, eine flüchtige Grimasse. So schlafe ich ein, mit all meinen Kleidern (und den Schuhen an). Tatsächlich, vor vier Jahren haben die achtziger Jahre begonnen.

Affe beißt Banane blutig

Das Studio sah aus wie der Tanzsaal einer galaktischen Raumstation. Da lag er vor mir, und ich trippelte über das einwandfreie Parkett wie auf zerbrochenem Glas. Nur nicht ausrutschen. Ich war neu hier.

Der Raum sah aus, als hätte wenige Minuten vor meinem Eintreffen ein ganzes Symphonieorchester (in Bruckner-Besetzung) fluchtartig eine Party verlassen. Alles stand kreuz und quer herum, umgestürzte Stühle, Notenständer, vergessene, vielleicht auch nur schwer oder gar nicht transportable Musikinstrumente, die jetzt aussahen wie betäubte, verpackte Zootiere. Das alles ließ den Raum noch größer, noch leerer, noch bedrohlicher wirken.

Es war fast vollkommen dunkel. Eine große, gut gebohnerte Dunkelheit. Etwas glitzerte – und war nichts. Vielleicht war es nur der Widerschein jener feinen Elektrizität, von der es hier jede Menge gab. Sie lag einfach in der abgestorbenen Luft, roch wie ein Parfum, das nicht riecht. Erhellt wurde alles durch das Licht aus der Luke am oberen Ende des Raums. Die Kontrollstation. Das kleine, starke, strahlende Auge im unterirdischen Bunker eines Gegenspielers von James Bond. Die Chefetage. Ein grelles Rechteck, erleuchtet wie ein Aquarium. Dort oben, dort hinten schien das einundzwanzigste Jahrhundert bereits begonnen zu haben.

Man glaubt, man sei an Bord eines massiven, aber vor Jahrhunderten bereits auf den Meeresboden gesunkenen Ozeanriesen, vor allem, wenn man einige Stunden hier hinter sich hat und die erste Müdigkeit wieder verflogen ist und die zweite Erschöpfung heute durch etwas ganz besonders

Gutes (hhmm, seht mal, indische Erde!?) vertrieben wird. Man glaubt nun an fast alles. *Showbiz.* Daß man jede heraufdämmernde Nacht fünf Nummern durchsteht. Daß man morgen früh als Millionär – oder als vergoldeter Totenkopf – erwacht. Daß die liebe Leber hält. Und daß die Musiknummer, die hier gerade eingespielt werden soll, groß einschlägt. Und wenn man das alles einfach nicht glauben kann, nun ja, vielleicht fehlen einem dann die geringsten Voraussetzungen, irgendwann tatsächlich nach oben zu kommen – und man hat für alle Zeiten die Chance verspielt, tief zu fallen. In zwei Wochen, so flüstert die Schlangenzunge des Größenwahns, ist man über alle Berge in der ewigen Sonne, mit Goldkettchen um, als Tiefseetaucher ausgebildet, Urlaub, Monde, Tequila.

Da oben im Aquarium, auf das ich zulaufe, sitzen die Regierungen der Hits und Flops. Die Mafia. Die Obergrößten. Ex-Millionäre. Pleite-Profis. Multi-Macher. Eine Bande von Unterhaltungsganoven, die immer noch nicht ihre Nase voll haben vom härtesten Geschäft, wie sie es nennen. Dick wie whisky-weiche Cowboys, hager wie Zehntausendmetersprinter, die Jungs aus der Branche und die Väter auch, Schlager, Pop, Rock, Streicher, Schmalz, Jodel und Klassik, ich weiß nicht, hier erklingt jede Lüge wie ein klingendes Perlencollier, das echt ist, man muß nur mit dem Zauberstab dagegenschlagen, die Vögel auffliegen lassen, den Himmel blau malen, bis es endgültig und wehmütig Nacht wird in jedem Herzen und Tränen strömen aus allen Träumen.

Die Töne hier oben in der Mischpult-Kanzel kommen aus Lautsprecherboxen, die so groß sind wie Elefantensärge. Und der Pilot, der Mischer, sitzt da in seinem Seychellen-T-Shirt und seinem Gautinger Bierbauch und der Astronautenuhr am Handgelenk, als hätte er sein Leben lang mit nichts anderem gespielt als mit einem Preßlufthammer. Einer der

Musiker muß nur mal sanft an einer Gitarrensaite zupfen, schon knallt es. Dagegen ist alles, was man an Lautstärke aus Discotheken kennt, eine kleine Nachtmusik.

Der Pilot fummelt an tausend Knöpfen. Er hört nie auf damit. Er regelt, reguliert. Es ist, als setze er unentwegt, neuntausend Flugstunden entfernt, zur Landung an. Alle Geräte müssen laufend, so scheint es, wenigstens etwas, wenigstens geringfügig verändert werden. Es müssen Kardiogramme gepegelt werden. Bänder müssen an- und abgestellt werden, müssen vor- oder zurückgespult werden. Lichter leuchten auf. Stecker, die nicht passen, müssen durch welche, die passen könnten, ersetzt werden, und die wieder durch welche, die passen. Und die passen, müssen ersetzt werden, dort, wo man sie rausgezogen hat.

Das Lebensgefühl in diesen dunklen, von der Außenwelt hermetisch abgesperrten Räumen hat nichts mehr mit der realen Welt zu tun. Alles ist künstlich. Das reale Leben selbst ist künstlich. Und was hier produziert wird, soll sich trotzdem draußen, in der Welt der Siege und Niederlagen, der Hoffnung und des Wahnsinns, bezahlt machen. In Dollars, wenn schon ... woher käme sonst die Einflüsterung, man habe es bald für immer geschafft, ausgesorgt, auch wenn man dabei draufgeht. Es ist ein Gefühl von totaler, von berauschender Macht. Supersound. Lautstärke. Ein Reißen, als könne man Steine zersägen, Berge versetzen, Flüsse dirigieren. Ein Gefühl von Schöpfung, Erschaffung, auch wenn einem dabei nur einfällt, was man einstürzen sehen möchte. Bei dem Pegel, der hier was gilt, ist es, als habe Beethoven die Zukunft vorausgeahnt, als er schwerhörig wurde. Hier wird nicht gezielt, hier wird getroffen. Brutal, mit der ganzen Überschußmasse einer Rock'n-Roll-Band. Jungs, die weiter nichts tun als Gitarre spielen oder am Schlagzeug sitzen. Vier deutsche Jungs. Aber heavy. Laut. Nazi-laut. Jungs, die vorher nichts waren als eingefleischte Freaks und die nachher weiter nichts sein werden als der ganze große Rest der lauten Zaubervorstellung des unruhigen, hastigen Lebens: Ärger mit der Freundin, kalte Zimmer, Wehrersatzdienst im Nakken, keine Kohle, wie geht's weiter, Mann, wann heben wir ab – Fetzen sollen fliegen wie Sternschnuppen, es soll Wind aufkommen, es muß Gold ins Blut, Töne werden wie Reißnägel hineingedrückt in die Kabel, und die Kabel übertragen es in die Elefantensärge bis in meine Ohren.

Und dann spielt eine Gitarre. Sanft, als zähle Carl die Schamhaare eines Engels mit den Fingerspitzen. Der Schlagzeuger, mit froschgrünen Superstar-Plastik-Brillengläsern, achtzehn Jahre alt höchstens, der immer nur eins sagt: »Ab in die Staaten, Mann, ich spring bald rüber, Mann, ach Scheiße, Mann.«

Alle trinken sie Pernod-Cola, der Absinth für alle, die noch hoffen, daß ihr Leben nicht zu lange dauern wird. Was zählt die eigene Zukunft, wo es um die Zukunft des Rock'n Roll geht. Worauf warten, wenn weiter nichts zählt als zu sterben. Und dann, nach dem neunten Drink, einen ganzen heißen kalifornisch-blauen Sommer lang spielen, trommeln, kiffen, schniefen, paff, ab geht's. Wo ist die Hölle am gemütlichsten? In Motels übernachten. Carl kichert wie jene kleine Göre, die ihren Papa beim Pissen beobachtet. Leute treffen. Einsteigen. Aussteigen. Immer schneller, bis es keine Rolle mehr spielt, was danach kommt. Groovy, Mann, sagt das Froschauge. Alles, was er sagt, sagt er in fast vereinzelten Wörtern, achtzig Prozent in Englisch. Da würd ich hinpassen. Er schiebt sich seine grüne Elton-John-Brille tiefer an die Augen, schüttelt seine blonden Mars-Metall-Haare, die wie eine chemische Perücke wirken. Haare. Abgekaute Fingernägel. Trommeln.

Wie soll ich das singen, fragt der Sänger.

Ach du, sing halt mal, sagt der Produzent.

Sing mal an, sagt der Pilot.

Immer locker, sagt Olaf hinunter zu ihm, drückt auf die Taste, so daß er jetzt nur noch für uns hier oben zu hören ist, und lacht. Der versteht den Text sowieso nicht.

Die Gespräche laufen immer gespalten, draußen, drinnen, ja gut, machen wir noch mal, heißt es nach draußen, versuch's noch mal, du kommst hin. Und drinnen, wo die Mafia sitzt und Freunde keine Freunde mehr sind und wo es einfach darauf ankommt, ob man sich hier nur aufbläst oder ob das Produkt dann auch zum Laufen kommt, hier heißt es, ich hab's ja gesagt, schmeißen wir ihn weg, soll seiner Alten was vorsingen.

Pieces of eight ist eine langsame Nummer. Aber der Junge mit dem Mikro ist seit zehn Jahren an Dorffeste mit Schreierei, Prügelei, einheimischen Mopedrockern, Elvis, Lautstärke, Nabelbruch und hundert Phon zuviel gewöhnt. An sein ganz großes Rohr, wie er sagt. Dreh auf, dreh's nachher halt wieder etwas runter.

Drei, vier Stunden sind vorbei. Wie spät ist es? Ist es Tag oder Nacht? Sind wir auf der Erde oder hinterm Mond? Alle Anläufe blieben stecken. Und wenn er mal in etwa drin war in seiner weichen Heiserkeit, dann bekam er's mit der Angst und hörte auf. Oh indische Erde. Oh Nikotin und Koffein. Der Produzent hatte sein Geld drin und seinen Diplomaten mitgebracht, der mehr Geduld hat als er. Er heißt Olaf und kennt alle hier. Er war der einzige, den *ich* kannte. Er war der Zauber-Zampano. Was sein Beruf war, ist mir bis heute nicht klar. Aber ohne ihn geht heute nichts. Er ist die graue Eminenz, Faktotum aller Verrückten.

Die Jungs da unten im leeren Studio sind keine existierende Gruppe, sie werden pauschal bezahlt für dieses Experiment. Und die Mafia hier oben kennt sich. Man kennt sich wie Rivalen, die ganz offensichtlich gar nicht miteinander konkurrieren. Nur hält wahrscheinlich der eine den anderen für restlos ausgeflippt, der andere den einen für stinke bürgerlich, habgierig und korrupt, dieser hält jenen für total verbraucht und reif für die Klapsmühle, und jener hält jenen für durch und durch kommerzialisiert ...

Und mich, weiß Gott, halten sie für sonst was, für eine singende Libelle im Marmorgebäude hoher Kunst.

Nicht schlecht der Text, brummelt der Dicke mit der Müllabfuhrfigur. Gegen das, was vorher gesungen wurde, lacht Olaf und klopft mir auf die kahle Stelle auf meinem Kopf. Endlich mal'n Tiefflieger. Er grinst mich an. Er kennt die Tage und Nächte dieser Existenz genau. Hier hat er schon vor zwanzig Jahren Rockgruppen produziert. Hier steht er drin mit einem Bein und läßt es durch die Vibration der Verstärker schütteln. Das andere, sein Lieblingsbein, steht im letzten Jazzkeller, wenn die Welt in Venedig absäuft.

Das hier ist ein Glücksspiel, eine Bootsfahrt ans andere Ufer des Jordan, so wie sich andere besaufen und von Reisen berichten, die sie mit jedem neuen Schnaps in immer fernere Weltgegenden führen. Es ist pure Lautstärke, auch wenn *Pieces of eight* eigentlich eine Ballade ist.

Irgendwie ist alles, was hier passiert, eine Droge. Und bestenfalls irgendwann einmal Musik. Darauf wartet man taubstumm, zerrüttet von den Aufputschmitteln, hellhörig, todmüde, von nichts mehr beeindruckt als dem Gedanken, daß einem die Knochen wegfliegen.

Die Musiker in ihren Kästen. Mit den Kopfhörern auf. Jeder in einer anderen Stimmung offensichtlich, denn nichts geht. Und immer alles zwei-, dreispurig – und vor allem großspurig.

Versteht der überhaupt, was er singt? fragt die Müllabfuhr.

Mehr Saft, fordert der Sänger.

Nicht zuviel, sonst hörst du die anderen nicht, besänftigt Olaf.

Der Produzent ist geschafft, er kennt den Job, vielleicht ist er auch körperlich nicht der stärkste, das indische Zeug hat ihn schläfrig gemacht, er schläft ein, langsam. Man sieht, weil er sich nicht mehr bewegt, wie er gekleidet ist. So alt wie ich, Schlagersänger-Millionär, der aus Steuergründen wahrscheinlich auf die hirnrissige Idee kam, mal harten, kompromißlosen Stoff zu produzieren, heavy metal from Germany, Nazi-Wahnsinn für die kids von Alabama-City und Dallas und New York ... man muß die Fingerchen weltweit drinhaben. Leugnet er auch überhaupt nicht. Er spricht von dem Lotto seiner Branche, als segne er eine Herde weißer Schafe. Und glaubt an seine produktive Unschuld. Und handelt danach. Und wie man sieht, schläft er gut, auch wenn das ganze Unternehmen mal nicht so hinhaut.

Ich sitze in meinem tiefen, viel zu weich gepolsterten Sessel und reagiere auf die unvorstellbare Lautstärke mit einer Zufriedenheit, daß ich zuweilen sogar selbst daran glaube, daß alles noch gut wird.

Die Nummer wird wieder und wieder gesungen. Vier Uhr früh. Eine Stunde Pause. Carl sagt fast nichts, sondern schaut Olaf an, der die Augenbrauen hochreißt, als wolle er sie über den Schädel nach hinten in den Hemdkragen rutschen lassen.

Amerika? Ach was, Nieselregen. Verschwitzte T-Shirts. Kaffee. Stinkende Socken, Erschöpfung. Der Ozeanriese, in dessen Bauch wir wohnen, wird zum Bunker aus Felsgestein. Man fühlt im Kopf, wie eine Ladung Zement gegen die eigenen Schläfen geschüttet wird.

Der Pilot ist friedlich und so unbeteiligt wie ein toter Mann. Totaler Profi, wie Olaf bewundernd bestätigt.

Draußen, da unten, liegt der Tanzsaal. Kein Echo klingt

nach. Beim Rausgehen an die frische Luft kugeln leere Flaschen über das Parkett.

Du schreibst Bücher, will einer wissen.

Ich möcht auch mal ein Buch schreiben, sagt ein anderer.

Alles ist jetzt ganz ruhig. Und alles wiederholt sich. Amerika, weiße Villen, der Süden löst sich auf im Spiegelbild eines weißen Cadillacs.

Machen wir Schluß für heute, schlägt Olaf vor. Und morgen singst du's wie ein Liebesbrief. Liebesbrief? Davon hat der Sänger noch nie was gehört. Carl, der jetzt wie einer aus der Ufo-Serie aussieht, will gleich ganz abreisen. Er hat genug.

Du bleibst, verlangt Olaf.

Er bleibt. Lustlos.

Na dann, sagt Lothar am Baß, er ist bisher überhaupt nicht in Erscheinung getreten. Typisch für diese Spezies von Rockmusiker – sie haben Nerven wie Eisen, schweigen, kassieren und halten sich fit.

Der Kicherdrummer lacht sich immer noch tot über den Witz mit dem Affen, der eine Banane blutig beißt.

Also dann bis morgen.

Showbiz. Vinyl. Rock'n Roll. Keinem ist klar, was passiert ist. Niemand in dieser Nacht will es wissen. Es ist doch alles ziemlich gleichgültig. Carl wollte halt mal wieder spielen. Die Elton-John-Plastik-Brille kommt mal wieder aus Bielefeld raus, und hier beim Schlagersänger-Millionär gibt's das Geld locker in cash. Lothar hat Familie, zum Teufel, was soll er hier frühmorgens mit lauter Verrückten? Wie soll diese Nummer mit dem schönen Titel *Pieces of eight* jemals dort landen, wo sich die Schwingen des Goldvogels in der Luft öffnen, ausbreiten und zu schlagen und zu fliegen beginnen. Wie sollen Dollars funkeln, wenn nichts läuft? Ach Leute, sag ich, gestern ging ich in den Blumenladen und wollte 'ne Rose kaufen und riech an allen herum und kann mich nicht entscheiden. Bitte schön, sagt die Dame, was darf's denn sein?

Und ich sag, eine Rose, die riecht.

Die Dame schaut mich an. Ham wir nicht. Gibt's nicht. Vielleicht früher mal, früher.

Affe beißt Banane blutig. Rock'n Roll.

Carls Gitarre klang phantastisch. Und der Song ist auch gut. Und das Studio war spitze. Aber nichts lief.

Ich frag mich, für wen das alles hier eigentlich stattfindet. Und einer antwortet, was is'n heute für'n Tag?

Danke, Schmeling

Picasso bin ich nie begegnet. Strawinski auch nicht. Aber endlich Schmeling. Und wie es bei der Begegnung mit einer Legende nun einmal ist, wird man erst in der Erinnerung glauben, daß sie wirklich stattgefunden hat.

Es war zehn Uhr morgens. Ein nasser, kalter, grauer Tag im August. Schmeling begrüßt mich in seinem Büro in Hamburg. Mit Handschlag. Ein Händedruck, der mich durchzuckt, sehr sanft. Da ist sie, seine rechte Hand, die berühmte, die ruhmreiche Rechte. In ihrer kompaktesten Form als bandagierte Faust und in ihrer wirksamsten Anwendung, nämlich gerade geschlagen und kurz angesetzt, hat sie vor einem halben Jahrhundert an der Kinnspitze von Joe Louis ihr Wunder vollbracht.

Buchstäblich mit einem Schlag wurde er zum Star. Aber natürlich lag in diesem Schlag alle Erfahrung, alle Entbehrung, jeder gelaufene Trainingskilometer, die radikale Ruhe eines selbstsicheren, zum Absoluten entschlossenen Athleten – und ein Faß voller Schweiß. Dieser Schlag war die Summe seiner bisherigen Karriere, ausgeführt in perfekter Vollendung, mit dem sicheren Instinkt für Millimeterarbeit, die nur dann zu etwas gut ist, wenn sie sich mit der geballten Wucht aller Körperkräfte vereinigt. Das alles dauert nur eine einzige Sekunde, aber nach dieser Sekunde begann für Schmeling eine andere Zeitrechnung, die Zeitrechnung der Unsterblichkeit.

Ich war noch nicht geboren, noch lange nicht; nicht einmal meine Eltern waren einander schon begegnet, als das junge schwarze Genie Joe Louis in der 12. Runde einsehen mußte, daß Genie nicht alles ist. Getroffen von Schmelings rechter

Hand – die ich eben noch ehrfurchtsvoll, wie eine Reliquie fast, umklammert hielt –, knickt er weg und wird ausgezählt. Die schwarzen Mitbrüder, die Ärmsten unter den Armen, haben auf ihren Gott gesetzt, alles gewettet – und verloren. Und nicht nur Geld, sondern ihre Hoffnung. Harlem schweigt. Die Musik ist vorbei. Irgendwo in den Zimmern der teuersten Hotels von New York werfen Manager ihre Zigarren ins Badewasser und ihre Blondinen wieder auf die Straße. Nein, der Weltkrieg ist noch nicht ausgebrochen. Und der Kampf gegen Joe Louis war auch kein Kampf um die Weltmeisterschaft. Aber neben der Bitterkeit einer nationalen Niederlage würgt sie in diesem Jahr 1936 eine tiefer sitzende, quälendere Angst: die vor dem rücksichts- und mitleidslosen Regime des Nationalsozialismus.

Dabei haben wir es hier, um wieder auf den Teppich zu kommen, nicht mit der arischen Rasse zu tun, sondern mit der einsamen Klasse eines deutschen Schwergewichtsboxers.

Obwohl ich mit Schmeling an diesem frühen Morgen zum Interview verabredet bin, war ich schon in den Tagen zuvor einfach nicht in der Lage gewesen, mir auch nur ein paar neue, vernünftige, vielleicht sogar überraschende Fragen zu notieren. Zwei Generationen vor mir haben alle Fragen längst gestellt, und die Antworten füllen inzwischen Bände von Leitz-Ordnern.

»Darf ich Ihnen etwas zu trinken anbieten?«

»Keine Cola.«

Schmeling nimmt diese Anspielung gelassen und bestellt sich selbst eine. Immerhin sitzen wir hier in einem Coca-Cola-Hauptquartier – und Schmeling ist der Boss. Aber so früh verträgt mein Magen keine Cola: ich vertrage kaum, daß ein anderer eine trinkt. Aber Respekt: Der Mann ist doppelt so alt und haut sich morgens um zehn eine Cola rein. Aber ist es die Lust auf Durst oder die selbstverständliche Solidarität eines Geschäftsmannes mit dem Produkt, das er herstellen läßt?

»Was, um Himmels willen, wollen Sie denn noch wissen?« fragt Schmeling mit gespielter Ratlosigkeit. Und mit Blick auf das dicke Buch seiner Erinnerungen, das ich bei mir habe: »Da steht doch wirklich alles drin.«

Stimmt. Da steht alles. Ich bin unzufrieden. Aber dann nimmt er mir die Last von den Schultern und beginnt einfach drauflos zu erzählen: gute, alte Geschichten aus der guten, alten Zeit. Es ist, als kenne er seine Memoiren auswendig. Ich habe dabei Gelegenheit, Schmelings körperliche und geistige Verfassung zu bewundern. Selbst in seinem achtbar hohen Alter von achtzig Jahren ist er beeindruckend da. Ein solides Stück Natur wie eh und je. Und noch immer sieht er imponierend gut aus. Er hat eine tiefe, wohlklingende Stimme, leichte, elegante Bewegungen und jenes Lächeln, von dem man nicht weiß, ob es von einer noch immer jugendlichen Schüchternheit herrührt oder von jener Art unbewußten Selbstvertrauens, wie es Ausnahme-Athleten seines Kalibers eben haben müssen.

Er ist auf eine entwaffnende Weise höflich. Und er ist bescheiden, ein wahrer Buddha an Bescheidenheit. So lerne ich ihn kennen, wie ihn alle kennen, menschlicher als der beste aller Menschen... Aber, frage ich mich, wie interessant kann ein liebenswürdiger Mensch sein? Was für eine Story ergibt so ein prachtvoll glücklicher Mensch? Ich habe mit glücklichen Menschen so meine Schwierigkeiten – und hätte sie auch mit Schmeling, wenn ich ihn nicht einzig und allein für jene Eigenschaften bewundern könnte, die man sich nur im Kampf abverlangt, im Fegefeuer der Fäuste, im Boxring also. Daß Schmeling das unantastbare Idol ist, interessiert mich nicht.

Der Ruhm hat Schmeling verewigt, der Nachruhm aber

überzuckert. Ich will durch den Zucker zurück zu Schmeling, dem Boxer.

Was haben die Journalisten nicht schon alles über ihn geschrieben. Was keinem seiner Gegner im Ring gelang, schafften sie. Sie hackten ihn klein, in kleine, gut verzehrbare Stücke – für den deutschen Hausgebrauch. Sie haben ihn in Serie gehen lassen als »Maxe, unser bestes Stück«, haben ihn ausgeschlachtet als Volksheld, haben sein (in der Tat märchenhaftes) Lebens- und Liebesglück als Schnulze zubereitet und serviert, als ließe sich die Wahrheit über Schmeling auf die Formel eines alten Ufa-Schlagers bringen: »Mit dem Glück auf du und du.«

Kaum waren die Ringstrahler über der Boxarena erloschen, überstrahlten immer neue Regenbogen diesen Mann. Mittelmäßige Lohnschreiber haben ihn zum Musterknaben der Nation popularisiert, als sei seiner Popularität noch irgendein Süßstoff beizumengen. Und so wurde er schließlich das Heiligenbild einer Bevölkerung, für die es allerdings eine arge Belastung darstellen würde, müßte sie mal einen richtigen Boxkampf aus der Nähe miterleben. Er wurde zum Inbegriff des tüchtigen, redlichen, grundanständigen Deutschen, als würde Schmeling nie etwas anderes von sich gegeben haben als eben rührende Allerweltsweisheiten. Ja, als sei er nie ein Boxer gewesen.

Daß er seinen Sport als »die ehrlichste Auseinandersetzung, die ich kenne« bezeichnet hat und das auch in unserem Gespräch wiederholt, überhören sie – davon wollen Sonntagsprediger nichts hören. Und so ist Schmeling, solange ich, der Nachgeborene, zurückdenken kann, der in Trauerzeiten ausgestellte Luxusgegenstand geblieben – aber wer trauert in diesem Land eigentlich um seinen Boxsport? Sie erinnern sich an ihn mit der gleichen, alle Zukunft mißbilligenden Sentimentalität, wie sich alte Menschen an schwere Zeiten erinnern, an die wirren und verwirrenden, die verrückten und verruchten Zeiten der zwanziger und dreißiger Jahre.

Es ist wahr, die Zeit reduziert eine Persönlichkeit auf ihre Essenz, und bekanntlich wird eine Essenz um so luftdichter verpackt, je kostbarer sie ist.

Da habe ich die Amerikaner ihre Hochachtung für Schmeling anders, fachkundiger und sehr viel realistischer ausdrükken hören. Und damit meine ich nicht nur jenen leichteren, aufmerksameren Tonfall, der in ihren Stimmen mitklingt, wenn sie vom Boxsport und ihren Helden reden, sondern einfach ihr fundamentales Verständnis dafür, was ein Boxkampf überhaupt ist. Und daß man diesen Blues tanzen muß, ob man will oder nicht. Und Schmeling – hat er ihn nicht lange und gut getanzt? Er ist – um es in ihrem Jargon zu sagen – »real life«.

Amerika ist noch immer das Land, wo ein Schwergewichtsweltmeister »der große Zeh Gottes« ist, wie Norman Mailer schrieb. Und schon deshalb verstehen die Leute dort, auch der kleinste Mann am Tresen seiner Whiskykneipe, etwas von der peitschenden Paranoia eines erbitterten Fünfzehn-Runden-Kampfes. Bei der bloßen Erwähnung des Namens Schmeling sind sich Taxifahrer, Barkeeper und der Geschäftsmann in Manhattan einig: *what a right hand!* Ihre Augen leuchten auf. In Erinnerung und anerkennender Begeisterung schaukeln ihre Köpfe von oben nach unten, von rechts nach links. Außerdem, sagen sie dann, hat er eine Filmschauspielerin geheiratet. Und sie sagen es, als redeten sie von Gottes Goldplombe. *He was smart.* Smart war er.

Das ist nun genau jene Art von Kompliment, die in Deutschland als Unhöflichkeit gilt. Hier lebt er fort als das Lieblingskind jener konservativen Kreise, die ihn als Vorbild verehren für gerade jene Tugenden, die immer schon zu nichts weiter als zu gräßlichen Mißverständnissen geführt haben. Eine Rolle, an der er nicht ganz schuldlos ist, die ihm aber, wenn ich mich in diesen zwei kurzen Stunden mit ihm nicht völlig getäuscht habe, nicht gefallen kann. Er wird nach Maßstäben gemessen, die moralischer Natur sind. Ich verehre ihn, wie es seine Fans drüben (und in der restlichen weiten Welt) tun, als einen der fünf besten Schwergewichtsboxer aller Zeiten. Die kurz angesetzte und gerade geschlagene Rechte hat die Sterne vom Himmel gerissen. Das war's. Und so soll es bleiben.

»Unwiederbringliche Zeiten«, sagt Schmeling. Also begraben wir den Hund. Und gehen dabei vielleicht selbst bald vor die Hunde. Um einen Boris Becker des Boxsports zu bekommen, brauchten wir wieder schwere Zeiten, Hunger, Entbehrung, einen Krieg – einen Weltkrieg gar.

Für seine Fans ist Schmeling heute ein altgewordener Boxer, reich und glücklich. Um ihn keine Tragödie, wie um den armen, kranken, bankrotten Joe Louis. Keine Drogen wie bei Liston. Kein Ende im Suff wie bei Turpin. Keine Schiebereien wie bei Braddock, der seinen Titel für zehn Prozent (und zehn Jahre) an Mike Jacobs, den Manager von Joe Louis, verkaufte – und deshalb damals nicht gegen Schmeling antrat, um seinen Titel zu verteidigen, wie es doch vertraglich bereits fixiert war.

So trat er zwei Jahre später, 1938, zum Rückkampf gegen Joe Louis an, der inzwischen Weltmeister (gegen Braddock) geworden war. Die Zuschauer hatten es sich auf ihren Plätzen noch nicht richtig bequem gemacht, da lag Schmeling schon flach. Und seine Ecke warf das Handtuch. Laut einer Meldung der New York Times vom 17. Juni dieses Jahres wird dieses Handtuch im Nationalmuseum der Amerikanischen Geschichte als Kultgegenstand ausgestellt.

Boxen, der einstige Nationalsport, hat in Deutschland die Grenze der Zumutbarkeit überschritten. Über ihn scheint das

Todesurteil gesprochen. Die Leute hier haben sich von ihm selbstherrlich und angewidert abgewandt, murmeln immer etwas von Schiebung, Blut und Unterwelt. Die Boxer meiner Generation sind ihnen nicht nur wesensfremd, sondern verdächtig allesamt als Mitglieder des sogenannten Milieus – Schwarzgeld, Huren, Alkohol. Moralisch sind sie, natürlich, nicht annähernd so stichhaltig wie es Max Schmeling war und ist. Und sie werden nicht nach ihren boxerischen Begabungen eingeschätzt, sondern abgeurteilt von den Aposteln des Anstands.

Die im Dunkeln sieht man nicht? Und ob! Sie besetzen heute, falls es zu einem Kampfabend kommt, die Logen und ersten Reihen. Und sie schauen sich mit Gelassenheit auch Boxkämpfe schlechterer Qualität an, weil noch der schlechteste Kampf doch auch seine Geschichten erzählt, brutal, ungeschminkt, ohne Erbarmen: Geschichten von Glücklosigkeit, von Erniedrigung und unvollendetem Talent. Es sind vergessene Geschichten, die doch jeden Tag neu beginnen – mag unsere Gesellschaft, die Schmeling feiert, darauf auch mit erbarmungsloser Selbstgerechtigkeit reagieren.

Der Mensch, es stimmt schon, verträgt nicht allzuviel Realität. Und auch Schmeling zuckt bei der Vorstellung zusammen, daß der Weltmeisterschaftsgürtel von Eckhart Dagge, dem einzigen deutschen Box-Champion nach Schmeling, heute in einer Kneipe auf der Reeperbahn hängt.

Es gibt einige Männer, darunter ehemalige Berufsboxer, mit denen ich gern zusammensitze. Sie teilen mein Vergnügen, das ich immer empfinde, wenn Ereignisse in totalen Katastrophen enden. Wenn das Leben Ecken und Kanten hat, und wenn diese Ecken dunkel sind und die Kanten blutverkrustet, folgt Schmeling den Schritten eines Engels, ohne Eitelkeit, in unschuldiger Unwissenheit. Werft ihn in eine Schlangengrube – ich glaube, er könnte fliegen.

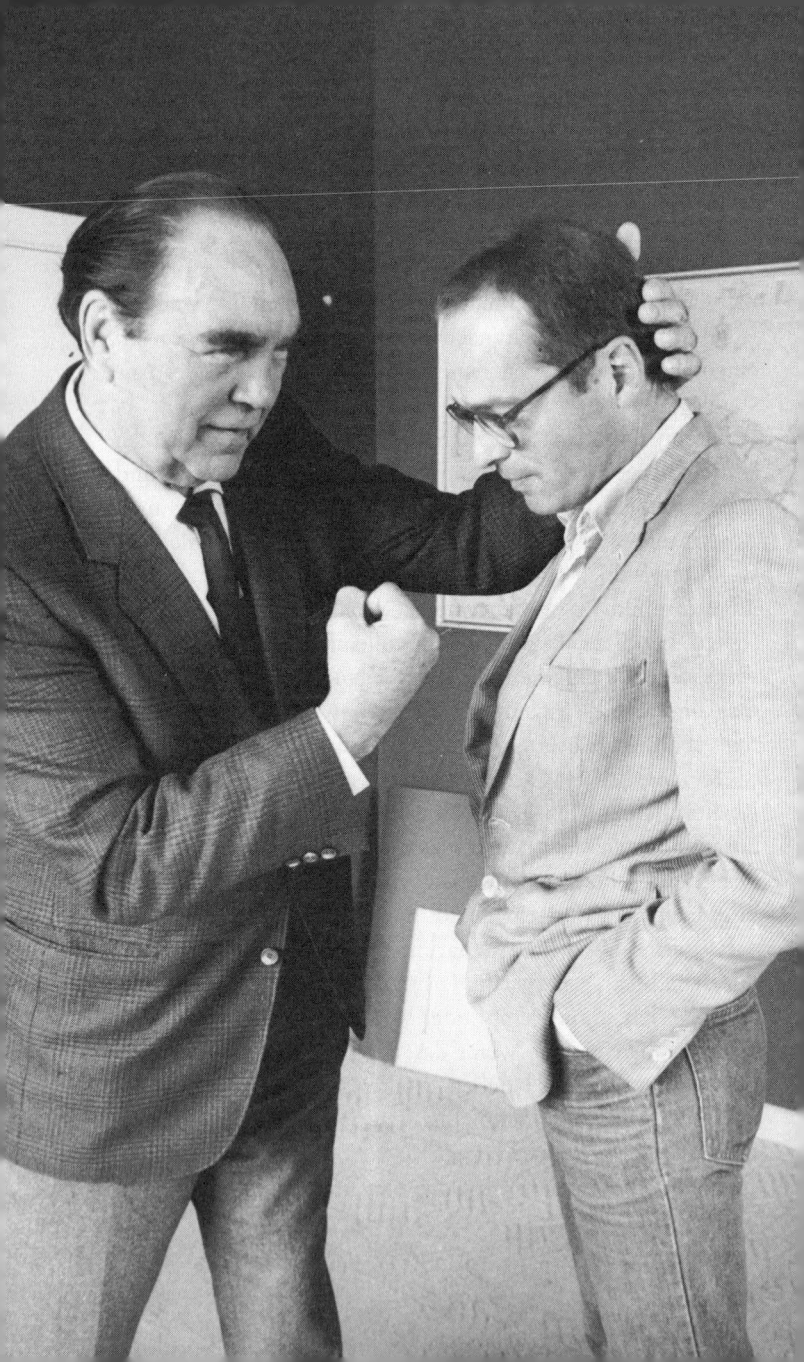

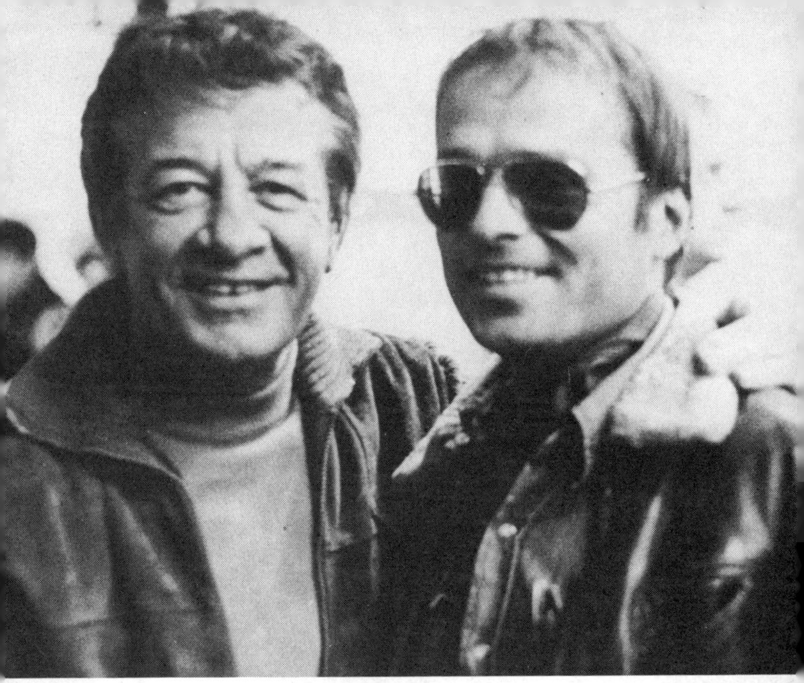

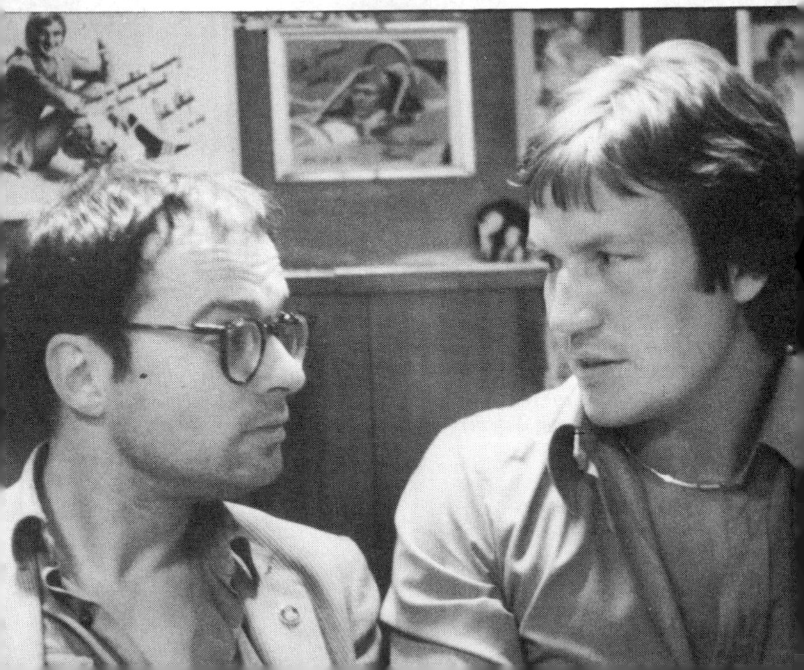

Der Autor mit den Boxweltmeistern:
Max Schmeling anläßlich eines Interviews am 28.9.1985 in Hamburg
Rocky Graziano, Mittelgewichtsweltmeister 1947, im Gleason's Gym in New York, 1979
Eckhard Dagge, Jr. Mittelgewichtsweltmeister 1976/77, in einem Lokal in St. Pauli, 1983
Pinklon Thomas, Schwergewichtsweltmeister 1986, in New York, 1980

Die weiße Hoffnung

Vom Boxen wird in New York wieder an jeder Straßenecke geredet, an jedem Telefon hängt einer, der davon spricht, es fährt keine Subway, in der nicht wenigstens einer einen Monolog darüber hält. Sie reden auf Parkplätzen über Aufwärtshaken, in Aufzügen über linke Schwinger oder das beste Kinn, sie reden darüber in der Mittagspause und zu Hause nach Feierabend, falls noch einer wach genug ist, um zuzuhören.

Es ist in Al's russisch-türkischem Dampfbad nicht anders als in Abe's Steakhouse, es ist nirgendwo in New York anders.

Es gab Zeiten, da redeten die Männer sogar mit ihren Tieren darüber, ihren Hunden, Katzen, Papageien; doch sind diese Zeiten leider dahin.

Da sie immer sehr früh damit beginnen, über die Kämpfe zu reden, ganz gleichgültig, ob bereits unterschriebene Kampfverträge vorliegen oder nicht – kommt es vor, daß sie über einen Boxkampf alles gesagt haben, der dann doch nie stattfinden wird.

Aber er hat in ihren Köpfen stattgefunden, und sie haben ihn durchgekämpft. Wort für Wort in einem wahrhaft endlosen Gefecht.

Es sind Männer, denen die Butter im Munde nicht schmilzt. Sie wissen, was selbst Zeitungsreporter erst aus der Zeitung erfahren. Es sind Experten, die sich nur in einem nie getäuscht haben: todsicher immer den Verlierer zu wetten.

Seltsame Menschen sind es; Männer, die in aller Öffentlichkeit furzen und zu Hause Ölbilder malen.

Männer, die nachts, wenn sie schweigen, Träume haben, in denen Gott zu ihnen spricht.

»Du willst also, daß dein Junge Weltmeister wird?«

»Natürlich, was sonst?«

»Beteilige mich mit 20 Prozent an deinem Jungen, und du hast den Titel.«

War das Gott?

Oder die Stimme von Blinky Palermo?

Wenn sie aufwachen, haben sie die Antwort darauf längst vergessen... vor der Tür steht die Milchflasche, daneben liegt die Morgenzeitung – und sie fragen sich, warum sie überhaupt aufstehen sollen.

Diese Männer sehen aus, als seien sie bei einer kleinen Schießerei der Mafia nur ganz versehentlich mit dem Leben davongekommen; aber etwas von diesem Schreck hat sich für immer in ihre Gesichter eingegraben. Sie sind immer schlechter Laune, wie alle, die schon morgens keine Wahl haben: Milch schlägt auf den Magen, und was die Presse weiß, wissen sie besser. Vielleicht ist wirklich die ganze Luft raus aus dem Boxgeschäft, vielleicht ist das der Grund, weshalb alle drei Wochen ein Jahrhundertkampf stattfindet und alle drei Monate ein historisches Ereignis.

Aber plötzlich – was ist denn los? Es muß ein Wunder passiert sein – oder etwas Besseres als ein Wunder. Die Banken öffnen ihre Tresore, die Manager machen dankbare Gesichter, die Zeitungsjungen verkaufen ihre Zeitungen, ohne sich die Kehle ruinieren zu müssen, in den Bars steigt der Umsatz.

Man muß sich das wie einen Kurzschluß in einer dunklen leeren Garage vorstellen.

Zing! Ein heller kleiner Feuerstoß.

Die Weißen – im Profiboxgeschäft nicht viel mehr als dritte Welt – haben eine neue weiße Hoffnung, einen Herausforderer auf den Titel des Boxweltmeisters im Schwergewicht, dem Meister aller Klassen. Das hat es lange nicht mehr gegeben, und vielleicht haben die Weißen inzwischen vergessen, worauf sie jetzt hoffen wollen.

Wo waren die weißen Preisboxer? Wie viele gab es denn? Sie haben alle kläglich versagt. Jeder neue Versuch, einen echten Mister America zu küren, endete als blutiges Requiem.

Nicht alle waren schlechte Boxer, aber es ist lange her, seit ein weißer Schwergewichtler in der Lage war, den Titel zu holen, genau genommen 30 Jahre, als der Italo-Amerikaner Rocky Marciano mit einem K.-o.-Sieg in der 13. Runde über Jersey Joe Walcott Weltmeister wurde; danach gab es keinen weißen Amerikaner mehr, der genug Kraft, Kopf, Kinn und Können gehabt hätte. Es war nicht viel mehr als ein Zwischenfall, daß der blonde Schwede Ingemar Johansson das Gesetz der Serie durchbrach, in nur drei Runden Floyd Patterson ausknockte und – zing! – Weltmeister war.

Dem Boxgeschäft hat dieser Zwischenfall enorme finanzielle Einbußen beschert. Das bevorstehende Wunder soll sie dafür entschädigen: Larry Holmes gegen Gerry Cooney. Der amtierende schwarze Boxweltmeister verteidigt seinen Titel gegen einen jungen, bisher unbesiegten, weißen Boxer. Alle Welt nennt ihn die Hoffnung, die beste weiße Hoffnung seit Marciano. Sie nennen ihn *Das Eigentum*, weil er eine wahre Goldgrube darstellt. Nennen ihn Mister Excitement, weil wieder Schwung in der Bude ist.

Er hat viele Namen – und im Namen vieler soll er den Weltmeister besiegen. Für diese eine frühe Chance bekommt der 25jährige Cooney eine garantierte Börse von zehn Millionen Dollar.

10 000 000 Dollar?

Dieser Batzen macht die Stammkundschaft bei Tiffany's zu armen Schluckern. Mein alter Boxlehrer hatte recht: »An dem

Sport ist an sich gar nichts auszusetzen, aber sie machen ein Geschäft daraus, und das verdirbt ihn.«

Auch jene, die diesen Sport lieben, haben ihn verdorben – durch zuviel Liebe, wie man ein Kind in seinem Herzen verdirbt, weil es den Schmerz nicht versteht, der durch Mangel an Liebe ausgelöst wird; es wird sich nicht auskennen, wo Kenntnisse nötig wären.

An manchen Tagen, im Zwielicht von Smog und Regen, sieht New York wie das Pappmaché aus, das sie auf deutschen Bühnen für Brecht-Inszenierungen verwenden.

Am 26. Dezember 1908 besiegte in Sidney in Australien der Negerboxer Jack Johnson den weißen Weltmeister Tommy Burns; er schlug ihn derart windelweich, daß die Polizei den Kampf stoppen mußte.

Der Ringrichter war in keiner beneidenswerten Situation. Zum einen konnte er nicht glauben, was sich da vor seinen Augen im Ring abspielte, zum anderen stand ihm eine viel zu schwere Belastung seiner Nerven bevor: er mußte den weißen Favoriten auszählen – und danach mußte er einen Neger zum Sieger erklären: verständlich also, daß er erst gar nicht mit dem Auszählen anfangen wollte. Und so schritt dann die Polizei ein.

Johnson muß seinen Gegner ziemlich ramponiert haben – hätte sonst Burns bis zu seinem Tod keine Gelegenheit ausgelassen, um jedem Reporter immer wieder die gleiche Lüge aufzutischen? »Wißt ihr, was ich nach dem Kampf tat? Ich nahm die Straßenbahn und fuhr zum Pferderennen. Wo Johnson war, wißt ihr ja. Er saß mit zwei gebrochenen Rippen beim Onkel Doktor.«

Zum erstenmal in der Geschichte des Schwergewichtsboxens – und zur Bestürzung eines jungen Reporters, der

Jack London hieß und den Kampf miterlebte – war ein Neger Weltmeister.

»Die Meisterschaft ist das Privileg der weißen Rasse« – das kam, wie in Stein gehauen, aus dem Munde John L. Sullivans, selbst einmal Boxweltmeister, zu einer Zeit allerdings, als man noch mit bloßen Fäusten aufeinander losging, und das 60, 70 Runden lang.

»Löscht das Lachen aus seinem Gesicht«, schrieben die Zeitungen. Sie setzten es in Buchstaben, die breiter waren als der Oberarm eines Bärentöters.

Ein Mann mußte her, der diesem Nigger zeigte, wo sein Platz war: zu Füßen des weißen Mannes. Nur – um ihn dorthin zu bekommen, mußte man ihn ausknocken.

Man muß sich fragen, warum sie ihn nicht gleich da unten in Australien umgelegt haben – das war (und ist) doch sonst nie ein Problem?

Offenbar aber wollten sie es gründlicher machen; es gibt menschlichere Morde als die Kugel oder das Messer, vor allem sollte die Exekution öffentlich stattfinden, vor großer Kulisse.

Die Weißen wollten Amerika noch einmal erobern, dieses Mal symbolisch. Das war, wie sich in den folgenden Jahren herausstellte, jedoch so gut wie aussichtslos. Jack Johnson war ein Genie des Faustkampfes. Und wer nur mit Kraft ausgestattet war und dem Willen, das moralische Recht zu vollstrecken, hatte nicht genug Voraussetzungen, ihn zu besiegen.

Alsbald wurden in ganz Amerika Turniere veranstaltet, Ausscheidungskämpfe für alle in Frage kommenden hellhäutigen Boxer. Besonders einfallsreiche Geschäftsleute ließen ihre Beziehungen bis nach China hinein spielen; sie wollten ein paar brauchbare Kulis von dort importieren. In einem einzigen Jahr traten fünf weiße Männer gegen Johnson an. Es waren die besten aktiven Kämpfer ihrer Zeit. Alle aber wurden besiegt.

Die Ära der weißen Hoffnungen, eine Dekade der Hysterie, der Morde und Lynchjustiz – und des Profits, denn es gab auf beiden Seiten, auf der der Eroberer wie auf der der Gedemütigten keinen, den diese Rebellion eines einzelnen gegen einen Kontinent nicht interessierte.

Einigen Leuten ging alles nicht rasch genug, sie wollten nicht an Johnsons Unbesiegbarkeit glauben. Und sie überredeten den Ex-Weltmeister James J. Jeffries, der sich bereits im Ruhestand befand, noch ein einziges Mal die Handschuhe überzustreifen – um's dem Nigger zu zeigen. Wieder mischte Jack London mit. Er schrieb eine Petition an Jeffries. »Jeff, it's up to you.«

So recht wollte Jeffries nicht. »Warum soll denn nicht ein Neger Weltmeister sein, solange er sich anständig aufführt?«

Was war denn in Jeffries gefahren? Ahnte er, daß Johnson der Stärkere, der Bessere war? Hatte er etwa Angst?

Aber Jeffries' Argument wollten weder die Frauenvereine noch die Männerkorporationen gelten lassen. Etwas mußte gegen Jack Johnson unternommen werden, denn von einem anständigen, ehrbaren Leben konnte schon deshalb nicht die Rede sein, weil er die Patrioten mit immer neuen Herausforderungen beschimpfte. Zuerst ließ er sich alle Zähne herausreißen und ersetzte sie durch ein Gebiß aus purem Gold. Dann schnappte er sich – war er denn wahnsinnig geworden? – eine weiße Frau.

Jeffries mußte ran, wohl oder übel.

Der Kampf fand am 4. Juli 1910 in Reno in Nevada statt und endete, wie befürchtet: Jeffries hatte keine Chance.

Jetzt holte man die Männer von überallher. Sie kamen aus den Bergwerken, den Kupferminen, den Wäldern und Dörfern. Es kamen Riesen, mächtige Männer, die Namen hatten wie T-Shirt-Aufschriften: der Kaukasier, der Riese des Nordens, der Riese von Pottawotomie, die Bärkatze. Einen nannten sie den Bombardier, einen anderen Gunboat, den Schmied. Sie bewiesen ihre »Schlagstärke und ihren Vernichtungswillen«, indem sie sich gegenseitig die Rippen einschlugen, die Kiefer ausrenkten und die Kopfhaut zerschnitten, bis schließlich zwei Männer übrigblieben; sie sollten gegen Jack Johnson antreten.

Da war Al Palzer, der gute Chancen hatte, bis zu dem Tag, als ihn sein eigener Vater, der zuviel getrunken hatte, im Streit erschoß; blieb Luther McCarty, der in einem Aufwärmgefecht gegen Arthur Pelkey antrat. Eine kleine Fingerübung sollte es nur sein – noch im Ring starb McCarty, nachdem er eine Rechte Pelkeys eingefangen hatte.

Der weißen Herrschaft wurde allmählich etwas sehr Naheliegendes klar: Mit sauberen Mitteln war der Situation nicht mehr beizukommen.

Und so kam es dann in Havanna auf Kuba zu Johnsons letztem Gefecht... zum Kampf gegen Jess Willard, der vor allem aufgrund seiner widersinnigen Körpergröße ausgewählt worden war. Willard war ein Riese, wie alle Vorgänger in diesem heiligen Krieg auch, aber dieses Mal wollte man sichergehen, und überließ es nicht dem fairen Können zweier Boxer, den Kampf zu entscheiden.

Johnson tat, wie ihm befohlen und wofür er im voraus bezahlt worden war: er ließ sich in der 26. Runde fallen. Das Gold in seinem Mund und der Schlag seines Herzens war ihm lieber als der mögliche Sieg – und ein Tod am Nachmittag. Trotzdem war das Bestechungsgeld und die dunkle Androhung eines Attentats nicht der einzige Grund, umzufallen. Was aber sonst? Nichts sonst als Johnsons alte kranke Mutter, die in Amerika lebt. »Nichts wollte ich mehr, als meine Mutter noch einmal sehen, so lange sie lebt!« Es war machbar: das Visum zur Einreise gegen den »Verkauf« seines Titels. Die totale Mobilmachung gegen diesen Nigger brach in einer Anekdote bühnenreifer Rührseligkeit zusammen.

Nach dem Niederschlag, der gar keiner war, bedeckte Johnson mit beiden Fäusten seine Augen, um sie vor der brennenden Sonne, die an diesem Nachmittag über der kubanischen Hauptstadt stand, zu schützen. Dieses Foto gilt seither als Beweis, daß der Kampf gegen Willard geschoben war, denn wäre Johnson wirklich bewußtlos zu Boden gegangen, er hätte sich diese Geste sparen können: er wäre in die Finsternis eines traumlosen Knockouts hinabgestürzt, wo ihn kein Sonnenlicht hätte blenden können.

Der hysterische Haß ließ nach. Die Weißen waren wieder dran – und das blieben sie, bis Joe Louis kam.

Nach dem Weltkrieg, schwarze und weiße Soldaten hatten gemeinsam gegen Hitler gekämpft, gab es wenig Grund, das Spiel der Hautfarben auf die gleiche Weise wieder aufzunehmen. Es war freilich nicht so, daß nach der Konfettiparade, die Fifth Avenue hinunter, alle Unterschiede vergessen waren – aber nie wieder tauchte der Begriff der weißen Hoffnung im politisch gefärbten Sinn auf, wenigstens nicht hochoffiziell.

Aber das heißt nicht, daß Jack Londons patriotischer Slogan vergessen war. Ein junger Kerl, der sich bald »Der Größte« nannte, frischte die Erinnerung an diesen Jack Johnson wieder auf.

Ali schraubte die Zeit nicht nur um Jahrzehnte vorwärts, er konnte sie auch – mit einem einzigen Aufschrei – zurückdrehen.

Am Abend des 26. Oktober 1970 war Jerry Quarry, ein Ire, die weiße Hoffnung, als er in Atlanta gegen Ali antrat. Zuerst hatte Ali vorgehabt, diesen Kampf seinem Idol Jack Johnson zu widmen, zurechtgemacht mit einem perlgrauen

Derbyhut und einem schwarzgestreiften Mantel über den Boxshorts wollte er in den Ring steigen. Seine Ansprache vor dem Gong zur ersten Runde sollte mit den Worten enden: »Wo du in diesem Augenblick auch sein magst, du brauchst dir in deinem Grab keine Sorgen zu machen. Diese weiße Hoffnung hat keine Chance.«

Doch Trainer Dundee redete ihm den Quatsch aus. »Du bist einzigartig!« sagte er – was Ali sofort kapierte.

Kein Boxer betreibt seinen Beruf als heiliger Apostel, auch wenn es bei Ali manchmal aussah, als kämpfe er nicht wegen der Millionenbörse, sondern um das Raubtier in ihm zu dressieren und dem Gott in ihm zu huldigen. So ehrgeizig wie er hat keiner die Machtbefugnisse eines amtierenden Boxweltmeisters demonstriert... er wollte ja auch von Breschnew im Kreml, von Gaddafi im Wüstenpalast empfangen werden. Gerry Cooney, der Lausejunge, schwärmt im Augenblick nur von Hefners kalifornischem Pudding-Schloß, wo seine Muskeln die Partys verschönern. Der Schlüssel zum Pudding-Schloß baumelt, zahnstochergroß, bereits neben zwei vergoldeten Boxhandschuhen an einem Goldkettchen um seinen Hals. Moderne Zeiten? »Woolfie-Boy«, meinte er zu mir, »das Leben ist schön und kurz.« Dabei sieht er so groß, stark und siegreich aus, als könne dafür nichts anderes verantwortlich sein als Mutters Apfelkuchen.

Nachdem ich in der Bar meine Seelenruhe wiederhergestellt habe, nehme ich den Zug nach Huntington, Long Island, wo ich mit Gerry Cooney eine Verabredung habe.

Wie sich im Restaurant seines Bruders, das mit einem kalten Büfett von Cooney-Reliquien aufwartet, gleich herausstellt, ist alles (wie immer) ein Mißverständnis. Er hat nicht die geringste Lust, länger als eine halbe Stunde zu opfern. *Talk is cheap.* Reden sollen andere. Er gehört nicht zu jenen

irischen Jungs, die in Jack Londons Kurzgeschichten auftreten.

»Aber Liebster, du hast noch nie im Leben eine Rede
gehalten«, warf sie hin. »Es wird nicht gehen.«

Er schüttelte entschieden den Kopf.

»Ich bin Irländer«, verkündete er, »und hast du je von
einem Irländer gehört, der nicht reden konnte?«

Oder will er nicht reden? Wenn schon jetzt, noch bevor er
den Titel hat, die Bleichgesichter auftauchen aus Übersee,
dann ist eine halbe Stunde genau 30 Minuten zu lang. »Ich bin
keine weiße Hoffnung, ich bin die Hoffnung meiner Mutter
und meine eigene Hoffnung. Sonst noch was?«

»Spreche ich mit dem nächsten Boxweltmeister?«

Cooney gähnt. »Weiß ich nicht.«

»Wirst du Holmes k. o. schlagen?«

»Vielleicht.«

»Die Leute sind nicht alle davon überzeugt, daß ein linker
Haken genügt, um Holmes zu besiegen.«

»Laß die Leute reden!«

»Bist du der beste Schwergewichtler in Amerika, auf der
Welt?«

»Bin ich das?«

Kein Interview; nichts zu machen. Er sagt häufiger »Ich
weiß nicht«, als ein Dieb beim Verhör.

»Willst du jetzt meine Kneipe sehn?«

Wir rasen zu einer Baustelle, wo bald eine Disco stehen
wird, die allein ihm gehört. Geschmückt mit seinem Namen,
und ein Geschäft nur solange, wie er seine Boxkämpfe
siegreich beendet. Hier steckt die erste Million drin, die er im
Madison Square Garden im Kampf gegen Norton in ganzen
54 Sekunden zusammenverdiente.

Hier stehen sie neben mir, eine Disco im Rohbau und die
beste weiße Hoffnung seit Rocky Marciano. Und dabei fällt

mir ein, was der Schriftsteller Norman Mailer mal losließ: daß das Innenleben eines Boxweltmeisters die gleichen komplizierten Windungen hat wie das eines Beethoven oder Dostojewski? Guter Gott, wenn es nur wahr wäre!

Er wirkt selbstzufrieden. Ich vermisse in seinen Augen das Feuer, das Charisma eines heißen, hungrigen, hassenden Herzens. Nichts vorhanden von dem brutalen Stolz eines Rebellen wie Roberto Duran, der sich noch heute – als Multimillionär – benimmt, als habe er seine Heimat, die Slums von Panama, nie verlassen.

Der Gedanke an Häuser und Grundstücke ist naheliegend, denn Cooneys Manager sind beide Makler von Beruf. Sie haben ihn unter Vertrag genommen, weil sie erstens überhaupt Spaß daran hatten, einen Boxer zu besitzen – und zweitens hatten sie am Fernsehen miterlebt, wie er als Amateur einen mächtig mit den Armen rudernden Russen in der dritten Runde kalt erwischte.

Er war 16. Sein Vater hatte ihn zum Boxer bestimmt, nachdem ihm der Weltkrieg einen Strich durch die Rechnung gemacht hatte. Er hätte Chancen gehabt. Er mischte das halbe Unterseeboot auf, wenn es sein mußte. Einmal unter Palmen, irgendwo in der Südsee, hatte er einen 200 Pfund schweren Ex-Profi und Navy-Meister zu Kleinholz gemacht.

Mit was wohl? Mit einem linken Haken natürlich.

Dann starb der Vater. Als sei er endlich die lästige Bürde der Verantwortung los, warf Cooney Jr. seine Boxhandschuhe in die Ecke. Er tat, was Jugendliche sonst so tun: schneller als jeder andere in der Stadt Auto fahren, ein, zwei, drei Mädchen haben – und nie vor eins, zwei, drei nach Hause kommen.

Den knöpften sich nun die beiden reichen Makler vor, machten der frommen Familie erstklassige finanzielle Vorschläge, stülpten ihm – im Namen des toten Vaters! – die

Boxhandschuhe wieder über und gaben ihm einen Trainer; den Puertoricaner Victor Valle.

Valle brachte bald Leben in die Arme, Beine und die vielen schweren Kilos. Cooney bedankte sich mit 25 Siegen in 25 Kämpfen, die genau nach Schlachtplan vorbereitet waren. Die Supernieten zuerst, dann die Nieten. Armselige traten an, die nichts hatten als ein dickes Konto an Niederlagen. Eintagsfliegen, die nur einmal wieder die Hand aufhalten wollten und dann umfielen. Es folgten kompliziertere Aufgaben: Ging es im Januar gegen einen Rechtsausleger, wählte man für den Mai einen Linkshänder, war der üble Schläger besiegt, folgte drei Monate später ein Techniker.

So gab man Cooney immer zwei Gewinne: den leichten Sieg und Schulunterricht in Sachen Boxen.

Das mit dem Erbstück, dem linken Haken seines Vaters, stellte sich auch bald heraus; damit war der Junge ein Juwel. Und den schleift man langsam, vorsichtig.

Ein falscher Gegner zum falschen Zeitpunkt, ein Kampf zuviel, eine unliebsame Überraschung – das Pokern wäre gelaufen, er wäre im Kurs gefallen wie ein Stein auf Grund. Zum Glück für Cooney verfügten die beiden Makler über eine für jeden Erfolg unerläßliche Fähigkeit: zu wissen, wie ein gutes Geschäft immer besser wird.

Gegen Larry Holmes vor einem Jahr schon anzutreten, wäre glatter Selbstmord gewesen – und eine törichte Geschäftsentscheidung dazu. Man muß auch sechs Millionen, ohne mit der Wimper zu zucken, ablehnen können, um zum richtigen Zeitpunkt zwölf zu verdienen, zwölf, zwanzig, dreißig... da gibt es selten Grenzen, auch wenn heute die Börsen gewaltiger explodieren als im Boxring die Fäuste.

Plötzlich hat es Cooney eilig. Er muß zum Training nach Manhattan. Auf dem Weg zur 30. Straße, wo seine Boxschule ist, schreibt er noch einige Autogramme auf Mützen, T-

Shirts, Fahrkarten und Zeitungen, streichelt über Wuschel-
köpfe kleiner Negerkinder, die ihn bewundernd anlächeln,
weil er so stark ist, so groß, so glücklich und bald so reich.

Zu Johnsons Zeiten und danach gab es die Zehn-Dollar-
Champions. Heute sind selbst Verlierer zehn Millionen
Dollar schwer.

Sie schreiben eben, wie sie leben

Ich kenne die meisten meiner Kollegen nicht. Ich lese von ihnen mehr in der Zeitung. Ihre Bücher interessieren mich nur in Ausnahmefällen. Ich glaube, ich habe in meinem Leben mehr ausländische Bücher gelesen als die meiner toten oder lebenden Kollegen. Ich habe auch nie verstanden, warum es eigentlich so selbstverständlich sein soll, daß Schriftsteller gerne und viel lesen. Daß sie gebildet sind und ein reifes Urteil haben. Ich halte das für ein Vorurteil. Ich kann mir den anderen Typ Schriftsteller viel besser vorstellen, einen, der um sein Leben schreibt; wie von einem lebenslangen Laster befallen, schreiben zu müssen; den eigentlich Bücher eher langweilen. Und den alles abstößt, was nach Kultur riecht. Einer, der seine Meinung sagt. Keiner, der sich überall einmischt.

Wenn Sie mich am Telefon fragen würden, was ist los mit der Literatur in der BRD, würde ich antworten: nicht viel, eher langweilig. Und es wäre nicht mal gelogen.

Natürlich ist es, wenn man die Erwartungen nicht sehr hoch schraubt, übertrieben. So trist sieht es nicht aus. Es gibt Ausnahmen. Ich finde sogar, für so ein kleines und schwieriges Land wie die Bundesrepublik Deutschland, nicht wenige. Einige der Jungen, die international wohl bekanntesten, machen gegenwärtig Filme. Es ist auffallend, wie sehr man ihren Filmen die Liebe zur Literatur ansieht, neben der Liebe zum amerikanischen Kino, das sie kopieren. Sie machen Literatur mit Bildern. Sie erzählen, wie die besten unter ihnen, manchmal eine Geschichte, die man geschrieben einem deutschen Autor gar nicht zutrauen würde.

Die Schriftsteller ihrerseits, wenigstens die umkomplizierten, die Ausnahmen, beginnen gerade eben erst, sich auch für diese Sparte der Berufsschriftstellerei zu interessieren. Noch nicht überzeugend, finde ich. Sie sind noch nicht in der Lage, jedenfalls nicht auf Anhieb, eine spannende Geschichte in einem halbwegs flüssigen Stil herunterzuerzählen. Ihnen gerät jede Story zu schön, zu stilisiert, zu handlungsarm. Kurz, zu langweilig. Es hört sich alles an wie gedruckt. Es lebt nicht. Und kann deshalb für einen Leser auch nur schwer lebendig werden.

Irgendwie hat die Literatur in meinem Land eine Abscheu vor einfachen Dingen, überhaupt vor der Trivialität, dem Ordinären und Offenen; es ist wie ein Widerwille gegen das gewöhnliche Leben. Es sei denn, man betrachtet es politisch. Es sei denn, man träumt über es hinweg. Für beide Techniken gibt es heute in meinem Land eine Unmenge Bücher. Es gibt eine Sintflut erbärmlich geschriebener Gebrauchsliteratur, die zum Teil – man müßte sagen; in der Regel! – alles in den Schatten stellt, was ein anständiges Buch je an Auflage erwarten darf.

Es gibt andererseits eine Unmenge theoretischer, politischer Literatur – und Sachbücher jeder Sparte, von den Überlebenschancen der Menschheit bis zur Frauenoffensive. Es gibt eine rege Aktivität auf klassenkämpferischer Propaganda. Ihre Außenseiter sind die Terroristen, ehemalige Studenten oder Intellektuelle oder einfach nur aus kapitalistischen Verhältnissen kommend – sie verdammen alle Literatur, die nicht auf unmittelbare Wirkung aus ist, sie greifen zur Waffe und sorgen auf ihre Art für eine Veränderung der Verhältnisse; es scheint nur, sie tun es noch individueller als einer, der nachts in seinem Zimmer sitzt und schreibt. Es wird kaum einen Schriftsteller geben, der nicht schon mehr als verzweifelt war angesichts der Ohnmacht all seiner Bemühungen. Diese Stimmung befällt jeden vernünftigen Menschen ab und zu. Ich glaube, das schafft eine Notwendigkeit, die die Literatur ausbeutet. Deshalb gibt es Schriftsteller und deshalb noch immer Leser ihrer Bücher.

Ich bin zum erstenmal in den Vereinigten Staaten, aber ich war schon oft in Amerika. Als Junge las ich Henry Miller. Er war Amerikaner. Also war Amerikaner sein das Tollste.

Später wollte ich Theaterstücke schreiben wie die Theaterstücke von Tennessee Williams, über menschliche Leidenschaften, Gewalt, Liebe und all die anderen Sehnsüchte, die schnell in einer Katastrophe enden. Ich rauchte dabei so viele Zigaretten, bis ich erschöpft war und das richtige Gefühl hatte für die Helden, die unter der gleißenden trockenen Sonne oder im feuchten Klima nahe der Sümpfe oder des Dschungels aneinandergerieten. Frauen und Männer. Und ich war damals noch ein kleiner Idiot und ging zur Schule.

Einen meiner Dramen-Entwürfe schnappte sich mein Vater, der mir die Hölle heiß machte. Und mich beinahe in ein Heim für Schwererziehbare gesteckt hätte, was er dann wegen der Schande und aus Geiz nicht tat. Aber ich hatte meinen Triumph: niemand verstand mich mehr. Meine ersten literarischen Versuche bewirkten sofort das Äußerste. Meine Erziehung wurde noch rabiater. Und meine Anstrengung, ihr entgegenzuwirken, noch wütender. Es gab familiäre Katastrophen. Es ging buchstäblich um mein Leben. All das mündete in den Wunsch, einmal Schriftsteller zu sein. Früher hatte man die Methode, ungeratene Söhne aufs Schiff nach Amerika zu setzen. Ich wurde in einen Sportverein gesteckt. Und mußte kurze Hosen tragen. Ich las Hemingway, der mir wie ein Grieche erschien. »Der alte Mann und das Meer« war für mich ein Stück trockene Prosa, klassisch, nachahmenswert. Außerdem hatte der Kerl ein verrücktes Leben. Ganz früh stellt man sich ein Schriftstellerleben verrückt vor, abenteuerlich, spannend oder sonstwas. Bevor man dann enttäuscht wird und es trotzdem bis zum Letzten verteidigt.

Für mich war damals ein Roman der Inbegriff allen Lebens. Heute sage ich, vielleicht soll er nur die Summe gemachter, gelebter, erlittener Erfahrung sein. Ich las Ezra Pound, bei dem ich meinen Hang zur eigenen empfindsamen Gelehrsamkeit austoben konnte. Ein Hang, der unter Leuten meiner Generation verbreitet ist. Auch wenn sie heute fast nichts mehr empfinden. Die einen lasen Faulkner, Steinbeck. Sie lasen – heimlich wie ich Miller oder Williams – ihren Mailer. Den »Hirschpark«. »Die Nackten und die Toten«. Für mich war die Kunst des Schreibens die erstaunlichste aller Informationen. Die anderen wollten mehr handfeste Informationen. Sie lasen, was auch als Film ins Kino kam. Sie lasen durch die Kunst hindurch.

Über den Büchern, die ich liebte, lag noch etwas. Eine große Last, eine enorme Abenteuerbereitschaft, Ekel, Absonderlichkeit, Krankheit. Das waren nicht Autoren, es waren wirkliche Menschen. Nicht die Gattung des Kunstwerks wurde erfüllt, sondern eine Moral. Jack Kerouac. Ken Kesey. Ginsberg. Burroughs. Später Dylan. Galionsfiguren. Vaterfiguren, die sich wie Halbwüchsige, wie Verrückte, wie Propheten aufführten, sündig, süchtig, frei. Ich wurde zur Lektüre verführt durch die Autorität ihres Lebens. Mir gefiel, daß sie sich nicht hinter der Kunst verschanzten oder Theorien verteidigten, ihr Leben unleserlich machten beim Schreiben. Diese Burschen widmeten – wie es Oscar Wilde einmal von sich behauptet hatte – ihrer Kunst nur ihr Talent, ihrem Leben aber ihr ganzes Genie.

Aber soweit war ich noch nicht. Pat Boone und Elvis halfen mir über meine Schüchternheit hinweg. Ich imitierte im Laufe meiner Jugend mindestens vier verschiedene Arten zu gehen, auch ohne Colt. Ich verführte mich mit Marilyn Monroe. Und vor drei Jahren fing ich an, das Boxen zu üben, der Faszination Muhammad Alis erlegen.

Damals wußte ich – Amerika, das ist alles, was nach der italienischen Oper kam. Ein atomar gerüstetes Riesenreich. Ein, vielleicht gutartiges, Geschwür. Für jeden Europäer erst einmal auch geschichtslos. Geschichte kam danach. Die Besiedelung. Wild West. Ausrottungen. Abschlachtungen. Der Whisky. Die Filmindustrie. Imperialistische Kriege. Die Inflation der Superlative. Die Liebe zu meinen Lieblingsschriftstellern wuchs mit der Verachtung für dieses Land, es wuchs auch das Verständnis für all die subversiven oder die öffentlichen Revolutionen. Ich wußte mehr von allem – und Amerika wurde immer kleiner. Meine Jugend war vorbei. Ich trampte nach Paris, sah die jungen Amerikaner der sechziger Jahre. Sie lasen Rilke. Sie waren und blieben aus vielerlei Gründen auf Europa hungrig.

»Alle bedeutende Literatur Amerikas stammt von Menschen, die Kosmopoliten sind oder eine Zeitlang waren. Sie fanden bei uns eine gewisse Freiheit des Ausdrucks, einen gewissen Reichtum des Vokabulars, eine gewisse Weite des Interesses. Aber sie mußten europäischen Geschmack haben, um das Material zu benutzen.« (Raymond Chandler)

Im Augenblick scheint es ein Interesse an Deutschland zu geben, was die jungen Regisseure betrifft, das kommerziell gar nicht zu erklären ist. Viele glauben, hier gibt es wieder Genies. Kunst-Genies natürlich. Die Neugier ist groß. Der Glaube an die intellektuelle Fähigkeit der Deutschen war ohnehin nie erschüttert. Deutschland, eine erstklassige Industrienation – warum soll es also dort nur Finanzgenies geben? Wo sind die Künstler von eigentlich internationalem Rang? Junge Leute. Sensationen. Größenwahn ein bißchen. Die langsame, schwermütig teutonische Verrücktheit wie bei

Werner Herzog. Der hundertprozentige Selbstzerstörungs-
wahn eines Rainer Werner Fassbinder. Der Hang zum Kitsch
des Schicksals wie bei Werner Schroeter. Sie gibt es, aber sie
quälen sich; eine deutsche Eigenschaft, die Regisseure wie
Lubitsch oder Sternberg vergessen ließen.

Deutschland wurde aufgesogen von tausend amerikani-
schen Dingen, Bomben, Drogen, Musik, Kino. Unsere
Sehnsüchte waren nicht im deutschen Volkswagen eingebaut.
Sie wehten herüber aus Hawaii, aus Los Angeles, aus New
York später. Der wirtschaftliche Wiederaufstieg war zuerst
wie eine amerikanische Imitation. Und die deutschen Eltern
hatten eine Zeitlang amerikanische boys and girls als Kinder.
Alle kauten Kaugummi, trugen Jeans, mochten Elvis oder
Jazz – oder philosophierten auf asphaltierter Erde, aus der
Straßen und Tankstellen und Hochhäuser hüpften. Krupp-
stahl. Ein Wort, genauso berühmt wie Hitler. Nach dem
Krieg war Kahlschlag, wie man es nannte unter Intellektuellen. Was gab es nach dem totalen Verstummen noch zu
schreiben. Und was wieder? Das Land der Gaskammern, in
denen das Unausdenkbare gedacht und praktiziert worden
war. Aber die Sintflut war das nicht wert, sie kam nicht – es
kamen die Amerikaner. Und seither leben wir im Zeitalter
wechselnder, entweder eigener oder importierter, Hitler-
Renaissancen.

Die letzte große ist gerade in Deutschland im Gang – und
hier in Amerika scheint sie sowieso nie aus der Mode zu
kommen. Man räumt ihm wieder Zukunftschancen ein.

1947 – ich war damals vier – wurde den aus dem Krieg
heimgekehrten, meist noch jüngeren Männern der deutschen
Sprache, allesamt zu Dichtern verkümmert angesichts der
Schreckensnächte an der zusammenbrechenden Front, klar,
daß sie sich organisieren müßten. Ich verstehe einen solchen
Gedanken, halte ihn aber für überflüssig und langweilig.

Warum konnten sie nicht schreiben, allein, ohne Clubmitgliedschaft bei der damals gegründeten und dann bald immer mächtiger werdenden und schließlich fatal alleinherrschenden Gruppe 47. Dort wurden sie berühmt: Grass, Böll, Walser, Bachmann – oder sie haben es gleich selbst besorgt und einen Skandal provoziert wie Peter Handke – und damit, mit einer solchen französischen Geste, begann dann in der westdeutschen Literatur eine allgemeine Konfusion. Ich hielt diesen Zustand für das Erstrebenswerte.

Gestrafft hat sich der Schleier einer heraufkommenden neuen Romantik nur einmal noch, 1968, die sogenannten Studentenunruhen in Berlin, Frankfurt, Paris, Mailand, überall und auch anfangs ganz im Stil revolutionärer Taktiken und Techniken, die man studiert hatte in der Dritten Welt. Ich gestehe, daß ich damals wenigstens ein paar Wochen überzeugt war, wir könnten alles einfach einstürzen sehen. Die Unruhe eines jeden Beteiligten machte die allgemeine Unruhe aus. Ich habe das gespürt. Und ich sah, wie die Poesie ganz ohne Dichter plötzlich da war. Beschmierte Hauswände und Straßen und Autos, Slogans des neuen Bewußtseins, knapp, sehr schön und wirksam. Es war die Romantik der Rache.

Vielleicht eine Niederlage zumindest für all jene, die jetzt wieder »ich« sagen müssen, und nie mehr *venceremos* singen können mit der erhobenen Faust. Die Solidarität zerbröckelte wie in einem Undergroundblatt, das plötzlich in die Millionenauflage kommt. Jeder war um Erfahrung reicher, aber zuerst hatte man nur das Gefühl, die Träume seien zerschlagen. Die Schleier wellen sich nun wieder. Wenn es gegenwärtig in Deutschland eine künstlerische Mode gibt, dann sind es vor allem die Klassiker, deren Bücher verfilmt werden, deren Bücher nach dem Kinobesuch wieder gelesen werden, in Mode kommen, als wolle man sich endlich, nach so viel politischer Geschwindigkeit, bei Kollegen des vorangegange-

nen Jahrhunderts besinnen, in ihrer Sprache, ihren Ange-
wohnheiten, ihrer Ernsthaftigkeit. Goethe. Kleist. Hölder-
lin. Fontane. Theodor Storm. Damals besprach man also erst
einmal die Lage. Man brauchte ein Ritual. Und, komischer-
weise, erfand man, zwei Jahre nach dem Krieg, den sogenannten »elektrischen Stuhl«. Bevor ich Ihnen versichere,
daß ich das für eine typisch intellektuelle, aber bezeichnende
deutsche Angewohnheit halte, die etwas aussagt über jene
bürgerliche Gesinnung, die diese Herren ansonsten gründlich
ablehnten, will ich das Wort erklären und das Ritual. Der
Stuhl war für den aus seinen Manuskripten Lesenden da. Die
anderen hörten, in Stuhlreihen sitzend, rauchend, zu; und
entwickelten kollektive Aburteilungen über die Qualität des
gerade gelesenen Textes. Der Betroffene mußte schweigen,
brach er diese Regel, wurde er nicht wieder eingeladen. Es
ging bei all dem natürlich darum, zum engsten Kreis der
Gruppe um den Schriftsteller und Gründer Hans Werner
Richter zu gehören, immer, jedes Jahr einmal, wieder eingeladen zu werden. Nun, Sie können sich denken, da mußte
man sich wirklich profilieren, sozusagen gnadenlos. Fiel man
durch, war man für die anwesenden Verleger (ein schwerer
Fehler und ein Verstoß gegen die Phantasie, auch diese
Herren einzuladen) natürlich gestorben. Bekam man über-
wiegend Lob, konnte man seinen Namen zum erstenmal
vielleicht erwähnt finden, und etwas später bekam man mit
Sicherheit die Einladung des Verlegers zu einer Tasse Kaffee.
Bekam man sogar den prominenten, nicht größten, aber
einflußreichsten Preis der Gruppe, hatte man einen Namen.
Darin bestand im übrigen auch der Preis, denn es gab keine
Mark. So wurden dann die Autoren gewählt, gemacht,
gehoben, lanciert... – ich will durch diese Aufzählung nicht
den Eindruck erwecken, als seien da immer die Falschen
genommen worden.

Der ›elektrische Stuhl‹ war tödlich – oder er wurde zum Thron, quasi saisonweise. So also sollte die unbestechliche, ehrliche, gute, traditionsreiche und mitunter grandiose deutsche Literatur nach dem Kriege wieder Anschluß gewinnen an ein Niveau, von dem keiner eine Ahnung hatte. Schon damals fächerte sich die Anstrengung der Autoren etwas auf, es gab Moderne und Konservative, man wartete auf den Durchbruch der alten Erzählkunst, der dann mit Grass seinen Triumph erlebte, man fand den poetischen Intellektuellen Hans Magnus Enzensberger, zu gescheit und zu menschenscheu, um populär zu werden.

Es gab den Gruppen-Avantgardisten Helmuth Heißenbüttel, einen Mann, dessen Arbeit sich vergleichen ließe mit der Mehrzahl der Gedichte von e.e.cummings, nur wesentlich mathematischer.

Das alles sind Erinnerungen an eine Zeit, in der ich die neue, deutsche Literatur las, zugegebenerweise immer mit dem Gefühl, das ist nichts, was ich nicht auch könnte. Es gab Dinge, die ich nicht gelten ließ, ohne mir wirklich über die Gründe klarzuwerden. Ich sah das alles von außen. Ich war ein Junge, der sich langweilte und Opernsänger werden wollte, da ich aber bald nicht mehr den Mut hatte zu so einer abstrusen Konsequenz meines Lebens, schrieb ich nach jedem Opernbesuch die Handlung der Oper nieder.

So entstand ein Opernführer. Kurz danach schenkte mir mein Vater einen 300 Seiten starken Opernführer zu Weihnachten, »damit endlich das Geschreibe aufhört.« Ich war unfähig, dem Vater die 300 Seiten ins Gesicht zu werfen. Ich hatte Angst. Ich war sogar dankbar, außerdem war es für mich wirklich eine spannende Lektüre. Aber ich habe tatsächlich aufgehört zu schreiben für einige Zeit.

Ich fing wieder an, als ich in die Phase meiner größten Einsamkeit kam. Ich glaube, daß jeder irgendwann sehr früh oder etwas später zum allererstenmal am einsamsten ist – und ich glaube, daß sich da etwas für jedes weitere Leben abspielt. Die Entscheidung für oder gegen das, was man das Kreative, die sinnliche Energie eines Menschen nennt. Die Entscheidung, ob man ein Künstler wird oder ob nicht; packt es dich früh, wirst du vielleicht malen, geschieht es später, schreibst du oder du interessierst dich für Mathematik oder bastelst Radios auseinander, nur um diese unverständliche Einsamkeit zu überwinden. Ich schrieb Regengedichte, in denen das Wort Regen nicht vorkommen durfte. Hatte mich vielleicht auch schon das 47-Fieber gepackt, die moderne Literatur, wie man es nannte? Dabei war ich in meiner Seele romantisch und damals sicher äußerst ernsthaft, bis ins Äußere meiner Erscheinung hinein, ich war – durch viele wirklich sehr extreme Ereignisse in meinem Elternhaus hervorgerufen – wirklich der Auffassung, ich sterbe bald, ich will ein Dichter sein, einer, der nie lächelt, nie bei bester Laune und nie in ausgelassener Hochstimmung ist, ich war wirklich der Auffassung, es müsse Marcel Prousts Korkzimmer her, um Kunst zu schaffen, um schreiben zu können. Abwendung vom Leben, keine Realität, keine Zeitverschwendung, keine aufmerksame Beobachtung des Lebens um mich herum. Ich glaubte, es brauche kein Leben, um Künstler zu werden. Welch eine Dummheit! Ich war wie jener Schüler, der seinen Zen-Meister fragt, wie er das Schreiben erlernen könne. Der Meister nannte ihm einen schriftkundigen Meister, der auf dem anderen Berg saß, ein halbes Jahr zu Fuß entfernt, dort solle er hingehen, er sei ein Freund und würde ihm alles weitere sagen. Der Schüler achtete die Regeln, lebte in strenger Askese, und er tat viel, um zur Erleuchtung zu gelangen. Es dauerte ein halbes Jahr, bis der barfüßige Schüler

ankam und ihn der andere Meister freundlich bei sich auf-
nahm. Es dauerte nicht lange, da stellte der Schüler mit
Entsetzen fest, daß sein neuer Meister sich in keiner Weise an
die asketischen Regeln des Ordens hielt, sondern eine Freundin hatte und mit ihr schon drei kleine Kinder. Auch sonst
war er trinkfreudig und immer gut gelaunt. Der Schüler brach
seine Lehre bei ihm unmittelbar nach diesem Schockerlebnis
ab und wanderte zurück zu dem, der ihn hierher geschickt
hatte. Aber der antwortete ihm: »Mein lieber Junge, was
wolltest du lernen, Unterricht in Askese oder das Schreiben?«

Schonungslose Ehrlichkeit, Aufrichtigkeit und Klarheit, in
so einem Klima hätte ich der deutschen Literatur ihren neuen
Anfang gewünscht. Oder ich hätte mir ein viel größeres Land
gewünscht, wo die Wirkung einer solchen Gruppe nicht
gleich alles infiziert. Amerika hat dafür die idealen Ausmaße.
Aber in der Bundesrepublik gibt es keine Wüsten, es sei denn
Wüsteneien schrecklich ähnlicher Häuser und Straßen, die
Menschen erstickt in schlechter Luft mit schrecklich aus-
druckslosen Gesichtern.

Die Gruppe kredenzte den »elektrischen Stuhl«. Sie wollten Literatur machen wie die in Wolfsburg ihre Volkswagen.
Es waren keine schlechten Leute, aber sie handelten eigentlich prinzipiell konfus. Ich vermißte unter diesen Autoren,
was ich an meinen Lieblingsautoren so bewundert und geliebt
hatte, das Leben dieser Leute, ihre pure Existenz, vertraut
mit dem Vergnügen, das es macht, so etwas auf dem Niveau
der Kunst neu zu schaffen. Deshalb haben wir uns diesen
Rimbaud-Fimmel angewöhnt. Außer Konkurrenz antreten.
Einfach schreiben. Und irgendwann früher oder später ist
Schluß. Ich sah keinen, der diesem Bild entsprochen hätte.
Unsere Schriftsteller, die Generation vor meiner, glaubten
kein Anrecht zu haben auf sich selbst, sie waren unscheinbar,
als hätte ihnen Bertolt Brecht das geraten, während er sich

seine Schiebermützen handschneidern und Cuba-Zigarren einfliegen ließ und schließlich im Kremllook wie ein Stuntman der China-Haute-Couture aussah. Sie blieben als Typen ziemlich farblos. Sie entbehrten jeglicher Geheimnisse, sie schienen sie sogar zu verachten. Sie schwiegen eher, als daß sie mal brüllten. Die Literatur trocknete aus. Es gab einen Boom der Stile. Es schien niemand zu bekümmern, wenn die Worte nur noch um sich selbst herum einen Anschein von Sprache erweckten, wenn es schließlich immer gleichgültiger wurde, worum es sich handelte, was da mit Aufwand beschrieben wurde. Sie waren sich alle verdammt gleich. Was ich meine, ist nur, daß sie mir damals alle gleich langweilig erschienen. Was hatten sie zu verbergen? Ich schrieb damals ein Gedicht, reichte es bei einem Wettbewerb ein und gewann den ersten Preis. Ich weiß nicht, ob mir das hätte unbedingt passieren müssen. Das war 1968. Es ist für jeden Burschen eine Verlockung, einen Preis für Dichtkunst zu kassieren, mit der linken Hand, und zu tun, als sei das eine Kleinigkeit, vor allem angesichts der politischen Verhältnisse. Die Bundesrepublik befand sich damals in einem mitunter bürgerkriegsähnlichen Zustand, dem Höhepunkt der Auseinandersetzung zwischen Studenten, Intellektuellen und Künstlern auf der einen und der Macht auf der anderen Seite. Es war die Phase des Versuchs einer Solidarisierung zwischen Kopf und Hand, den Intellektuellen und den Arbeitern. Der Versuch kam nicht vorwärts wie in den Reden erhofft und in manchen Köpfen bereits beschlossen. Und ich gefiel mir im Totschweigen der Kunst und des Künstlertums, an das ich auf meine Weise glaubte. Ich lieferte solidarisch eine rhapsodisch vorgetragene Aufzählung von Drohungen, Übertreibungen, ganzen und halben Wahrheiten, wobei ich die halben besonders liebte. In ihnen lag mehr Zündstoff, und die Reaktion gab mir recht. Ich wurde prompt scharf angegriffen. Die Älteren vermißten die Dankbarkeit. Die Jüngeren hielten es für die Cleverneß eines noch ungedruckten Autors, sich einen Namen zu machen. Der harte Kern der politischen Bewegung sah in mir den romantischen Intellektuellen, der ich damals vielleicht wirklich war. Mit mir gingen sie in die Restaurants. Der Erfolg war leicht und damals nur eine Zeitverzögerung im Hinblick auf die Arbeit, die mir eigentlich bevorstand, nämlich endlich einmal herauszukriegen, was zum Teufel ich mit der Sprache anfangen wollte. Was wollte ich erzählen? Was war mein Leben oder meine Vorstellung davon?

Diese Literatur, die ich eine Zeitlang produzierte und auch politisch begriff, war – so persönlich sie mir vielleicht vorkam – eine Unterschlagung meiner Person. Sie war auch keineswegs realistisch im Sinne irgendeines tiefen Interesses an der Realität. Meine Sprache erzählte nichts, sie führte etwas vor. Ich redete mit meinen Möglichkeiten, ohne sie schreibend zu erforschen und zu erweitern. Es war jene Genügsamkeit, ganz im Stil der Gruppe 47, die ihren Einfluß zwar verloren hatte, ohne daß sich ihre Wirkung nach zwanzigjähriger Aktivität so schnell hätte beseitigen lassen. Die Herren von damals waren jetzt älter, etabliert, wie es hieß, sie wirkten auf mich wie Beamte, Familienväter, bestenfalls Eifrige, die alle nicht genügend geliebt worden waren in ihrem Leben, die alle ziemlich wenig Stolz hatten, die herumwimmelten, statt sich herauszuhalten, die immer viel Wind machten in Podiumsdiskussionen, aber nachher auch nichts Besseres vorhatten, als irgendeine zickige Leserin ins Bett zu ziehen, auf die mieseste Art natürlich, wie einer, der sonst Stromrechnungen kassiert. Man erfuhr plötzlich, daß es diese graue Masse in ihnen ist, die einen überall anödet. Die gleiche lächerliche Schäbigkeit – sie waren so kläglich wie jene schlimmsten Versager, über die sie wortgewaltig herzogen mit der Schreibmaschine. Sie taugten nicht zum Vorbild, auch wenn sie mal ein halbwegs gutes Buch zustande gekriegt haben.

Ich verabscheue jene Trennung zwischen einem Werk eines Schriftstellers und seiner Person und tue es heute noch, immer heftiger sogar. Sie wurden beim Saufen keine Hemingways. Sie spritzten nichts wie Burroughs. Sie waren nicht smart wie James Baldwin. Sie waren nicht asthmakrank und von Persönlichkeit. Sie waren nicht einfach. Sie wirkten immer, als hätten sie mal einen freien Abend, ausnahmsweise, mit dem sie aber nach so langer Entwöhnung von Freiheit, Ausschweifung, Reaktionsvermögen auch nichts Rechtes anzufangen wußten. Aber es gab ein paar. Der österreichische Dichter Hanns Carl Artmann. »Du kannst ein Poet sein, ohne auch nur jemals eine einzige Zeile geschrieben zu haben.« Mit diesem Satz trat er hervor und verhielt sich immer entsprechend, auch nach dem zwanzigsten Buch. Das ist enorm und fast einmalig im deutschen Sprachraum. Einen anderen gab es, der in London von einem Doppeldeckerbus überfahren wurde: der junge Rolf Dieter Brinkmann, ein paar Jahre älter als ich. Ein rabiater, empfindsamer und kompromißloser Bursche. »Poetry don't need pages«, schrieb Alan Ginsberg. Brinkmann hat die amerikanische Lyrik und die unabhängige freie experimentierende Literatur der Staaten übersetzt und durch seine Autorität ziemlich weit publik gemacht. Er hat sie propagiert eine Zeitlang – und gelebt, bis hinein in die kleinsten, unscheinbarsten seiner Gewohnheiten. Ein Kerl, der zuschlug.

Ich erinnere mich an ein Foto von William Burroughs auf einer Kulturseite, das alte Junkie-Gesicht, einer der am Ende war und wiederkehrte. So ein Gesicht faszinierte mich, und es machte mich ungesellig für so viele. Ich wollte keinem Verein, keiner Vereinigung, keinem PEN-Zentrum, keiner Gewerkschaft angehören, keiner anderen Organisation als meiner eigenen Ein-Mann-Truppe. Hier in Deutschland fühlte ich mich nicht mehr recht wohl. Ich wollte Burroughs-Gesichter sehen. Ich wollte ein paar gute Runden drehn, nicht ewig mit dem Arsch auf dem Stuhl vor dem Tisch sitzen. Vielleicht will etwas Phantasie auch leben, lieben, trinken, verrückt spielen, verwandeln? Irgendein klassischer Held steht auf einer Brücke, nachts, und das Leben atmet in ihn hinein. Wo war die Brücke und warum nur nachts? Irgend-etwas mußte also passieren.

Sie müssen wissen, daß man in diesem wohlhabenden Land wie der Bundesrepublik von den Einkünften beispielsweise in meiner Lage ganz gut auskam, wenn man allein lebte. Wie ich schrieb: »Wir lebten im Keller, aber ganz oben!« Nehmen Sie ein Beispiel. Wenn ein französischer oder ein englischer Kollege ein Hörspiel schreibt oder einen Vortrag hält oder aus seinem neuen Buch liest, gegen Honorar, so kann der französische und der englische Mann nur jeweils einmal kassieren, entweder ORTF oder BBC. Wir aber in der Bundesrepublik konnten bis vor ein paar Jahren neunmal, maximal neunmal verkaufen und kassieren, da wir ein föderalistisches Rundfunksystem haben, also Landessender, deren Sendegebiete sich ergänzten. Westdeutscher Rundfunk, Norddeutscher, Hessischer, Bayerischer, Saarländischer Rundfunk und so fort. Ich schrieb etwa ein Dutzend Hörspiele. Meine ersten beiden Bücher hatten erstaunliche Auflagen für die bescheiden gewordenen Verhältnisse. Zu ihrer Bescheidenheit hat, meiner Meinung nach, die Gruppe 47 maßgeblich mit beigetragen. Sie hatte die schöngeistige Literatur propagiert, die das Leben nicht schöner und den Geist nicht wilder machte. Hatte ein Buch seine Qualitäten vor allem in der literarischen Unterhaltung, so blieb es allenfalls beim Publikum erfolgreich. Damals wurde in Deutschland Jean Genet verboten. Und D. H. Lawrence endlich freigegeben. Heinrich Böll war eine Ausnahme mit erstaunlichen Auflagen vor allem auch in der Sowjetunion. Daneben schrieb sich ein anderer Herr die Finger wund, in einem Wolkenkratzer in Monte Carlo sitzend, ich meine den deutschen Millionenautor Mario Simmel, der alle Rekorde schlägt. Dabei genießt er bei allen Schreibern, die etwas auf sich geben, nur Verachtung. Er wird geduldet, so scheint es, obwohl ja eigentlich wir nur geduldet sind, denke ich, noch immer nur von eigenen Gnaden lebend. Die Gruppe 47 hat im Endeffekt die Form geliebt, nicht das, was sich in den Stories und lebendigen Romanen abspielte. Sie hat die Sprache geliebt. Das Wort. Bestenfalls die Artistik. Hier, in der Vergötterung der Form und zu Lasten der Inhalte, setzte sich der akademische Einfluß fort, der schon mit der Gründung der Gruppe, begonnen hatte. Sie brauchten offenbar doch schon wieder Macht, wollten nicht einzeln schreibend lieber machtlos sein, mit zufälligen Kontakten zu anderen, wenn es sich ergab, sie wollten statt dessen eine Gesellschaft bilden. Das ist der deutsche Hang zur Gesinnungseinheit, zur Organisation, sie wollen gleich sein und nicht vielmehr durch ihre Verschiedenheit miteinander harmonisieren, was ja für mehr oder weniger phantasiebegabte Schriftsteller eigentlich eine Herausforderung darstellen müßte, eine äußerst persönliche.

Es ist ein Schicksalszug der Deutschen, daß sie ihre Gefühle über den Verrat an ihrem Verstand wieder zurückerobern wollen. Das liegt natürlich an der Beschaffenheit der deutschen Sprache, die sich vor allem durch ihre Eignung zum Ausdrücken von Gedankengängen, von Gedankenabfolgen und logischen Deduktionen auszeichnet, das macht ihre klare Grammatik möglich, und das Fehlen jeder Melodie, jedes Klangs erklärbar. Sie hat natürlich – wie überhaupt jede Sprache – ihre eigene Schönheit, aber diese läßt sich mit der Poesie schwer versöhnen. Sie hat zu viele Konsonanten.

Sie liebt die Wissenschaft. Und sie hat einen Prozeß historischer Zerstörung hinter sich. Wo immer man herkommt in der Welt, die deutsche Sprache existiert weiter nur in jenem Rest, der übriggeblieben ist: *hauruck, Sauerkraut* und *Stillgestanden, zu Befehl.* Es bedarf der Wiedererweckung so vieler verschmähter Sprache, die einstmals eine große deutsche Literatur ermöglicht hatte, um wieder zu Ergebnissen in der Literatur zu kommen. Die Sprache muß wieder leben dürfen. Sie wird es nur, wenn die, die sie schreiben, leben. Unsere Schriftsteller verfügen manchmal über eine erstaunliche und fast sture Risikobereitschaft, wenn es um einen nicht enden wollenden Satz geht oder um ein Romankapitel, aber sie wollen, sie können nicht viel mehr wagen als das, sie haben zuviel Angst, jene Wahrheit zu beanspruchen, die sie propagieren, die Wahrheit jedes Augenblicks in ihrem Leben. Die Beschreibung eines echten Gefühls, einer gemachten Erfahrung, eines Eindrucks von der Welt, zersplittert ins Detail eines kleinen, mühsamen und vergänglichen Lebens. »Unseren wirklichen Zustand, die Komplexität, die Verwirrung, die Schmerzhaftigkeit erkennen wir nur in den winzigen Bruchteilen von Augenblicken, die Proust und Tolstoi unsere echten Eindrücke nannten. Er offenbart sich uns und entzieht sich immer wieder und läßt uns voller Zweifel zurück. Aber wir scheinen die Verbindung mit der Tiefe, aus der die Augenblicke der Erkenntnis kommen, nie zu verlieren. Auch das Gefühl für unsere wirklichen Kräfte, Kräfte, die aus dem Universum selbst zu stammen scheinen, kommt und verschwindet wieder.« (Saul Bellow)

Früher klärte die Wissenschaft auf, heute sind ihre Entdeckungen und Forschungsergebnisse Anlaß zu schockartigen Verwirrungen. Die Menschen wissen, daß es keinen Sinn mehr gibt. Aber sie werden konfrontiert mit einer sinnlosen Fülle von Angeboten. Alles verwirrt sich immer stärker.

Keine noch so gerissene Sinn-Erfüllungs-Industrie mehr, die sich was Neues ausdenkt. Dann bleiben die Bomben übrig, eine Medizin, die den Symptomen eines unerforschlichen Irrsinns hinterherforscht. Es gibt Aussichten für diese Erde, daß man überhaupt aufhören möchte, irgendeine Form von gesellschaftlicher Realität noch ernst zu nehmen.

Ich trennte mich endlich von Ansichten, die ich nicht länger vertreten konnte. Wesentliche, wichtige Literatur entstand und entsteht immer nur in der Abkehr von jeder Art von Vereinfachung, in der Ablehnung zwanghafter Übereinstimmung mit den Trends, in der Verweigerung jeder raschen Zustimmung. Daß überhaupt einer ohne Engagement schreiben kann, ist an sich undenkbar, aber der Zeitgeist forderte den Autoren nichts ab als vordergründigste Appelle, wohlfeile Entrüstung, tagesübliche Statements. War einer dazu nicht fähig, fielen seine Chancen. Das Klima der frühen siebziger Jahre war nicht geeignet, der deutschen Literatur ihr Kunst-Asthma zu nehmen. Sie war schwach auf der Brust, aber theoretisch voll da, sah die Notwendigkeiten, argumentierte marxistisch und organisierte sich weiter fort. Wieder die Organisation! Richtungskämpfe! Zersplitterung! Die Schriftsteller traten entweder der Kommunistischen Partei bei, oder sie hielten – in organisierter Form – eine Zeitlang der Partei Willy Brandts die Stange, oder sie verdienten so ein bißchen lustlos vor sich hin, mal im Radio, mal beim Fernsehen, mal als Filmregisseur, mal als Theaterautor. Es kam dabei eigentlich nicht viel heraus, außer daß sie aufhörten, unbedingt eine Rolle zu spielen. Sie begnügten sich, und von den meisten war das auch zu erwarten. Daß sie's taten, machte sie nicht produktiver, aber sie sorgten für klare Verhältnisse.

Der Typus des Einzelgängers ist wieder auferstanden. Es ist der Mann, der das totale Empfinden sucht. Der Einsame, mit dem Mut des Verzweifelten. Für ihn scheint alles Kunst zu sein und alles fürchterliche Realität. Er benutzt all seine

Fähigkeiten. Er hat zu lange von Amerika geträumt. Er wurde nie nach etwas gefragt, er redet einfach. Er war auf keiner Universität. Er ist kein Intellektueller, er benutzt eine Kindersprache des Erstaunens, der Entschlossenheit und Bösartigkeit. Er hat einfach ein paar Träume und er wird praktisch. Er will mit dem, was er tut, die Welt nicht retten und keine Gefolgschaft gründen. Er will, wenn es stimmt, daß wir einer Katastrophe der Menschheitsgeschichte entgegengehen, noch ein paar Stories loswerden, ein paar Filme drehn, vielleicht nur welche, die seine Lieblingsfilme übertreffen sollen. Vielleicht, denkt er, wird alles bald sehr unwichtig sein, woran wir gerne ein ganzes Leben geglaubt hätten. Er fühlt sich unverantwortlich jeder Richtung gegenüber. Seine eigene Verantwortung spielt er herunter. Der Einzelne, überlebensgroß in einer toten Landschaft. Es gab ihn immer, aber heute hat er Saison, er zeichnet sich besser ab, wo es doch so lange einen horrenden Mangel an wirklichen Menschen gab. Kunst war wieder eine athletische Kunst. Das Individuum und das Kollektiv, dessen Geschmack man plötzlich transzendierte. Das deutsche Empfinden, so lange empfindungslos verdammt, spielte wieder eine Rolle. Einige machten sich auf die Suche nach ihrer Heimat, ihrem eigenen kleinen Land, ein Land mit dunklen

'It's Dostoevski. It's Melville. It's Flaubert. But it doesn't dance."

Wäldern, mit einer Grenze, die vermint ist mitten im gemeinsamen Deutschland, mit vielen Sprachen. Das Land der
besiegten Väter, dessen Nationalcharakter sie verstehen wollen. Die Musik Wagners.

Angesichts größerer Perspektiven mag alles ein Überlebenskampf sein. Natürlich reicht die Sprache, die deutsche
nicht, die englische nicht, keine Sprache aus, um etwas
aufzuhalten, was offenbar geschehen muß. Aber Sprache
repräsentiert einen Geist. Literatur spricht aus, was Scham
geheimhält. Es ist wahr, die Kunst ist eine stumpfe Waffe
geworden. Die Welt hat alle Surrealismen real werden lassen.
Aber es ist dennoch so: »Könige fallen vom Thron, dem
Hofnarren zu Füßen.« Diese Umkehrung von Dauer leistet
die Kunst. Und die Kunst ist nichts anderes als eine bedingungslose Lebensanstrengung. Es ist ein harter Job, bei
Verstand zu bleiben. Ein harter Job, aus einem Haufen toter
Wörter Funken zu schlagen. Welch eine Stärke braucht es, die
Seele zu retten. Sich selbst zu erleben. Ein bißchen zu leben,
ohne andauernd nur verschaukelt zu werden. Die akademische Luft ist raus. Die Giftgase sind an der Reihe. Verwaltet
wird die deutsche Literatur immer noch.

Es gibt seit Jahren einen Literaturpreis, gestiftet von einer
Privatperson aus der Wirtschaft, ausgeschrieben für einen
deutschen Dichter von extremer Subjektivität. Wenn also
dieser Mann spürt, daß es überhaupt an Subjektivität fehlt in
der deutschen Literatur, ein Mann der Wirtschaft, der Massenware, dann muß wirklich was faul sein. Was er spürt, ist:
daß Demokratien nicht verhindern, daß alle gleich werden,
auf eine fürchterliche, trostlose, hoffnungslose Weise gleich.
Und daß nun schon selbst die Dichter angekränkelt sind von
dieser Gleichheit. Vielleicht, sagte er sich, läßt sich da mit
Geld etwas nachhelfen. Der Gedanke ist nicht ganz falsch.

Nachweise

Alle Beiträge wurden für diese Buchausgabe überarbeitet bzw. erscheinen hier in ihrer ursprünglichen Fassung. Soweit nicht anders vermerkt, sind alle Fotos von Roswitha Hecke.

Miami Beach, Lui, Juni 1978. *Die Dachstube der toten Elefantenohren*, Die Welt, 3. Oktober 1979. *Im Wendekreis des Solarplexus*, Stern Nr. 45, 31.10.1984. Foto von Georges Simenon: Bruechmann, Foto von Bert Brecht: Ullstein Bilderdienst. *Malcolm Lowry in Mexiko*, Lui, Mai 1980. *Am Drehort: John Huston*, Stern Nr. 50, 8.12.1983, Foto: Eve Arnold (Magnum). *Blue Bayou*, Playboy Nr. 12, Dezember 1978. *Algren, wer?* Erstveröffentlichung. *Wo war Gorki?* Freibeuter 10, 1981. *Rue André Antoine*, Zeit-Magazin Nr. 18, 28.4.1978. *Der Bauer von Babylon*, Kommentar zum Dokumentarfilm Rainer W. Fassbinder »Querelle«. *Die Nullnummer vom Untergang*, Die Zeit, 27.10.1978. *Bar*, Schumann's Barbuch, München 1986. *Der alte Mann und das Bier*, Spiegel, Nr. 38/1977. *Die Peitsche knallt immer am Ende*, Transatlantik Nr. 3, 1986. *Im Dickicht der Fäuste*, Playboy, Juni 1980. *Schwabing – Schreckbild einer Welt im tiefsten Frieden*, Geo-Spezial: München, Dezember 1984, Foto: Privatarchiv. *Affe beißt Banane blutig*, Rock Session 1, hgg. Jörg Gulden/Klaus Humann, 1977. *Danke, Schmeling*, Stern Nr. 40, 26.9.1985, Foto: Werner Ebeler. *Die weiße Hoffnung*, Playboy, März 1982. *Sie schreiben eben, wie sie leben*, Vortrag, gehalten 1977 in verschiedenen amerikanischen Städten.